工业和信息化高职高专"十二五"
规划教材立项项目

物流设备与
设施

Logistic Equipment and Facilities

陈修齐 ◎ 主编

薛庆辉 尹涛 ◎ 副主编

21世纪高等职业教育财经类规划教材

物流管理专业

Logistics Management

人民邮电出版社

北 京

图书在版编目（ＣＩＰ）数据

物流设备与设施 / 陈修齐主编. -- 北京 ：人民邮
电出版社，2011.4（2015.8 重印）
  21世纪高等职业教育财经类规划教材. 物流管理专业
  ISBN 978-7-115-24993-7

Ⅰ. ①物… Ⅱ. ①陈… Ⅲ. ①物流－设备管理－高等
职业教育－教材 Ⅳ. ①F252

中国版本图书馆CIP数据核字(2011)第036727号

内 容 提 要

本书系统地阐述了物流设备与设施的基本理论知识，主要内容包括：物流运输设施与设备、物流装卸搬运设备、集装单元化技术与设备、输送技术与设备、仓储技术与设备、包装加工技术与设备和物流信息技术与设备等。

本书既可作为高职高专院校物流管理专业及相关专业的教学用书，也可作为仓库、港口、场站、物流中心、企事业单位的物流管理部门的业务培训用书。

工业和信息化高职高专"十二五"规划教材立项项目
21 世纪高等职业教育财经类规划教材 · 物流管理专业

物流设备与设施

◆ 主   编   陈修齐
  副 主 编   薛庆辉 尹 涛
  责任编辑   李育民

◆ 人民邮电出版社出版发行   北京市丰台区成寿寺路 11 号
  邮编 100164   电子邮件 315@ptpress.com.cn
  网址 http://www.ptpress.com.cn
  固安县铭成印刷有限公司印刷

◆ 开本：700×1000 1/16
  印张：14.5   2011 年 4 月第 1 版
  字数：275 千字   2015 年 8 月河北第 3 次印刷

ISBN 978-7-115-24993-7

定价：27.00 元

读者服务热线：(010)81055256 印装质量热线：(010)81055316
反盗版热线：(010)81055315
广告经营许可证：京崇工商广字第 0021 号

近 30 年来，我国取得巨大的进步，靠的是改革开放带来的经济腾飞。经济的发展使得财经类学科一时成为显学，财经类专业也成为了大中专院校的热门专业。

当前，企业对财经类人才的需求又开始呈现增长的态势，但同时企业对财经类人才的要求与以往相比也越来越高。因此，能够培养出数量充足，而且素质和技能较高、能够充分适应和满足企业需求的财经类人才，已成为未来高职高专院校亟待探索和解决的问题。

何谓高层次的财经人才，首先，应该有科学、完整、宽厚、扎实的专业知识，现在市场细分，岗位细分，越是细分，对人才的要求就越综合，越需要具备综合知识，以做好细分后的工作；其次，需要有较强的实践能力，能够高质量地承担第一线工作，并且能够在实践中不断地发展自己。要培养出这样一支高素质、高技能的应用型、技术性人才队伍，就要摸索出一套有效的人才培养模式，做好高校人才培养工作。

教材建设在高校人才培养中占有重要的地位。基于这一点，人民邮电出版社在广泛征求全国高职高专财经类专家、学者和教师意见的基础上，组建了 21 世纪高等职业教育财经类规划教材编写委员会，以课题研究的形式，组织全国多所知名财经院校教师，召开了多次教材建设研讨会，从而确立了系列规划教材的编写思路和编写体例，并对系列规划教材的大纲和内容进行了深入研讨和论证，几易其稿，终能付梓。

本系列规划教材涉及财务会计、财政金融、市场营销、工商管理、经济贸易、物流管理、电子商务等多个方向，其内容既体现教育部发布的 16 号文件精神，又与高职高专院校教学实践相结合，具有鲜明的编写特色。

1. 整体策划，项目推进。本系列规划教材注重专业整体规划，从分析专业工作岗位入手，获得专业核心技能和岗位核心技能，进而来组织教材选题，安排教材结构和内容。同时，本系列教材采用项目研究、整体推进的形式，可以有效保证各专业教材内部之间的衔接性和系统性。

2. 定位准确，紧扣改革。本系列规划教材紧扣教学改革的最新趋势，体现教育部发布的《关于全面提高高等职业教育教学质量的若干意见》的文件精神，专业核心课程以应用知识为主，重点是培养学生解决实际问题的能力，满足培养应用型人才的教学需求。

3. 理论够用，突出技能。本系列规划教材遵循"以就业为导向，工学结合"的原则，以实用为基础，根据企业的岗位需求进行课程体系设置和教材内容选取，理论知识以"够用"为度，突出工作过程导向，突出技能的培养。在编写体例上将案例教学方式和项目教学方式与不同的课程合理结合，以期能够更贴近教学实际。

为了提升教学效果和满足学生的学习需求，本系列规划教材大部分还建设了配套的立体化教学辅助资源，包括多媒体课件、电子教案、实训资料、习题及答案、生动的教学案例及案例分析，部分教材还配有图片、动画和视频等教学资源。

期望通过本系列规划教材的推出，能够为推动财经类专业职业教育教学模式、课程体系和教学方法的改革贡献一份力量。同时，我们也希望能有更多的专家和老师参与到本系列规划教材的建设中来，对教材提出宝贵的意见和建议。

　　物流设备与设施的使用与管理是物流管理人员的典型工作任务，是物流实务操作与管理人员必须掌握的技能，也是物流管理类专业的一门重要的专业核心课程。

　　为方便教师授课和学生学习，本书在编写方式上进行了创新，每章开头设置了"学习目标"、"案例导读"模块，在每章末尾进行了简单小结，并附有案例讨论与分析题和形式多样的练习题。本教材拟通过课堂教学与多种方式的作业训练，使学生在思想上，能认识到物流设施与设备的重要作用；在理论知识上，要求学生全面了解物流运输设备、物流装卸技术与设备、连续输送机械、仓储技术与设备、物流信息与电子设备、流通加工设备、物流集装化设备的基本性能、特点和使用场合，系统掌握各种设备的工作原理、结构、运用和维护保养以及设备的操作规程与方法；在能力上，通过本课程的学习，做到理论与实践紧密结合，使学生具备较好的物流设备的操作和管理能力，具备即时上岗的能力。本教材在编写过程中坚持理论分析与图例、案例分析相结合的方法，通过案例讨论分析、调研实践等形式，突出教材特色，以利于锻炼和培养学生分析问题和解决问题的能力，适应国内大多数高职高专院校物流管理及其他相关专业的教学需要。

　　本书在编写过程中紧密结合企业物流设备与设施的管理实践，力求体现"理论够用、重在实操"和"简单明了、方便实用"的高职高专教材编写特色。

　　本教材共8章，由闽江学院的陈修齐副教授担任主编，福建信息职业技术学院的薛庆辉老师和沈阳农业大学高职学院的尹涛老师担任副主编。本教材的写作大纲由陈修齐和参编各位老师共同拟定，陈修齐编写了第1章、第3章、第4章、第7章，薛庆辉编写了第2章和第8章，尹涛编写了第5章，陕西财经职业技术学院董媛老师编写了第6章。全书由陈修齐总纂定稿。

　　本书在编写过程中，参考并引用了国内外相关专家、学者在当代物流设备领域内的最新理论研究成果，对此，我们表示衷心的感谢！

　　由于编者的水平有限，书中难免存在错误或不妥之处，恳请广大读者批评指正。

编　者
2011 年 2 月

目　录

3

第1章

绪　　论

学习目标

（1）了解物流设施与设备在现代物流中的地位与作用，了解物流设施与设备的现状及发展趋势。

（2）理解物流设施与设备的概念，辨析物流设施与设备的主要类型。

（3）领会物流系统的规划对物流设施与设备的基本要求。

（4）运用本章相关理论分析相应的企业案例。

案例导读

体验新加坡港智能物流"高效"之旅

新加坡港——全球海运中心，平均每 2~3 分钟就有一艘船进出港，每天约处理 42 艘货柜船的装卸作业，每个月货柜吞吐量超过 100 万 TEU（集装箱标准箱）。因此，货柜码头的作业，便成为一项精确规划的科学，在此原则下，运用自动化及先进的系统来帮助客户提高竞争力，便成为新加坡港的重要课题。

在过去 5 年，新加坡港投资了 1.6 亿新元在信息科技运用上，目前有超过 350 个应用系统在处理港埠管理、规划与作业，其主要系统为 PORTNET，负责对外的电子数据通信与交换。PORTNET 所提供的服务，主要有数据库查询服务，包括船舶靠港时程、货柜/货物清单、货柜/货物追踪及化学危险品数据库等；提供海运相关信息，船舶动态数据；电子文件交换，货柜舱单、危险品申报、靠港申请及出港时程预报等通关自动化，透过贸易网络（Trade Net）、关贸网络网网相连，可与政府国贸及签审机关作数据交换。

倚仗强大的技术支持，新加坡物流业充分体现了"高效"的含义。新加坡物流公司基本实现了整个运作过程的自动化，它们都设有高技术仓储设备、全自动立体仓库、无线扫描设备、自动提存系统等现代信息技术设备。可以说，高科技是新加坡物流业的主要支撑力量之一，而网络技术则是重中之重。

网络技术主要包括政府的公众网络系统和物流企业的电脑技术平台。"贸易网络"系统，实现企业与政府部门之间的在线信息交换。除了政府提供的公众网络外，物流企业都先后斥资建成了电脑技术平台。通过这个技术平台，客户不但可以进行下订单等商务联系，在托运的货物进入公司运行以后，客户还随时可以通过公司的网络了解所交运货物即时的空间位置，了解货物当时所处的运送环节和预计送达的时间。

现代科技还保证了货物的安全。在各个物流公司的具体操作过程中，条形码和无线扫描仪对货物的安全提供了保障，使每天多达数千万份的货品运送准确率超过99.99%。

——资料来源：中国物流与采购网，2010-05-28

想一想：新加坡港成为全球高效的海运中心的原因是什么？

1.1　物流设施与设备的概念和作用

1.1.1　物流设施与设备的概念

物流设施与设备是指进行各项物流活动和物流作业所需要的设施与设备的总称。它由物流基本设施和物流设备两大部分构成。

物流基本设施包括公路、铁路、航空、港口、机场、货运站场及通信设施等，其建设水平和吞吐（通过）能力直接影响物流活动和物流作业的运行效率。

物流设备是指用于储存、装卸搬运、运输、包装、流通加工、配送、信息采集与处理等物流活动的设备或装备。物流设备与设施按功能可划分为储存设备、装卸搬运设备、运输装备、输送设备、包装加工设备、信息采集与处理设备、集装单元化装备等 7 大类。

1.1.2　物流设施与设备的地位与作用

工欲善其事，必先利其器。高度发达的物流设备与设施是现代物流系统的特征之一，它对提高物流能力与效率、降低物流成本、保证服务质量等有着十分重要的作用。物流设施与设备在物流系统中的地位和作用可概括为如下几方面。

1. 物流设施与设备是物流系统的物质技术基础

不同的物流系统必须由不同的物流设施和设备来支持，才能正常运行。因此，物流设施和设备是实现物流功能的技术保证，是实现物流现代化、科学化、自动化的重要手段。物流系统的正常运转离不开物流设施和设备，正确、合理地配置和运用物流设施与设备是提高物流效率的根本途径，也是降低物流成本、提高经济效益的关键。

2. 物流设施与设备是物流系统的重要资产

在物流系统中，物流设施与设备的投资比较大，随着物流设备技术含量和技术水平的日益提高，现代物流技术装备既是技术密集型的生产工具，也是资金密集型的社会财富，配置和维护这些设备与设施需要大量的资金和相应的专业知识。现代化物流设备与设施的正确使用和维护，对物流系统的运行效益是至关重要的，一旦设备出现故障，将会使物流系统处于瘫痪状态。

3. 物流设施与设备涉及物流活动的各个环节

在整个物流过程中，从物流功能看，物料或商品要经过包装、运输、装卸、储存等作业环节，并且还有许多辅助作业环节，而各个环节的实现，都离不开相应的机械设备。因此，这些机械设备的性能好坏和合理配置直接影响着各环节的作业效率。

4. 物流设施与设备是物流技术水平的主要标志

一个高效的物流系统离不开先进的物流技术和先进的物流管理。先进的物流技术是通过物流设备与设施体现的，而现今的物流管理也必须依靠现代高科技手段来实现。如在现代化的物流系统中，自动化仓库技术的应用中综合运用了自动控制技术、计算机技术、现代通信技术（包括计算机网络和无线射频技术等）等高科技技术，使仓储作业实现了半自动化、自动化。物流管理过程中，从信息的自动采集、处理到信息的发布完全可以实现智能化，依靠功能完善的高水平监控管理软件可以实现对物流各环节的自动监控，依靠专家系统可以对物流系统的运行情况及时进行诊断，对系统的优化提出合理化建议。因此，物流设备与设施的现代化水平是物流技术水平高低的主要标志。

【链接】　　　　国内市场重卡高端化趋势初现，联合卡车武汉受青睐

2010 年 7 月 15 日，集瑞联合卡车全国巡展武汉站活动正式举行。在现场热烈的气氛和趣闻十足的互动环节中，嘉宾和参观者共同感受了来自集瑞联合卡车的魅力。回顾 2010 年上半年市场，在强劲政策投资和旺盛的运输需求推动下，重卡行业可谓是顺风顺水，一路飘红。1～6 月重型卡车（简称重卡）累计销售近 59 万辆，已经接近去年全年的 64 万辆，关于下半年重卡行业的走势，很多业内人士纷纷持

谨慎乐观的态度。他们表示：随着政策性投资刺激的相继退出，以及下半年经济发展诸多不确定因素带来的增长减缓的势头，重卡的销量将有所放缓，但从长远来看，重卡市场容量仍然是看涨的。而且在日益激烈的市场竞争中，重卡行业发展呈现出两个特点：一方面，国产品牌重卡已经牢牢占据了主流位置，这一点和乘用车市场完全不同；另一方面，高端重卡将越来越受到重视。

在联合卡车武汉巡展期间，有一位长期从事物流行业的老师傅在亲自体验过联合卡车 U460 后告诉记者："我跑运输跑了 20 多年了，从最初的长头老解放、东风8 吨康明斯到红岩斯太尔，前两年公司还因为一批特殊业务购买过几辆进口高端重卡，对这些车都比较熟悉，今天看了 U460 这款车后，给我最深的印象是它和我开过的进口重卡相比并不差，而且在某些细节设计上更符合我的胃口。"那么集瑞联合卡车又是怎么做到高端的呢？

（1）全新 UE 平台（重卡研发平台）打造国产高端重卡。在集瑞联合卡车营销服务有限公司总经理涂小岳看来，主流高端卡车需要具备 5 个条件：一是符合国家对环保、安全性的要求；二是车辆的性能指标与奔驰、沃尔沃等国际一流品牌在一个档次上；三是对客户的响应；四是完善的售后服务体系；五是二手车的残值要高。正是基于这样的标准，联合卡车从规划伊始就跳出了由斯太尔平台一统天下的国内重卡技术格局，联合诸多顶级重卡零部件供应商和改装企业，结合欧洲最先进技术开发了全新的"UE 平台"，该平台具备"智能，高效"的特点，这也是联合卡车成就高端的基础。

（2）高效动力、当仁不让。U460 作为高端重卡，动力组成上 UE 平台具有明显的优势。其搭载了最大功率达 460 马力的联合动力 6K12 发动机和智能化手自动一体（AMT）全铝变速器。该发动机峰值扭矩达 2 300 N·m，发动机 B10 寿命达到100 万 km。更重要的是该发动机还是基于欧Ⅳ设计，往上可拓展到欧Ⅵ标准，面对国内即将实现的新排放标准也是游刃有余。这款 AMT 变速器在欧洲高端重卡上广泛应用，不仅让驾驶者从繁重的手动换挡中解放出来，让驾驶过程变得更轻松、更简单，而且拥有更加智能的换挡程序，对换挡时机的把握和挡位的选择要更胜一筹，动力传递更为平顺，发动机的性能和燃油经济性都能得到充分的发挥。

（3）智能舒适、亮点突出。智能化是高端重卡不可或缺的元素，集瑞联合卡车创造性地采用了全车智能化控制系统，如信息交换系统、智能驾驶辅助系统、车辆远程智能控制系统等。例如，在车辆出现故障时，驾驶者可以通过智能驾驶辅助系统的智能化数字仪表板读取故障码，第一时间掌握汽车故障信息，并可以通过车辆远程智能控制系统实现远程求助和控制。这一功能类似于乘用车市场中最流行的雷克萨斯 G-book、凯迪拉克安吉星信息服务系统，这些功能为联合卡车插上一双无形的智能翅膀，大大提高了用车效率。

——资料来源：中国物流与采购网 2010-07-10

1.1.3　物流系统对物流设备的基本要求

现代物流系统具有十分诱人的前景，物流设备的广泛应用，使得物流效率不断提高，但物流设备不是越先进越好、越多越好，必须根据物流系统的最小成本、最好服务质量来考虑系统中的物流设备的配置。在物流系统规划和设计时，一般对物流设备提出如下基本要求。

1. 合理采用

合理采用物流设备有3层含义。

一是合理采用物流机械系统。物流机械系统是物流系统的子系统。目前，物流机械系统可分为机械化系统、半自动化系统和全自动化系统。随着科学技术的发展，在物流系统中，物流设备不断得到使用，这种以各种机械代替人力操作来完成物流作业的系统即为机械化系统。机械化系统可以大大地改善劳动条件，减轻劳动强度，增强安全作业，提高作业效益和效率。在机械化系统中，机械设备由人工操作，需配备一定的人员，所以人工成本会有一定的比重。半自动化系统指的是主要物流作业实现自动化，如搬运作业、分拣作业，而其他的作业，如货物的上架出架、货物的识别，仍采用机械化或人力劳动的系统。自动化设备可以减少人员数量。如果所有的物流作业都由自动化设备完成，各作业环节相互连成一体，实现自动控制，则称为全自动化系统。全自动化系统可以最大限度地减少人员数量，而效率又是最高的。究竟采用哪种系统，要考虑系统目标和实际情况。一般情况下，对于作业量很大，特别是重、大货物，启动频繁、重复、节拍短促而有规律的作业，适宜采用机械化系统。对于要求作业效率高、精度高，或影响工人的健康、有危险的作业场合，适宜采用自动化系统。

二是合理选用物流设备。每一类设备都有其基本功能，在使用设备时，要使其基本功能得到有效的发挥，并不断扩大其使用范围。设备先进程度、数量多少要以适用为主，使设备性能满足系统要求，以保证设备充分利用，防止设备闲置浪费。为此要对物流设备进行科学规划，无论是购置还是自我研制，都要认真研究分析设备需求种类、配置状况、技术状态，做出切实可行的配置方案，并进行科学合理的选用，充分发挥物流设备的效能。

三是配套使用。在物流系统中，不仅要注意物流设备单机的选择，更重要的是整个系统各环节的衔接和物流设备合理匹配。如果设备之间不配套，不仅不能充分发挥设备的效能，而且经济上可能造成很大的浪费。为此，要保证各种物流设备在性能、能力等方面相互配套，物流设备自动化处理与人工操作合理匹配。

2. 保证快速、及时、准确、经济地运送货物

物流的本质在于创造价值，而物流系统的输出正是顾客服务，合理利用物流设备，以最低的物流成本，提供高效、优质的服务，为顾客创造最大的价值，是降低物流总

成本、提高物流效益、赢得持久竞争优势的关键。顾客对不同产品的购买在时间要求上也有所不同，对绝大部分产品，顾客希望在做出购买决策时就能够拿到。而生产系统为保证生产需要，有时需要快速地供应生产所用的材料产品。这对物流设备提出了更高的要求，要求其快速、及时、准确、经济地把物料或货物运送到指定场所。

"快速"是为满足生产和用户需要，以最快时间运送。无论是生产企业内部物流，还是企业外部物流，都要求物的流动要快，搬运装卸要快，包装储存周转要快，运输要快。快，意味着时间的节约、经济效益的提高。为了保证物流速度，就需要合理配置物流设备，广泛应用现代化物流设备。

"及时"是指按生产进度，合理运用物流设备，把物及时地送到指定场所。无论是生产企业各车间工序间的流动，还是企业外各种物的流动，都要根据生产的需要及时地进行，否则，生产就会受到影响，这就要求物流设备随时处于良好状态，能随时进行工作。

"准确"要求在仓储、运输、搬运过程中确保物流设备可靠、安全，防止由于物流设备的故障造成货物损坏、丢失。对物流设备进行科学管理，是保证设备货物安全的前提。

"经济"是在完成一定的物流任务的条件下，投入的物流设备最佳，即最能发挥设备的功能，消耗费用最低。

3. 尽量选用标准化器具和设备

在物流系统中，尽量采用标准化物流设备、器具，可以降低设备和器具的购置和管理费用，提高物流作业的机械化水平，改善劳动条件，减轻劳动强度，提高物流效率和物流经济效益。特别是选用标准化集装单元器具，有利于搬运、装卸、储存作业的统一化和设施设备的充分利用；有利于国内外物流接轨。集装单元器具不同于普通的货箱、容器，它具有便于机械搬运和堆垛的结构，如叉孔、吊耳、承插口等，还可以在无货时折叠，便于自身存储与搬运；装于集装单元化器具的货物，其搬运的活性指数比装于货箱、容器的货物更大。用各种不同的标准器具和方法，把有包装或无包装的货物单元，整齐地汇集成为一个扩大了的便于装卸搬运，并在整个物流过程中保持一定形状的作业单元叫做集装单元或集装货件。以集装单元来组织货物的装卸搬运、储存、运输等物流活动的作业方式，称为集装单元化。采用集装单元化后，物流费用大幅度降低，同时，使包装方法和装卸搬运工具发生了变革，集装箱本身就成为包装物和运输工具。集装单元化是综合规划和改善物流机能的有效技术，它的作用主要表现在：便于实现装卸搬运机械化，提高装卸搬运效率；提高货物质量，能够防止货物在物流过程中因磕、碰、划、丢等造成的货损、货差等损失；节省包装费用，降低运输成本；便于货物点件交接，简化运输手续；便于货物储存，减少库房需要量；有利于组织联运，加速货物周转，实现"门对门"运输。

4. 灵活、具有较强适应性

在物流系统中，所采用的物流设备应能适应各种不同物流环境、物流任务和实际应用的需求，应满足使用方便、符合人体工程学原理等要求。例如，物流设备的使用操作要符合简单、易掌握、不易出错等要求。

5. 充分利用空间

利用有效的空间进行物流作业。如架空布置的悬挂输送机、梁式起重机、高层货架等；使用托盘和集装箱进行堆垛，向空中发展，这样可减小占地面积，提高土地利用率，充分利用空间。

6. 减少人力搬运

从人机工作的特点来看，有些地方还需要人搬运，但要尽量减少体力搬运。减少人员步行距离，减少弯腰的搬运作业。例如，简单的可用手推车减少体力搬运，可用升降台减少或不用弯腰进行搬运作业。应尽量减少搬运、装卸的距离和次数，减少作业人员上下作业、弯腰的次数和人力码垛的范围和数量。

1.2　物流设施与设备的类型

对物流设备进行科学分类，是理清物流设备的重要方法。物流设备的分类方法很多，可以根据不同的需要，从不同的角度来进行划分，但总体上是由物流基本设施和物流设备两大部分构成的，如图 1-1 所示。

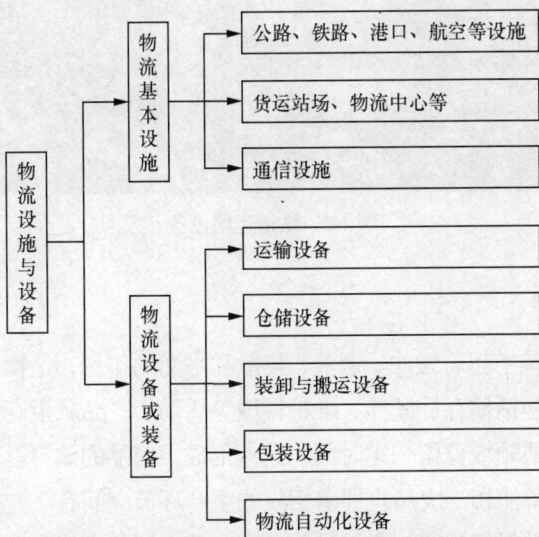

图 1-1　物流设施与设备的基本构成体系

由于有的物流设备一机多能，有的物流设备需组合配套使用等，使得很难对物流设备进行准确的界定。一般最常见的是按照设备所完成的物流作业来划分，可把物流设备划分为如下几类。

1.2.1　物流运输设备

在物流活动中，运输始终居于核心地位，它承担了物品在空间各个环节的位置移动，解决了供给者和需求者之间场所的分离，是创造空间效用的主要功能要素，具有以时间换取空间的特殊功能。运输在物流中的独特地位对运输设备提出了更高要求，要求运输设备具有高速化、智能化、通用化、大型化、安全可靠，以提高运输的作业效率，降低运输成本，最大程度地发挥运输设备的作用。

运输机械设备是指用于较长距离运输货物的设备。根据运输方式不同，运输机械设备可分为公路运输设备、铁道运输设备、水路运输设备、航空运输设备和管道运输设备等（见图1-2）。

图 1-2　铁道运输设备

1.2.2　仓储设备

仓储在物流系统中起着缓冲、调节、集散和平衡的作用，是物流的另一个中心环节。它的基本内容包括储存、保养、维护管理等活动。产品从生产领域进入消费领域之前，往往要在流通领域停留一定时间，这就形成了商品的储存。在生产过程中，原材料、燃料、备品备件和半成品也要求相应的生产环节之间有一定的储备，作为生产环节之间的缓冲，以保证生产的连续进行。要实现仓储基本任务，企业应根据储存货物的周转量大小、储备时间的长短、储备货物的种类及有关的自然条件，合理配置仓储机械设备，为有效进行仓库作业创造条件。

仓储设备是指仓库进行生产和辅助生产作业以及保证仓库及作业安全所必需的各种机械设备的总称，是仓库进行保管维护、搬运装卸、计量检验、安全消防和输电用电等各项作业的劳动手段。

仓储活动与运输活动是互相衔接密不可分的。仓储活动的输入、输出都需要运输，可以说没有运输就没有仓储。仓库利用上述设备，并与运输设备相衔接，直接接受各地的货物，并经短暂的储存，把货物发往各地，从而实现仓库功能（见图1-3）。

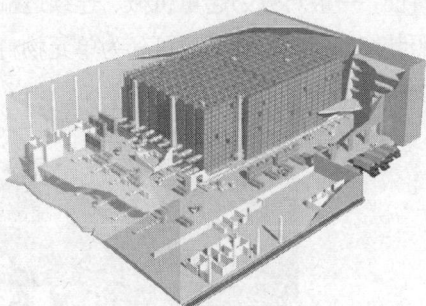

图1-3 自动化仓库

1.2.3 包装机械

包装是指在流通过程中保护产品、方便储存、促进销售，按一定技术方法而采用的容器、材料及辅助物等的总体名称，包括为达到上述目的而进行的操作过程。

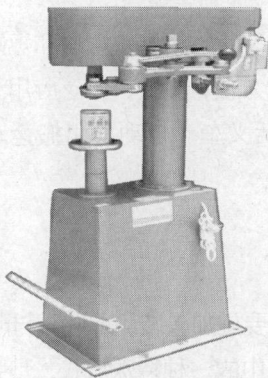

图1-4 包装加工设备

包装机械是指完成全部或部分包装过程的机器设备。包装过程包括充填、裹包、封口等主要包装工序，以及与其相关的前后工序，如清洗、干燥、杀菌、堆码、拆卸、打印、贴标、计量等辅助工序。包装机械是使产品包装实现机械化、自动化的根本保证。运用机械设备完成包装作业，能提高包装劳动生产率，降低包装劳动强度，改善劳动条件，降低包装成本，确保包装质量。包装机械种类很多，按功能可分为充填机械、罐装机械、封口机械、裹包机械、贴标机械、清洗机械、干燥机械、杀菌机械、捆扎机械、集装机械、多功能包装机械以及完成其他包装作业的辅助包装机械和包装生产线（见图1-4）。

1.2.4 装卸搬运设备

在物流系统中，装卸搬运作业是其中一个重要环节。产品从生产到用户，要经过多次周转，每经过一个流通终端，每转换一次运输方式都必须进行一次装卸搬运作业。装卸搬运作业的工作量和所花费的时间，耗费的人力、物力在整个物流过程中，都占有很大的比重。因此，合理配备装卸搬运设备是完成装卸搬运作业的根本保证。

装卸搬运设备（见图1-5）是指用来搬移、升降、装卸和短距离输送物料的设备。它是物流系统中使用频度最大、使用数量最多的一类机械设备，是物流设备的重要组成部分，是进行装卸搬运作业的手段。装卸搬运设备主要配置在工厂、中转仓库、配送中心、物流中心以及车站货场和港口码头等，其涉及面非常广泛。按照用途和结构特征，一般可分为起重机械、连续运输机械、装卸搬运车辆、专用装卸搬运机械；按照装卸搬运物料种类，可分为单元物料装卸搬运机械、散装物料装卸搬运机械、集装物料装卸搬运机械。

图 1-5   装卸搬运设备

装卸搬运车辆是依靠本身的运行和装卸机构的功能，实现货物的水平搬运和短距离运输、装卸的车辆。装卸搬运车辆机动性好，适应性强，方便，灵活，广泛应用于各种各样需装卸搬运货物的场所。装卸搬运车辆一般包括叉车、自动导引搬运车（AGV）、电动搬运车、牵引车、手推车等。

1.2.5   流通加工设备

流通加工是指物品从生产地到使用地的过程中，根据需要施加包装、分割、计量、分拣、刷标志、拴标签、组装等简单作业的总称。它是流通中的一种特殊形式，是弥补生产过程加工程度的不足，更有效地满足用户多样化的需要，更好衔接产需、促进销售的一种高效、辅助性的加工活动。流通加工由于建立了集中加工点，可以采取效率高、技术先进、加工量大的专门设备，不仅提高了加工质量、设备利用率，而且还可以提高加工效率。

流通加工设备是完成流通加工任务的专用设备，按加工对象分，一般可分为金属加工机械、搅拌混合机械、木材加工机械、其他流通加工设备等。图 1-6 所示为称重设备。

图 1-6   称重设备

1.2.6 集装单元器具

集装单元器具主要有集装箱、托盘和其他集装单元器具，它是集装单元系统的重要组成部分。货物经集装器具的集装或组合包装后，从而有了较高的活性，货物随时都处于准备流动的状态，便于达到储存、装卸搬运、运输、包装一体化，实现物流作业机械化、标准化。在使用集装单元器具时，必须实行集装器具的标准化、系列化和通用化，并要注意集装单元器具的合理流向及回程货物的合理组织。图 1-7 所示为集装箱设备。

图 1-7 集装箱设备

1.2.7 信息采集与处理设备

1. 条形码技术

条形码技术是现代物流系统中非常重要的大量、快速信息采集技术，能适应物流大量化和高速化要求，大幅度提高物流效率的技术。条形码技术包括条形码的编码技术、条形符号设计、快速识别技术和计算机管理技术，是实现计算机管理和电子数据交换不可缺少的关键技术。EAN 条码是国际上通用的商品代码，我国通用商品条码标准也采用 EAN 条码结构，由 13 位数字及相应的条码符号组成，在较小的商品上采用 8 位数字码及其相应的条码符号。条码识别采用各种光电扫描设备，各种扫描设备都和后续的电光转换、信息信号放大及与计算机联机一道形成完整的扫描阅读系统，完成电子信息的采集（见图 1-8）。

2. 电子数据交换技术

电子数据交换（Electronic Data Interchange，EDI）是指按照同一规定形成的一套通用标准格式，通过通信网络传输，将标准的经济信息在贸易伙伴的电子计算机系统之间进行数据交换和自动处理，俗称"无纸化贸易"。

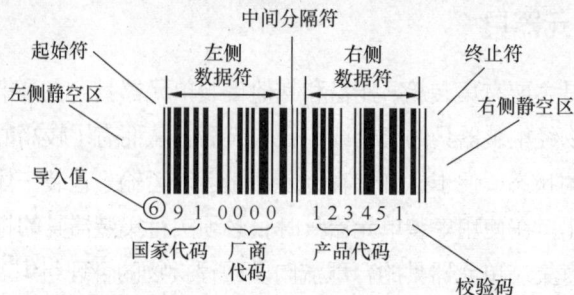

图 1-8 条码码

构成 EDI 系统的 3 个要素是 EDI 软件、硬件、通信网络及数据标准化。20 世纪 90 年代初，EDI 应用最多的是进出口贸易业。目前，EDI 应用不仅在国际贸易中继续深入发展，在其他行业和部门中也是如此，商检、税务、邮电、铁路、银行、工商行政管理、商贸等领域都已运用 EDI 方式开展业务。

3. 射频技术

射频识别技术（Radio Frequency Identification Technology，RFID）的基本原理是电磁理论。射频系统的优点是不局限于视线，识别距离比光学系统远，射频识别卡具有读/写能力，可携带大量数据，难以伪造且有智能。射频识别系统的传送距离由许多因素决定，如传送频率和天线设计等。对于 RFID 识别的特定情况应考虑传送距离、工作频率，标签的数据容量、尺寸、重量、定位、响应速度及选择能力等。射频技术适用于物料跟踪、运载工具和货架识别等要求非接触数据采集和交换的场合，由于射频技术标签具有可读/写能力，对于需要频繁改变数据内容的场合尤为适用。

近年来，便携式数据终端（PDT）应用多了起来，PDT 可把那些采集到的有用数据存储起来或传送至一个管理信息系统。便携式数据终端一般包括一个扫描器、一个体积小但功能很强并带有存储器的计算机、一个显示器和供人工输入的键盘。在只读存储器中装有常驻内存的操作系统，用于控制数据的采集和传送。PDT 存储器中的数据可随时通过射频通信技术传送到主计算机，操作时先扫描位置标签，货架号码和产品数量就都输入到 PDT，再通过射频技术把这些数据传送到计算机管理系统，可以得到客户产品清单、发票、发运标签、该地所存产品代码和数量等信息。

4. GIS技术

GIS（Geographic Information System，地理信息系统）是 20 世纪 60 年代开始迅速发展起来的地理学研究新成果，是多种学科交叉的产物，它以地理空间数据为基础，采用地理模型分析方法，适时地提供多种空间的和动态的地理信息，是一种为地理研究和地理决策服务的计算机系统。其基本功能是将表格型数据（无论它是否来自数据库、电子表格文件或直接在程序中输入）转换为地理图形显示，然后对显示结果浏览、操作和分析。其显示范围可以从洲际地图到非常详细的街区地图，显示对象包括人口、销售情况、运输线路以及其他内容。

5. GPS 技术

GPS（Globe Position-finding System，全球卫星导航与定位系统）是美国于 1973 年至 1993 年用 20 年时间研制建立的一种高速度、高精度、全方位、全天候的卫星定位测量系统，系统设计之初的主要目的是为陆、海、空三军提供全球性、全天候的实时导航服务，并用于情报收集、应急通信等。经 20 年研制开发，至 20 世纪 90 年代以来的使用与发展成功地证明，GPS 不仅能达到上述目的，而且已展示了它在民用方面的广阔应用前景。GPS 不仅成为军事力量提高作战效能的"倍增器"、现代战争中的一项关键性基本保障技术，而且在物流领域，GPS 已经应用于汽车自动定位、跟踪调度以及铁路运输等方面的管理。

6. 货物跟踪系统

货物跟踪系统是指物流运输企业利用物流条形码和 EDI 技术及时获取有关货物运输状态的信息（如货物品种和数量、货物在途情况、交货期间、发货地和到达地、货主、送货责任车辆和人员等），提高物流运输服务的方法。具体来说，就是物流运输企业的工作人员在向货主取货时、在物流中心重新集装运输时、在向顾客配送交货时，利用扫描仪自动读取货物包装或者货物发票上的物流条形码等货物信息，通过公共通信线路、专用通信线路或卫星通信线路把货物的信息传送到总部的中心计算机进行汇总整理，这样所有被运送的货物的信息都集中在中心计算机里，有助于提高物流企业的服务水平。

1.3　物流设施与设备的发展趋势

物流设施与设备是组织实施物流活动的重要手段，是物流活动的基础。近年来，伴随着用户需求的变化以及自动控制技术和信息技术的应用，我国在大力吸收国外先进技术发展国有机械制造业的基础上，建立了比较完善的物流设备制造体系，物流装备技术水平有了较大提高。现代物流装备向大型化、高速化、信息化、多样化、标准化、系统化、智能化、实用化和绿色化方向发展。

1.3.1　大型化

大型化是指设备的容量、规模、能力越来越大。物流设备的大型化趋势，一是为了适应现代社会大规模物流的需要，以大的规模来换取高的物流效益；二是由于现代科学技术的发展和制造业的进步，为制造大型物流技术装备提供了可能。例如，在公路运输方面，已研制出了载重超过 500 t 的载重汽车；在海运方面，油轮的最大载重量达到了 56.3 万 t，集装箱船载重达到了 6 790（标准集装箱）；在航空运输方面，正在研制的货机最大可载 300 t，一次可装载 30 个 40 ft（12.2 m）的标准集装箱，比现有的货机运输能力高出 50%～100%；在管道运输方面，目前管道最大直径达到了 1 220 mm。

1.3.2 高速化

高速化是指设备的运转速度、运行速度、识别速度、运算速度大大加快。在运输方面，提高运输速度一直是各种运输方式努力的方向，如正在发展的高速铁路就有 3 种类型：传统的高速铁路、摇摆式高速铁路和磁悬浮铁路。目前世界各国都在努力建设高速公路网，作为公路运输的骨架。航空运输中，正在研制双音速（亚音速和超音速）货机，超音速化成为民用货机的发展方向。在水运中，水翼船的速度已达 70 km/h，而飞机翼船的速度可达 170 km/h。在管道运输中，高速体现在高压力，美国阿拉斯加原油管道的最大工作压力达到了 8.2 MPa。在仓储方面，仓储规模日益扩大，物流作业量不断增加，客户响应时间越来越短，要在极短的时间内完成拣选、配送任务，只有不断提高物流装备的运行速度和处理能力。因此，堆垛机、拣选系统、输送系统等物流装备总是朝着高速运转目标而努力。例如，日本冈村、KITO、村田、大福等公司都推出了走行速度 300 m/s、升降速度 100 m/s 以上的超高速堆垛机，三星、范德兰的工业等公司开发出高速分拣系统。三星的高速分拣系统比普通输送线效率可提高 2～5 倍，而范德兰的工业刚刚推出的交叉皮带分拣机，不仅可处理球等不稳定性产品，而且其最高速度可达 2.3 m/s，每小时处理量达 27 000 件。

在提高物流装备运行速度的同时，物流装备的准确性和稳定性也在不断提高。没有准确性，速度再快也将失去意义。因此，各厂商纷纷采取先进的技术满足客户对物流设备高准确度的要求。如林德电动前移式叉车采用数字控制系统，使行驶及提升控制更平稳精确。村田开发的激光导向无人搬运车（LGV）的停准精度达到 ± 5 mm，且无需再在地面铺设其他装备，即能做到精确定位。

配送中心为满足客户即时性需要，对物流系统的稳定、可靠运行提出了很高的要求。在制造企业，物流设备虽不是生产设备，却对生产设备高效率运行起到很大作用，同样不允许因经常发生故障而影响正常生产。显然，为保证物流系统连续安全运作，物流装备的高稳定性、高可靠性越来越受到各厂商重视，物流装备质量提高，保用期延长。

1.3.3 信息化

未来社会将是一个完全信息化的社会，信息和信息技术在物流领域的作用将会更加明显，条码技术、数据库技术、电子订货系统、电子数据交换、快速反应、有效客户反应、企业资源计划等将在物流中得到广泛应用。物流信息化将表现为物流信息收集的数据库化和代码化、物流信息处理的电子化和计算机化、物流信息传递的标准化和适时化、物流信息存储的数字化等。随着人们对信息的重视程度日益提高，要求物流与信息流实现在线或离线的高度集成，使信息技术逐渐成为物流技术的核心。物流装备与信息技术紧密结合、实现高度自动化是未来的发展趋势。

目前，越来越多的物流设备供应商已从单纯提供硬件设备，转向提供包括控制软件在内的总体物流系统，并且在越来越多的物流装备上加装计算机控制装置，实现了对物流设备的实时监控，大大提高了其运作效率。物流装备与信息技术的完美结合，使得已制装置将发展成为全电子数字化控制系统，可提高单机综合自动化水平；公路运输智能交通系统（ITS）、GPS 等技术在物流中的应用，实现了物流的适时、适地、适物、适量、适价。

现场总线、无线通信、数据识别与处理、互联网等高新技术与物流设备的有效结合运用，成为越来越多的物流系统的发展模式。无线数据传输设备在物流系统中发挥着越来越大的作用。通过全球定位系统可以实现对汽车、飞机、船舶等物资运载工具的精确定位跟踪，了解在途物资的所有信息。运用无线数据终端，可以在货物接收、储存、提取、补货及运输的全过程，将货物品种、数量、位置、价格等信息及时传递给控制系统，实现对库存的准确掌控。借由连网计算机指挥物流装备准确操作，几乎完全消灭了差错率，缩短了系统反应时间，使物流装备得到了有效利用，整体控制提升到更高效的新水平。而将无线数据传输系统与客户计算机系统连接，实现共同运作，则可为客户提供实时信息管理，从而极大地改善了客户整体运作效率，全面提高了客户服务水平。

1.3.4 多样化

为满足不同行业、不同规模的客户对不同功能的要求，物流装备形式越来越多，专业化程度日益提高。

许多物流设备厂商都致力于开发生产多种多样的产品，以满足客户的多样化需求作为自己的发展方向，所提供的物流装备也由全行业通用型转向针对不同行业特点设计制造，由不分场合转向适应不同环境、不同工况要求，由一机多用转向专机专用。例如，仅叉车就有内燃叉车、平衡重叉车、前移式叉车、拣选叉车、托盘搬运车、托盘堆垛车等多种产品，其中每种产品又可细分为不同车型。世界著名叉车企业永恒力公司就拥有 580 多种不同车型，以满足客户的各种实际需要。此外，自动化立体库、分拣设备、货架等也都有按行业、用途、规模等不同标准细分的多种形式产品。许多厂商还可根据用户特殊情况为其量身定做各种流装备，体现了更高的专业化水平。

自动化仓库的类型也将向多品种方向发展。目前，我国设计、制造的自动化仓库几乎全部是分离式自动化仓库和托盘单元式自动化仓库。但为了降低成本，国外大型、高层的自动化仓库，往往采用整体式自动化仓库。例如，1998年，日本建有整体式自动化仓库72座（占总量的9%），其产值达319.35亿日元（占总产值的51%）。此外，适用于家电、医药、电子等行业的箱盒单元式自动化仓库必将有广阔的应用前景，据统计，1990年，日本建箱盒单元式自动化仓库316座（占总量的18%），年增长率达157%。

1.3.5　标准化

当前，经济全球化特征日渐明显，中国入世更加快了企业的国际化进程。物流装备也需要走向全球化，而只有实现了标准化和模块化，才能与国际接轨。因此，标准化、模块化成为物流装备发展的必然趋势。标准化既包括硬件设备的标准化，也包括软件接口的标准化。

物流设备、物流系统的设计与制造按照统一的国际标准，才能适应各国各地区之间相互实现高效率物流的要求。例如，运输工具与装卸储存设备的标准化，可以满足国际联运和"门对门"直达运输的要求；推进通信协议的统一和标准化，可以满足电子数据交换的要求。

通过实现标准化，可以轻松地与其他企业生产的物流装备或控制系统对接，为客户提供多种选择和系统实施的便利性。模块化可以满足客户的多样化需求，可按不同需要自由选择不同功能模块，灵活组合，增强了系统的适应性。同时模块化结构能够更好地利用现有空间，可以根据货物存取量的增加和供货范围的变化进行调整。

物流标准化有助于实现物流装备的通用化。以集装箱运输为例，国外的公路、铁路两用车辆与机车，可直接实现公路、铁路运输方式的转换，极大地提高了作业效率。公路运输中，大型集装箱拖车可运载海运、空运、铁运的所有尺寸的集装箱。通用化的运输工具为物流系统供应链保持高效率提供了基本保证。通用化设备还可以实现物流作业的快速转换，极大地提高物流作业效率。

1.3.6　系统化

物流系统化是指组成物流系统的设备成套、匹配，达到高效、经济的要求。在物流设备单机自动化的基础上，计算机将各种物流设备集成系统，通过中央控制室的控制，与物流系统协调配合，形成不同机种的最佳匹配和组合，以取长补短，发挥最佳效用。为此，成套化和系统化是物流设备的重要发展方向，尤其将重点发展工厂生产搬运自动化系统、货物配送集散系统、集装箱装卸搬运系统、货物的自动分拣系统与搬运系统等。

物流设备供应商应当按客户实际情况，制定系统方案，将不同用途的物流装备进行有机整合，达到最佳效果。自动化立体库、无人搬运车、分拣系统、机器人系统等各种设备功能各异，各有所长，只有在整体规划下选择最合适的产品综合利用，才能使其各显其能，发挥最大效益。为使系统容易整合且效果最佳，物流装备最好选择同一家公司，可自行设计生产全部物流装备，满足客户整体要求。

同时，客户对物流系统的投入往往不是一步到位，而是按需配置，预留能力，因此要考虑今后系统的可扩展性。当然，在物流装备实现了模块化设计后，可较容易地根据需要进行扩展，有些物流设备也可通过改变控制软件完成系统的调整或扩展。

1.3.7 智能化

智能化是物流自动化、信息化的更高层次，物流作业过程中大量的运筹和决策，如库存水平的确定、运输（搬运）路径的选择、自动导向车的运行轨迹和作业控制、自动分拣机的运行、物流配送中心经营管理的决策支持等问题都需要借助于大量的知识才能解决。智能化已成为物流技术与装备发展的新趋势。

科技的进步使物流装备越来越重视智能化与人性化设计，应用人工智能技术，以降低工人的劳动强度，改善劳动条件，使操作更轻松自如。目前，人们在人工智能及其有关在物料储运领域中的专家系统技术方面进行了大量研究。例如，正在研究的将专家系统应用于自动导引车和单轨系统，使它们具有确定的在路线和合理的运行决策。在接收物料入库和装运出库方面，专家系统能控制机器人进行物料入架和出架操作，能控制堆垛机的装卸，以及指定物料储存点。正在研制的专家系统，能实现辅助设计人员设计自动导引车导向槽和缓冲件，配置和选择单元装载件和研究小型物件的储运技术。

再如，林德公司推出多项改进设计，使叉车更具人性化。叉车的低重心设计，使上下车更加方便；侧向坐椅设置，使驾驶叉车更容易；配有电子转向功能，不管搬运多重的货物，所需转向力均小于 10N，仅为传统堆垛车的 1/10，使操作更为轻松；其自动对中功能与故障自我诊断功能，使叉车更加智能化。

又如，堆垛机的地上控制盘操作界面采用大屏幕触摸屏和人机对话方式，堆垛机的各种状态与操作步骤均能清楚地显示出来，即使是初次使用也能操作自如。今后，智能化操作盘将成为更多自动仓库系统供应商的优先选择。

1.3.8 实用化

实用化是指一个物系统的配置，在满足使用条件之下，应选择简单、经济、可靠的物流设备。也就是说，在构筑这样的物流系统里面，要善于运用现有的各种物流设备，组成非常实用的简单的系统。这种简单以满足需要为原则，不一定非要追求自动化成本低，具有优越的耐久性、无故障性和良好的经济效益，以及较高的安全性、可靠性和环保性的物流设备。

1.3.9 绿色化

绿色化就是要达到环保要求。随着全球环境的恶化和人们环保意识的增强，对物

17

流设备提出了更高的环保要求，有些企业在选用物流装备时会优先考虑对环境污染小的绿色产品或节能产品。因此，物流装备供应商也开始关注环保问题，采取有效措施达到环保要求。如尽可能选用环保型材料；有效利用能源，注意解决设备的震动、噪声与能源消耗量等。更多的企业已经通过或正在抓紧进行 ISO14000 认证，借此保证所提供产品的"绿色"特性。

总之，客户需求与科技进步将推动物流技术与装备不断向前发展。物流装备供应商应随时关注市场需求的变化，采用更加先进的技术，提供客户满意的产品与服务，提高物流装备整体发展水平。

本章小结

物流设施与设备由物流基本设施和物流设备两大部分构成。物流基本设施包括公路、铁路、航空、港口、机场、货运站场及通信设施等，其建设水平和吞吐（通过）能力直接影响物流活动和物流作业的运行效率。物流设备是指用于储存、装卸搬运、运输、包装、流通加工、配送、信息采集与处理等物流活动的设备或装备。物流设备与设施按功能可划分为储存设备、装卸搬运设备、运输装备、输送设备、包装加工设备、信息采集与处理设备、集装单元化装备等 7 大类。

现代物流系统必须根据物流系统的最小成本、最好服务质量来考虑系统中的物流设备的配置。物流设施与设备系统是组织实施物流活动的重要手段，是物流活动的基础。近年来，伴随着用户需求的变化以及自动控制技术和信息技术的应用，我国在大力吸收国外先进技术发展国有机械制造业的基础上，建立了比较完善的物流设备制造体系，物流装备技术水平有了较大提高。现代物流装备向大型化、高速化、信息化、多样化、标准化、系统化、智能化、实用化和绿色化方向发展。

本章练习题

一、名词解释

物流设备与设施、物流设备、物流设施。

二、填空题

（1）物流设备按功能可划分为（　　　）、（　　　）、（　　　）、包装设备、流通加工设备、（　　　）、（　　　）等 7 大类。

（2）目前，物流机械系统可分为（　　　）、半自动化系统和（　　　）。

（3）合理采用物流设备有 3 层含义：（　　　）、（　　　）和（　　　）。

（4）构成 EDI 系统的 3 个要素是（　　　）、（　　　）、（　　　）。

（5）现代物流装备向（　　　）、（　　　）、（　　　）、（　　　）、（　　　）、系统化、智能化、实用化和绿色化方向发展。

三、选择题（单、多选）

（1）射频技术的基本原理是？（　　　）

　　A. 电磁理论　　　B. 光电理论　　　C. 条码理论　　　D. 微电理论

（2）GPS 即全球卫星导航与定位系统，是（　　　）于 1973 年至 1993 年用 20 年时间研制建立的一种高速度、高精度、全方位、全天候的卫星定位测量系统。

　　A. 中国　　　　　B. 日本　　　　　C. 俄罗斯　　　　D. 美国

（3）在物流活动中，（　　　）始终居于核心地位，它承担了物品在空间各个环节的位置移动，解决了供给者和需求者之间场所的分离，是创造空间效用的主要功能要素。

　　A. 仓储　　　　　B. 运输　　　　　C. 配送　　　　　D. 加工

（4）（　　　）设备是物流系统中使用频度最大、使用数量最多的一类机械设备。

　　A. 搬运装卸　　　B. 起重　　　　　C. 包装　　　　　D. 运输

（5）物流设备与设施是由（　　　）构成的，它需要在国家宏观调控和企业内部两方面进行完善。

　　A. 汽车　　　　　B. 物流基本设施　　C. 物流设备　　　D. 货车

四、简答题

（1）我国目前的物流设备与设施主要类型有哪些？

（2）物流设备与设施主要功能是什么？

（3）怎样合理采用物流设备与设施？

（4）你认为物流设备与设施规划设计考虑的因素有哪些？

（5）我国物流设备与设施未来发展的趋势是什么？

[案例讨论与分析]

华强物流联手淘宝打造电子商务公共物流平台

2009 年国内网络购物市场交易规模已达 2483.5 亿元，同比增长 93.7%，这一增长速度远远高于同期社会消费品零售总额的增速。机构普遍预测 2013 年将达到 10 000 亿元。网络零售上联结生产，下联结消费，最符合流通领域的市场发展趋势。面对如火如荼的网购市场，很多传统企业看到了网络渠道相对传统渠道在成本优化、渠道扁平、效益、效率方面体现的巨大优势，开始选择电子商务的途径，利用网络平台直接参与网络销售。网络销售还能使生产企业迅速、准确地掌握国内消费者的消费习性，达到快速响应市场需求，降低库存，增加资金利用率的目的。而由于生产企业的信誉和规模优势，国家也正在不断规范混乱的C2C（个人对个人）市场，未来几年，B2C（企业对个人）市场的增长速度将远远大于C2C。

一、传统企业从事网上零售面临瓶颈

但很多企业在实践中发现，电子商务零售渠道的开拓也并不是件容易的事情：众多企业习惯了批量订单、大宗发货，对B2C零售的散单处理能力，包括订单的商务处理和物流拣配能力严重缺乏，而国内目前也缺乏对B2C零售的配套仓储物流服务。网上销售目前普遍采用适合C2C模式的快递模式，企业要求的库存、理货等，都是快递类企业解决不了的问题。另外，用点对点的快递方式，无论是成本、效率、服务能力、质量和客户体验都是不适合规模化的企业销售。

在整个电子商务的交易过程中，物流作为整个交易的最后一个过程，物流服务实际上是以订单的履行者的姿态出现的，履行能力如果出现问题，那么前端的一切努力都将前功尽弃。物流提供给网上企业的不仅仅是送货服务，也提供了商品管理:集货、验货、分拣、包装、加工和库存机能，这些传统零售必需的环节，也同样是电子商务企业所不能免除的。从某种意义上讲，B2C零售的仓库，代替了零售端的购物车。针对个人的单件，繁杂的分拣理货操作，必须要在强大的信息系统的指导下，才能达到高效率和低差错率。而要符合电子商务的效率要求，分布式仓库就近发货是满足消费者体验的不二选择。具有强大信息系统支撑的分布式全国仓储网络最符合企业 B2C 的要求。

目前，国内还没有一个能够支持以上要求的物流网络，物流已成为电子商务发展的最大瓶颈。而单个企业自建这样的仓储物流网络，无疑是天方夜谭，行业呼唤这样的公共物流服务平台的出现。

二、制造业B2C电子商务物流解决方案

针对国内爆炸式增长的网络购物需求和B2C企业的迫切需要，深圳华强物流有限公司在B2C物流体系的建设上提出了自己的解决方案。

1. 未来的 B2C 电子商务流通模式

B2C电子商务带来的销售平台与物流平台的分离，将导致社会仓库数量减少，仓库规模扩大，库存集中化，物流集约化，成本将极大地降低。理想状态下，物流服务商将来会成为品牌厂商的成品仓库与最终用户的实物供应者。覆盖广泛的配送中心库存将取代社会上千家万户的零散库存，大仓储物流最符合B2C电子商务的发展趋势。

电子商务的物流更加具有多品种、小批量、多批次、短周期的特点。单个电子商务公司很难这样如愿地将消费者的订货在一个比较短的时间内集中起来并配装在一台送货车里，这样就会造成送货次数的分散，送货批量的降低，直接导致物流成本的提高；而一个公共的物流平台可以汇集多家电子商务企业的需求，形成规模，从而在成本效率和消费者体验上体现更大的优势。但是具备覆盖全国的物流仓储网络资源和全程物流服务能力，就不是互联网可以办到的了。物流基础建设项目一般投资大，风

险高，建设周期长、投资回收期长，并且电子商务物流项目专业性很强，有其特殊性和复杂性，具备投资建设能力并有投资意愿的企业并不多。

2. 华强电子商务公共物流平台

华强物流计划投入巨资力图打造的，就是这样一个覆盖全国的，适合电子商务特点的公共第三方物流配送服务平台，为国内 B2C 零售提供一站式物流服务，形成规模化的共同配送机制，摊薄物流成本，并提供企业需要的高端增值服务。目前的这个电子商务公共物流平台的主要构成可以理解为:核心仓储网络+先进信息系统。具体来说是指分布全国的具备散单分拣能力的仓储网络以及能达成电子商务高要求的信息流处理能力。

（1）华强物流的仓储物流配送中心不同于传统仓库单纯的存储角色，其主要身份是一个加工中心和调度中心，是可以满足多个功能的仓储物流配送中心。电子商务零售中，成千上万的厂家直接发货给仓储中心，基于电子商务配送需求的特点，仓储中心必须提供简单加工、拆包、再包装、贴标识等一系列增值服务，代替实体购物中，拣货到购物车的过程。电子商务实际上把仓库变成了流通加工中心，该中心除提供仓储管理、实物分拨等功能外，还提供流通加工功能。如，在仓库中进行更换包装、贴标签、促销产品组合、宣传资料组合、产品抽样检测等简单流通加工服务。另外，根据国外统计数据，电子商务和目录销售的拒收率可达 30% 以上，所以，按客户指令对消费者返回的拒收商品和不良品进行处理的逆向物流服务可以大大降低商品的返厂成本。

华强物流还计划在仓库中开辟专区，为货物存放在仓库里的产品提供产品展示、商家、消费者体验等功能，将网上的零售、批发业务配上线下的体验功能，以促进网上的成交率。

（2）强大的信息系统是物流平台建设的核心。物流平台需要全程采用电子数据交换系统（EDI）、电子订单处理系统、条形码（BARCODE）、无线射频技术（RFID）等达成高效的库内操作能力和对外连接能力。华强物流通过与客户网上商城和淘宝等电子商务平台进行信息系统的无缝对接，顾客在电子商务平台下单后，订单信息即时传递给商家和华强的电子商务物流配送中心。物流配送中心根据商家授权进行订单处理，迅速按流程出库和配送。

同时，订单处理及后续物流操作的有关信息，将即时反馈给电子商务平台、企业及顾客，实时跟踪关于订单的最新动向。华强物流配送中心的库存信息还将向厂商开放，便于他们根据库存和销售情况进行决策，企业可以根据库存数量和销售预测进行主动补货。

——资料来源:中国大物流网 2010-05-05

【讨论与分析】

（1）华强电子商务公共物流平台主要的设备与设施包括哪些？

（2）华强电子商务公共物流平台何特征？

（3）公共物流平台能为我们带来什么？

21

第 2 章

物流运输设施与设备

➡ 学习目标

（1）了解交通枢纽的类别与功能，了解我国交通枢纽的现状及发展趋势；理解交通枢纽、铁路、公路、水路、航空和管道运输的概念。

（2）掌握铁路、公路、水路、航空和管道运输主要设施与设备的类别、特征和构成。

（3）领会铁路、公路、水路、航空和管道运输主要设施与设备的应用。

（4）运用本章相关理论分析相应的企业案例。

➡ 案例导读

拥有强大物流设施资源的中远集团

中国远洋运输（集团）总公司的前身，是成立于 1961 年 4 月 27 日的中国远洋运输公司。1993 年 2 月 16 日组建以中国远洋运输（集团）总公司为核心企业的中国远洋运输集团（以下简称中远或中远集团）。中远集团是以国际航运、物流码头和船舶修造为主业的大型跨国企业集团，在《财富》世界 500 强企业中排名第 327 位。2009年以主营业务收入达 1 046 亿元，名列 "2010 中国物流企业 50 强" 榜首。

到 2010 上半年，中远集团拥有和控制各类现代化商船近 800 艘，5 600 多万载重吨，年货运量超 4 亿 t，远洋航线覆盖全球 160 多个国家和地区的 1 600 多个港口，船队规模稳居中国第一、世界第二。其中集装箱船队规模在国内排名第一、世界排名第六；干散货船队世界排名第一；专业杂货、多用途和特种运输船队综合实力居世界前列；油轮船队是当今世界超级油轮船队之一。中远集团在全球范围内投资经营着 32 个码头，总泊位达 157 个，2008 年中远集团所属中远太平洋的集装箱码头吞吐量继续保持全球第五。标有 "COSCO" 醒目标志的船舶和集装箱在世界 160 多个国家和地区的 1 300 多个港口往来穿梭。

中远集团拥有丰富的物流设施资源，控制各种物流车辆超过 4 000 台，包括具有 289 个轴线、最大承载能力达 8 000 t 的大件运输车，堆场 249 万 m^2，拥有和控制仓库 297 万 m^2，在家电、化工、电力、融资等领域为客户提供高附加值服务，为青藏铁路、天津空客、印度电站等国内外多个重大项目提供物流服务，创造多项业界记录。中远集团在国内的多家船舶修造基地，拥有含 30 万吨级、50 万吨级的各类型船坞 16 座，业务涉及大型船舶和海洋工程建造、改装及修理，生产设备装配水平、生产管理水平国内领先，技术能力、生产效率及生产成本等指标居世界前列。年修理改造大型船舶 500 余艘，年造船能力 840 万吨，是中国最大的修船企业及技术最先进的造船企业。

中远集团已形成以北京为中心，以中国香港、美洲、欧洲、新加坡、日本、澳洲、韩国、西亚、非洲等 9 大区域公司为辐射点的全球架构，在 50 多个国家和地区拥有千余家企业和分支机构，员工总数约 13 万人，其中驻外人员 400 多人，外籍员工 4 000 多人，资产总额超过 3 000 亿元人民币，海外资产和收入已超过总量的半数以上，正在形成完整的航运、物流、码头、船舶修造的全球业务链。中远集团是最早进入国际资本市场的中国企业之一，早在 1993 年中远投资就在新加坡借壳上市，目前在境内外控股和参股中国远洋、中远太平洋、中远国际、中远投资、中远航运、中集集团、招商银行等上市公司。2010 年 5 月 30 日，中国远洋成功入选英国著名财经媒体《金融时报》发布的全球 500 强企业排行榜（FT Global 500），名列第 450 位，这是中国远洋自 2008 年以来第三年蝉联该榜单。

——资料来源：http://www.cosco.com/cn 2010-10-10

想一想：物流设施资源对中远集团的成功有着怎样的现实意义？

2.1　交通枢纽概述

2.1.1　交通枢纽的定义

交通枢纽又称运输枢纽，是在两条或者两条以上运输线路的交汇、衔接处形成的，具有运输组织、中转、装卸、仓储、信息服务及其他辅助服务功能的综合性设施。一般由车站、港口、机场和各类运输线路、库场以及运输工具的装卸、到发、中转、联运、编解、维修、保养、安全、导航和物资供应等项设施组成，综合运输网的重要环节。

2.1.2 交通枢纽的功能

交通枢纽集中了综合交通系统的多种运输方式，其基本功能是将一个或几个方向各种运输方式的客货流分送到其他的运输方式或方向，从交通枢纽在运输全过程中所承担的主要作业任务来看，它的基本功能是保证完成 4 种主流作业：直通作业、中转作业、枢纽地方作业以及城市对外联系的相关作业，如图 2-1 所示。

图 2-1 铁路、公路交通枢纽

2.1.3 交通枢纽的分类

交通枢纽可按以下几种方法进行分类。

1. 按地理位置分

（1）陆路交通枢纽，如北京、武汉等。

（2）滨海交通枢纽，如上海、广州等。

（3）通航江河岸边交通枢纽，如长江干流从宜宾到上海共有 13 个此类交通枢纽。

2. 按承担的客货运输业务分

（1）中转枢纽，以办理中转或直通客货运输业务为主，地方运量比例很小，如郑州等。

（2）地方性枢纽，以办理地方作业为主，中转运输量较少，如本溪、鞍山等。

（3）混合枢纽，具有大量的地方业务，同时还办理相当数量的直通客货运输业务，如兰州、成都等。

3. 按交通方式的组合分

（1）铁路—公路枢纽，这种由陆路干线组成的枢纽都分布于内陆地区，在较长的时期内，是交通枢纽的主要形式。我国交通枢纽目前有 43%属于此类。

（2）水路—公路枢纽，由河运或海运与公路运输方式组成，一般水运起主导作用，公路以集散运输为主。

（3）水路—铁路—公路交通枢纽，因水路有海、河之分，此类枢纽又包括：海运—河运—铁路—公路枢纽；海运—铁路—公路枢纽；河运—铁路—公路枢纽。前两种都以海运为主，并有庞大的水路联运设施系统，如我国的上海，荷兰的鹿特丹，俄罗斯的圣彼得堡；第三种有些以铁路为主，有些以水运为主。

（4）综合交通枢纽，是交通运输发展的高级阶段。其具体组成方式有的由铁、公、水、空、管多条干线组成，有的无水而由其他 4 种方式组成。上海、北京、沈阳、天津、武汉等均已形成了多种交通方式构成的综合交通枢纽。

4. 按交通运输干线与场站空间分布形态分

（1）终端式枢纽，分布于陆上干线的尽头或陆地的边缘处，如乌鲁木齐、青岛等。

（2）伸长式枢纽，干线从两端引入呈延长式布局，如兰州等。

（3）辐射式枢纽，各种干线可以从各个方向引入，如郑州、徐州等。

（4）辐射环形枢纽，由多条放射干线和将其连接起来的环线组成，如北京等。

（5）辐射半环形枢纽，大多分布于海、湖、河岸边。

2.2　公路运输设备

2.2.1　公路运输概况

公路运输是一种机动灵活、简捷方便的运输方式，在短途货物集散运转上，它比铁路、航空运输具有更大的优越性，尤其在实现"门到门"的运输中，其重要性更为显著。尽管其他各种运输方式各有特点和优势，但或多或少都要依赖公路运输来完成最终两端的运输任务。但公路运输也具有一定的局限性，如载质量小，不适宜装载重件、大件货物，不适宜走长途运输；车辆运行中振动较大，易造成货损货差等事故，同时，运输成本费用较水运和铁路为高。

目前，在世界现代交通网中，公路线长占 2/3，约达 2 000 万 km，公路运输所完成的货运量占整个货运量的 80% 左右，货物周转量占 10%，公路运输已成为一个不可缺少的重要组成部分。公路运输设备与设施主要由公路、站场和运输车辆（主要是汽车）组成。

2.2.2　公路

1. 公路的基本构成

我国公路一般是由路基、路面、桥梁、涵洞、排水系统、防护工程设施、交通服务设施等构成，图 2-2 所示为我国公路主要类型之一的高速公路。

图 2-2　高速公路

2. 我国公路分级

（1）技术分级。我国公路技术分为两大类 5 个等级。

① 两大类：汽车专用公路和一般公路。汽车专用公路包括高速公路（专供汽车分道高速行驶的全封闭、全立交的公路，折合成小客车的年平均昼夜交通流量在 2.5 万辆以上，有 4 个以上的行车道）、一级专用公路（连接高速公路与大城市的结合部、开发区 及专区的干线公路，要求与高速公路基本相同，部分控制出入口，折合成小客车的年平均昼夜交通流量在 1 万～2.5 万辆以上）、二级专用公路（为连接政治、经济中心或大型专区的公路，有两个以上行车道，折合成中型载货汽车的年平均昼夜交通流量在 4 500～7 000 辆）。一般公路包括二级公路（为连接政治、经济中心或大型专区的公路，两个以上行车道，折合成中型载货汽车的年平均昼夜交通流量在 2 000～5 000 辆）、三级公路（折合成中型载货汽车的年平均昼夜交通流量在 2 000 辆以下，为沟通县、乡镇的集散公路）和四级公路（折合成中型载货汽车的年平均昼夜交通流量在 200 辆以下，多为沟通乡、镇、村等的地方公路）。

② 5 个等级：根据《公路工程技术标准》（GB 01—2003）公路技术等级划分的定量，指标高速公路一般选用 120 km/h 的计算行车速度，当受条件限制时，可选用 100 km/h 或 80 km/h 的计算行车速度。对个别特殊困难路段，允许采用 60 km/h 的计算行车速度，但应经过技术经济论证。在平原微丘地区的一级、二级、三级、四级公路的计算行车速度应分别采用 100 km/h、80 km/h、60 km/h、40 km/h；山岭重丘地区的一级、二级、三级、四级公路的计算行车速度分别采用 60 km/h、40 km/h、30 km/h、20 km/h。

（2）我国公路的行政分级。主要有：①国道（国家干线公路）；②省道（省、自治区、直辖市干线公路）；③县道（县级公路）；④乡道（乡村公路）；⑤专用公路（工业专区、军事要地与外部联系的公路）。

2.2.3　公路货运站场

1. 汽车货运站场的主要功能

（1）运输组织功能。主要包括：对经营区内的货源、货流等进行调查和预测；掌握站场情况，提供站场管理、操作工艺决策；掌握运输车辆情况，确定车辆技术状况和维修标准；制定货物运输计划。

（2）中转和装卸储运功能。主要包括货物中转、零担货物收存与发送、水运和铁路运输货物的中转、集装箱货物的分解发送。

（3）中介代理功能。主要包括：为服务区内各单位和个体，代办各种货运业务；为货主和车主提供双向服务，选择最佳线路；组织多式联运，实行"一次承运，全程服务"。

（4）通信信息服务功能。主要包括：对中近期货物的流量、流向、流时进行统计，为货运站组织管理提供依据；掌握车流、货源信息，货物运距、批量、优化运输方案，合理安排中转、堆存，及时调整和安排车辆、装卸；提供开放性服务，提供货物流量、流向、流时、仓储信息；向车主、货主提供配载信息，为车主、货主牵线搭桥。

2. 货运站的类型

（1）4 种货运形式。包括整车货运、快速货运、零担货运和集装箱货运。

（2）4 类货运站。包括整车货运站、零担货运站（快速货运）、集装箱货运站和综合货运站。

2.2.4　汽车的种类和基本构造

1. 汽车的分类

公路所使用的汽车大致分 3 类：客车、货车（载货汽车）和专用运输车辆。客车又可分为小客车（如轿车、吉普车等）和大客车等。货车按其载质量可分为轻型、中型和重型 3 种。

在物流领域，货车的应用是非常广泛的，据统计，货车的最经济运输距离是 300 km以内，是一种短距离的运输车辆。货车用于运载各种货物，由于所运载的货物种类繁多，货车的装载量及车厢的结构也各有不同。

（1）货车按用途主要分为普通货车、专用货车和牵引汽车。普通货车具有栏板式车厢，可运载各种货物。专用货车通常由普通货车改装，其车厢是为专门运载某种类型的货物而设计的，如带有液压卸车装置运载砂土矿石的自卸车，运载易腐食品的冷藏车，运载液体、气体或粒状固体的罐式车，运载大型货物的平台式车等。牵引汽车专门或主要用于牵引挂车的汽车，通常可分为半挂牵引汽车和全挂牵引汽车等类型。半挂牵引汽车后部设有牵引座，用来牵引和支撑半挂车前端。全挂牵引汽车本身带有车厢，其外形虽与货车相似，但其车辆长度和轴距较短，而且尾部设有拖钩。牵引汽车都装设有一部分挂车制动装置及挂车电气接线板等。

（2）货车按其总质量分为微型货车、轻型货车、中型货车和重型货车。微型货车是总质量小于 1.8 t 的货车；轻型货车总质量为 1.8~6 t；中型货车总质量为 6~14 t；重型货车总质量大于 14 t。不同类型的载货汽车所应用的场合是不同的。从载货汽车的型号看，微型和轻型货车主要用于市内的集货、配货和宅配送运输；中型货车主要用于短距离的室外运输；重型货车主要用于长距离的干线运输。对于不同货箱形式的载货汽车应根据货物的品种及规格进行恰当的选用。

（3）货车按货箱分为栏板式货车、自卸式货车、厢式货车、罐式货车、平台式货车、篷式货车和牵引-半挂车式货车等。

2. 汽车的基本组成

汽车是由自带动力装置驱动的无架线的运载工具。它基本上由动力装置、底盘、车身、电器及仪表等部分组成。

动力装置是汽车行驶的动力源，包括发动机及其燃料供给系统和冷却系统等。底盘是接受动力装置发出的动力，使汽车产生运动，保证其正常行驶的装置和机构。底盘包括传动系（离合器、变速器、万向传动装置、驱动桥）、行驶系（车架、轮胎及车轮、悬架、从动桥）、转向系（带转向盘的转向器及转向传动机构）和制动系（制动器和制动传动机构）。货车车身一般包括驾驶室和各种形式的车厢，客车车身是整体车身。电器及仪表包括电源、发动机的起动系和点火系、照明、信号、仪表等。

2.2.5　货车的选用

随着我国高速公路和现代物流业的不断发展，专用汽车需求量呈逐年递增态势，厢式车、罐装车、冷藏保温车等主要专用车在未来 10 年中的年增长率将达 10% 以上。在物流领域，厢式载货汽车由于结构简单，利用率高，适应性强，成为应用前景最广泛的载货汽车。同时，随着运送货物种类和运量的增加，对其他类型的载货汽车需求量也在逐渐增加。目前，对于一般的运输企业或运输业者，由于运输货物的种类和规格的不确定性，其配备的主要车型是中吨位的普通载货汽车和相应吨位的挂车。

1. 专用汽车

（1）专用汽车的类型。一般按用途可将专用汽车分为公路运输型专用车辆和作业型专用车辆。公路运输型专用车辆是物流业的首选车辆，专用车辆在物流领域得到越来越广泛的应用。

① 厢式汽车。厢式汽车除具备普通车的一切机械性能外，还必须具备全封闭的厢式车身，便于装卸作业的车门。小型厢式载货汽车一般用于运距较短、货物批量小、对运达时间要求较高的货物运输。厢式载货汽车其特点是载货容积大，货厢密封性能

好，尤其是近年来轻质合金及增强合成材料的使用为减轻车厢自重、提高有效载质量创造了良好的条件。

② 栏板式载货汽车。栏板式载货汽车具有整车重心低、载质量适中的特点。

③ 自卸式载货汽车。自卸式载货汽车可以自动后翻或侧翻，使货物能够依靠本身的重力自行卸下，具有较大的动力和较强的通过能力。

④ 罐式载货汽车。罐式载货汽车具有密封性强的特点，适于运送易挥发、易燃、危险品。

⑤ 集装箱牵引车和挂车。集装箱牵引车专门用于拖带集装箱挂车或半挂车，两者结合组成车组，是长距离运输集装箱的专用机械。它主要用于港口码头、铁路货场与集装箱堆场之间的运输。集装箱牵引车具有牵引装置、行驶装置，但自身不能载运货物。

集装箱挂车按拖挂方式不同，分为半挂车或全挂车两种，其中以半挂车最为常用，如图 2-3 所示。半挂车是挂车和货物的质量一部分由牵引车直接承受，不仅牵引力得到有效发挥，而且拖车车身较短，便于倒车和转向，安全可靠。半挂车装有支腿，以便与牵引车脱开后能稳定地支撑在地面上。全挂车是通过牵引杆架，使牵引车与挂车连接，牵引车身亦可作为普通载货汽车单独使用，但车身较长，操作比半挂车要稍难些。

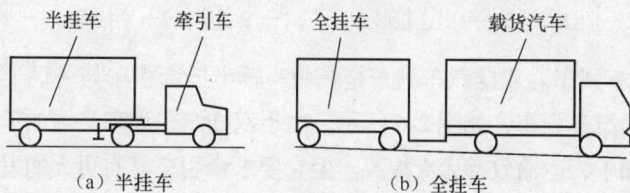

图 2-3　集装箱挂车拖挂方式

（2）专用汽车在物流系统中的地位和作用。随着物流业的快速发展和人民生活水平的不断提高，社会对物流业的服务效率和服务质量要求也越来越高，因而对物流服务的设施与设备提出了更高的要求，对于道路运输车辆，要求必须根据货物的运输条件要求，选用合适的专用汽车来承担运输任务。专用车辆能更有效地发挥汽车运输的经济效益和专用功能，从而满足运输"质"的要求，在物流领域中的应用将会大大提高物流企业的经济效益和社会效益。

① 提高运输效率，降低运输成本。专用汽车能充分发挥汽车的运输能力，提高实载率，降低运输成本。

② 保证货物运输质量，减少货损货差。

③ 节约包装，缩短装卸时间，改善劳动条件，降低劳动消耗。

④ 提高货物运输的安全性，减少环境污染。许多易燃、易爆、易腐蚀、有毒等

29

危险货物的运输必须采用专用运输汽车，以确保其运输安全，避免造成环境污染。

2. 汽车列车

（1）汽车列车类型。汽车列车主要有以下几种类型。

① 全挂汽车列车。全挂汽车列车是指由一辆牵引汽车用牵引杆连接一辆或一辆以上的全挂车组合而成的汽车列车，如图2-4所示。全挂汽车列车的牵引汽车是一辆载货汽车或配有压重的专用牵引汽车，在牵引汽车与全挂车之间用牵引连接装置连接组成全挂汽车列车。全挂车可以自行承担自身重量和载荷。牵引汽车在摘掉挂车后，可单独从事货运或拖带另一辆全挂车。

② 半挂汽车列车。半挂汽车列车是指由一辆半挂牵引汽车和一辆半挂车组合而成的汽车列车，如图2-5所示。半挂汽车列车的牵引车上备有牵引座，半挂车上装有牵引销，半挂车通过牵引销与牵引车上的牵引座连接（或分离），并将半挂车一部分载荷和自重分配给牵引车的牵引座处，因此，半挂牵引车必须具有支撑力和牵引力。当半挂牵引车摘掉挂车后，可用于牵引另一辆半挂车。

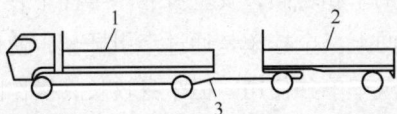

图2-4　全挂汽车列车示意图

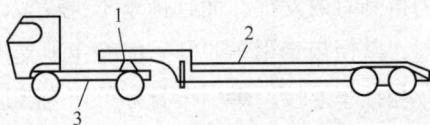

1—载货牵引车；2—全挂车；3—牵引连接装置

图2-5　半挂汽车列车示意图

1—牵引座；2—半挂车；3—半挂牵引车

③ 双挂汽车列车。双挂汽车列车是指由一辆半挂牵引车与一辆半挂车和一辆全挂车组合而成的汽车列车，如图2-6所示。由于双挂汽车列车又增加了一节挂车，所以装载质量增加了，运输效率大大提高。但它要求牵引车具有更大的发动机功率，并且要求运行的道路条件要好。

④ 特种汽车列车。特种汽车列车是指具有特殊结构或装有专用设备的汽车列车，如图2-7所示，为专门运输长形物料的一种汽车列车，物料的前后两端分别与牵引车和挂车有机连接，物料本身构成了汽车列车的一部分。

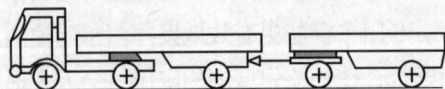

图2-6　双挂汽车列车示意图

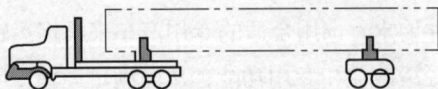

图2-7　特种汽车列车示意图

（2）汽车列车的总体结构。汽车列车由牵引车、挂车和连接装置3大部分组成，如图2-8所示。

3. 自卸汽车

自卸汽车是指以运送货物为主且有倾卸货厢的汽车。它可以利用发动机的动力，通过液压举升机构使车厢倾斜一定的角度，实现货物的自动卸出。普通自卸汽车一般是在同吨位的载货汽车二类底盘的基础上改装而成的。

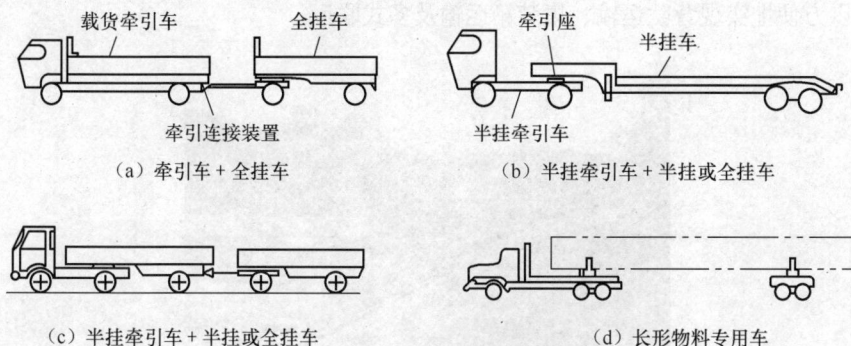

(a) 牵引车 + 全挂车　　　　　　　　　(b) 半挂牵引车 + 半挂或全挂车

(c) 半挂牵引车 + 半挂或全挂车　　　　　　(d) 长形物料专用车

图 2-8　汽车列车的总体结构示意图

（1）自卸汽车的用途。自卸汽车主要用于运输散装并可以散堆的货物（如砂土、矿石及农作物等），还可以用于运输成件货物。

（2）分类。主要有后倾式自卸汽车、侧倾式自卸汽车和三面倾卸式自卸汽车。

（3）自卸汽车的主要性能参数。自卸汽车的性能参数除了普通汽车的技术性能参数外，还有性能参数，包括容积利用系数、质量利用系数、车厢的最大举升角、举升时间和降落时间等。

2.3　铁路运输设备

2.3.1　铁路运输概况

1. 铁路运输概念

铁路运输是指利用机车、车辆等技术设备沿铺设轨道运行的运输方式。而铁路枢纽是指在铁路网点和铁路网端建有几个在统一指挥下协同作业的专业车站或客货联合车站，并由必要的联络线及引入干线方向的进站线路等组成的铁路运输技术设备的总称。

铁路运输按列车的支持和驱动方式可分为普通铁路运输和悬浮式铁路运输。普通铁路运输设备主要是由车体、车轮和钢轨构成的，如图 2-9 所示。钢轨（标准轨距为 1 435 mm）和车轮具有 3 个功能：支持车体质量，引导列车前进，获得驱动力。由于是借助于车轮和钢轨之间的摩擦力驱动，其速度极限为 330 km/h。而悬浮式铁路运输采用磁垫来支持列车，车体和轨道不直接接触，可以获得超过 500 km/h 的行驶车速。

2. 铁路运输的优缺点

（1）铁路运输的主要优点：运输能力大，这使它适合于大批量、低值商品的长距离运输；铁路运输受气候和自然条件影响较小，在运输的准时性方面占优势；铁路运输可以方便地实现背驮运输、集装箱运输及多式联运。

图 2-9　铁路运输

（2）铁路运输的主要缺点：由于铁路线路是专用的，其固定成本很高，原始投资较大，建设周期较长；铁路按列车组织运行，在运输过程中需要有列车的编组、解体和中转改编等作业环节，占用时间较长，因而增加了货物的运输时间；铁路运输中的货损率比较高，而且由于装卸次数多，货物毁损或丢失事故通常也比其他运输方式多；不能实现"门到门"运输，通常要依靠其他运输方式配合，才能完成运输任务，除非托运人和收货人均有铁路专用线。

综上所述，铁路货物运输担负的主要功能是：大宗低值货物的中、长距离运输，也较适合运输散装货物（如煤炭、金属、矿石、谷物等）、罐装货物（如化工产品、石油产品等）以及集装箱运输。

3. 铁路运输发展趋势

铁路运输在扩大运输能力、力求经济效益等方面始终围绕如何提高列车速度、质量（如发展重载运输）和密度这三个技术进步的主要途径而各有侧重地进行着。

【链接】　　　　　　　中国高速铁路现状与未来

经过几年的不懈努力，目前，中国大陆投入运营的高速铁路已达到 8 358km。其中，新建时速 250～350 km/h 的高速铁路有 4 044 km；既有线路提速达到时速 200～250km/h 的高速铁路有 2 876 km。我国高速铁路运营里程居世界第一位。正在建设中的高速铁路有 1 万千米以上。

目前，我国高速铁路运营状况总体很好。一是设备质量可靠。无论是线路基础、通信信号、牵引供电等固定设备，还是动车组等移动设备，质量稳定，运行平稳。二是运输安全稳定。高速安全保障体系日趋完善，职工队伍素质过硬，保持了良好的安全记录，没有发生旅客伤亡事故。三是经营状况良好。高速铁路受到广大旅客的青睐，市场需求旺盛。目前，全国铁路每天开行高速列车 1 000 列左右，平均上座率达到 101.7%。高速铁路为广大旅客创造了美好生活的新时空，赢得了大家的赞誉。

高速铁路作为现代社会的一种新的运输方式，具有极为明显的优势。在运行速度上，目前最高时速可达 350 km/h，正在建设的京沪高速铁路最高时速将达到 380 km/h，堪称陆地飞行；在运输能力上，一个长编组的列车可以运送 1 000 多人，每隔 3 分钟就可以开出一趟列车，运力强大；在适应自然环境上，高速列车可以全天候运行，基本不受雨、雪、雾的影响；在列车开行上，采取"公交化"的模式，旅客可以随到随走；在节能环保上，高速铁路是绿色交通工具，非常适应节能减排的要求。

今后几年，中国高速铁路建设将进入全面收获时期。到 2012 年，我国铁路营业里程将达到 11 万 km 以上，其中新建高速铁路将达到 1.3 万 km。到 2020 年，我国"四纵四横"铁路快速客运通道以及 3 个城际快速客运系统将全面建成，我国将完全进入"高铁时代"。

——资料来源：www.railways.com.cn 2010-11-17

2.3.2 铁路运输设备与设施

铁路运输系统主要由线路、机车车辆、信号设备和车站 4 部分组成。

1. 铁路线路与轨道

铁路线路承受机车、车辆和列车的重量，并且引导它们的行走方向，可见它是运行的基础。铁路线路是由路基、桥隧建筑物（包括桥梁、涵洞、隧道等）和轨道（包括钢轨、连接零件、轨枕、道床、爬坡设备和道岔等）组成的一个整体工程结构。

（1）铁路线路主要技术标准。铁路主要技术标准包括铁路等级、正线数目、限制坡度、远期年客货运量（GN）、最高行车速度（km/h）、机车类型、机车交路、限制坡度（‰）、最小曲线半径（m）等（见表 2-1）。

表 2-1　　　　　　　　　　　　　　铁路主要技术标准

等级	路网中的作用	远期年客货运量/GN	最高行车速度/（km/h）	限制坡度/‰		最小曲线半径/m	
				一般路段	困难路段	一般路段	困难路段
I	骨干	≥150	120	6	12	1 000	400（350）
II	骨干、联络	<150，≥75	100	12	15	800	350（300）
III	地区性	<75	80	15	20	600	300（250）

（2）轨道的组成。轨道由钢轨、轨枕、连接零件、道床、防爬设备和道岔等组成（见图 2-10）。

钢轨是线路上部建筑中的重要组成部分，其功用是直接承受车轮压力，传给轨枕，再由轨枕传给道床,并引导车轮运行的方向;轨距是指钢轨直线部分两轨头内侧之距离;轨数是一条铁路线所拥有的正线轨道数目,一般有单线、复线(双线)和多线(三线、四线等)之分;限界是为了列车行车和城乡生活的安全,规定了铁路线的限界,以保证邻近线路的设备和建筑与机车、车辆间保持一定距离。

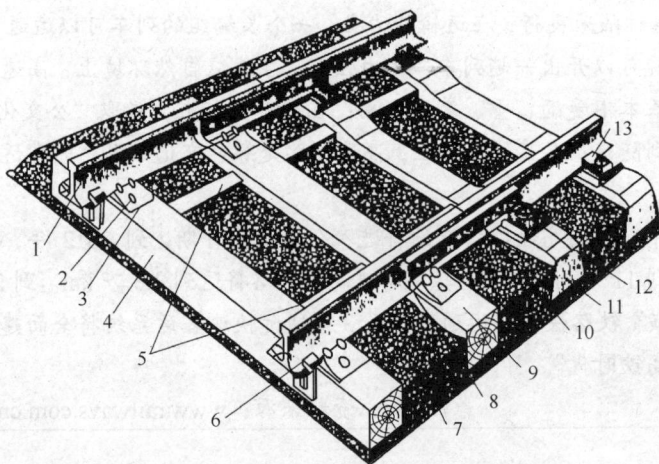

图 2-10　轨道的组成

1—钢轨;2—普通道钉;3—垫板;4—枕木;5—防爬撑;6—防爬器;

7—道床;8—鱼尾板;9—枕木;10—螺栓;11—钢筋混凝土轨枕;

12—扣板式中间连接零件;13—中间连接零件

2. 铁路机车与车辆

(1)铁路机车。机车是铁路运输的基本动力。铁路机车按用途划分可以分为客运机车、货运机车和调车机车。客运机车要求速度快,货运机车要求功率大,调车机车要求灵活机动。按牵引动力类型划分,铁路机车又可以分为蒸汽机车、内燃机车和电力机车(见表2-2)。

表 2-2　　　　蒸汽机车、内燃机车和电力机车对比表

项目/形式	蒸汽机车	内燃机车	电力机车
构造与造价	简单、低廉	复杂、较高	复杂、较高
运行速度	最小	较高	最高
功率	最小	较大	最大
热能效率	最低	较高	最高
空气污染度	最严重	轻微	没有
维护难易度	容易	困难	容易

① 蒸汽机车。蒸汽机车是通过蒸汽机把燃料的热能转换成机械能来牵引列车的一种机车。它主要由锅炉、蒸汽机、走行部、车架、煤水车、车钩缓冲装置以及制动装置等组成。

② 内燃机车。内燃机车是以内燃机作为原动力的一种机车。一般由动力装置、传动装置、车体与车架走行部、辅助设备、制动装置和车钩缓冲装置等部分组成。目前的内燃机车多为柴油内燃机车。按照动力类型的不同，柴油内燃机车可以分为柴油机车和柴电机车。柴油机车是将内燃机所产生的动力经变速箱以机械的方式传递到车轮。柴电机车是利用内燃机发电后把电能供给马达，用电能带动车轮。内燃机车的热效率可达 30%左右，其独立性强、线路投资少、见效快，准备时间比蒸汽机车短，起动和加速快，运行线路长，通过能力大，单位功率重量轻，劳动条件好，可实现多机连挂牵引。

③ 电力机车。电力机车是靠其顶部升起的受电弓从接触网上取得电能，并转换成机械能牵引列车的一种机车。电力机车由电器设备、车体与车架、走行部、车钩缓冲装置和制动装置等主要部分组成。电力机车功率大，获得能量不受限制，因而能高速行驶，可以牵引较重的列车，起动、加速快，爬坡能力强，容易实现多机牵引，更适合于坡度大、隧道多的山区铁路和繁忙干线行驶。

（2）铁路车辆。铁路车辆是指不具有动力装置，连接成列车后由机车牵引运行的铁道运输装置。按照用途的不同，铁路车辆可以分为客车和货车两大类。按轴数的不同，又可以分为四轴车、六轴车和多轴车。根据货物运输要求的不同，货车可以分为棚车、敞车、平车、砂石车、罐车及保温车等类型。按照制作材料的不同，货车又可以分为钢骨车和全钢车。按照载重量的大小，货车还可以分为 50 t、60 t、75 t 和 90 t 等多种车型，其中以 60 t 为最多。

（3）铁路车辆的结构。铁路车辆的种类虽然很多，但其基本结构都是一样的，主要是由车体、车底架、走行部、车钩缓冲装置和制动装置等 5 个基本部分组成的。

① 车体。车体是装载货物的部分。不同的铁路车辆，其车体也不一样。棚车的车体由端墙、侧墙、地板、车顶和门窗等组成，在装载货物时要关闭门窗，防止风吹雨淋和阳光照射。敞车的车体由端墙、侧墙和地板组成，车墙高度通常在 0.8 m 以上。平车的车体只有地板，有的平车则装有很低的侧墙和端墙；有的平车为便于装运特别长和大的货物，做成下弯的凹型车或有一部分不安装地板的落下孔车。保温车的车体也是由端墙、侧墙、地板、车顶和门窗等组成的，其墙板由双层壁板构成，壁板间填充绝热材料以减小气温对货物的影响，车内还装有制冷或冰箱等设备。罐车的车体为圆筒形，在车体上装有空气包和安全阀以保证液体货物运送的安全，在罐体上设有装卸口。

② 车底架。车底架是车体的基础，主要由中梁、侧梁、枕梁及端梁等组成。它

承受车体和货物的重量，并通过上、下心盘将重量传给走行部。车底架在货车运行时由于要承受机车牵引力和各种冲击力，因此必须具有足够的强度和刚度。

③ 走行部。走行部是车辆的基础。其作用是引导车辆沿着轨道运行，并把重量传给钢轨。在四轴车上四组轮对分成两部分，每两组轮对和侧架、摇枕、弹簧减振装置以及轴箱油润装置等组成一个整体，称为转向架。通过中心销将摇枕上的下心盘和底架枕梁上的上心盘相连接，可以相对于车底架作自由转动，便于车辆顺利地通过曲线线路。

④ 宝车钩缓冲装置。车钩缓冲装置由车钩和缓冲器组成，其作用是连接机车车辆，传递机车牵引力和制动力，缓和车辆之间的冲击力。

⑤ 制动装置。制动装置一般包括空气制动机和手制动机两部分，它是用外力迫使运行中的机车车辆减速或停车的一种设备，是机车安全、正点运行的重要保证，也是提高机车重量和运行速度的前提条件。

（4）货车的选择。

① 棚车（P）。这种货车具有车顶、侧墙、端墙，并设有窗和滑门，主要用于承运粮食、食品、日用工业品等怕湿、怕晒的货物和贵重货物，必要时也可以承运售货员和马匹（见图2-11）。

② 敞车（C）。这种货车没有车顶，但有平整地板和固定侧墙。主要用于承运煤矿、矿石、砂、木材、钢材等不怕日晒和雨淋的散装货物和一般机械设备货物（见图2-12）。

图 2-11　棚车

图 2-12　敞车

③ 平车（N）。这种货车没有侧墙、端墙和车顶。有的车型具有可以放倒的侧板和端板。主要用于承运大型建筑材料、压延钢材、汽车、拖拉机、军用装置和集装箱等，低边平车还可以承运矿石、煤炭等货物（见图2-13）。

④ 保温车（B）。又称为冷藏车。这种货车外形结构类似棚车，车体设有隔热层，加装有冷冻设备以控制温度。主要用于装运新鲜易腐货物。保温车具有车体隔热、气密性好的特点（见图2-14）。

图 2-13 平车

图 2-14 保温车

⑤ 罐车（G）。这种货车可以分为有底架和无底架两种结构，专门用于承运液体、液化气体或粉末状货物。罐车按运载货物的类型，可以分为轻油罐车、黏油罐车、沥青罐车、液化罐车、酸碱罐车、水泥罐车等（见图 2-15）。

3. 信号设备

信号设备能够保证列车运行与调车安全，提高铁路通过能力，通常包括连锁设备和闭塞设备（见图 2-16）。

图 2-15 罐车

图 2-16 信号设备

连锁设备是保证列车和调车进路的始端的信号机与进路道岔之间的连锁关系的设备；闭塞设备是指为防止在线路一个区间内发生列车正面冲突或追尾事故，区间两端车站值班员在向区间发车前办理行车联络手续的设备。

4. 铁路车站

车站是铁路运输的基本生产单位，它集中了和运输有关的各项技术设备，并参与整个运输过程的各个作业环节。车站按技术作业性质可分为中间站、区段站、编组站；按业务性质可分为客运站、货运站、客货运站；按等级可分为特等站、一至五等站。在车站内除与区间直接连通的正线外，供解体和编组列车用的调车线和牵出钱，供货物装卸作业的货物线，为保证安全而设置的安全线路、避难线以及供其他作业的线路，如机车行走线、存车线、检修线等。

（1）中间站。中间站是为提高铁路区段通过能力，保证行车安全和为沿线城乡及工农业生产服务而设立的车站。其主要任务是办理列车会让、越行和客货运业务。

（2）区段站。区段站多设在中等城市和铁路网上牵引区段的分界处。其主要任务是办理货物列车的中转作业，进行机车的更换或机车乘务组的换班以及解体、编组区段列车和摘挂列车。

（3）编组站。编组站是铁路网上办理大量货物列车解体和编组作业，并设有比较完善调车设备的车站，有列车工厂之称。编组站和区段站统称技术站。但二者在车辆性质、作业内容和设备布置上均有明显区别。区段站以办理无改编中转货物列车为主，仅解编少量的区段、摘挂列车；而编组站要办理各类货物列车的解编作业，且多数是直达列车和直通列车，改编作业量往往占全站作业量的60%以上，有的高达90%（见图2-17）。

图 2-17　铁路编组站

2.4　水路运输设备

2.4.1　水路运输概况

1．概念

水路运输是以船舶为主要运输工具，以港口或港站为运输基地，以水域包括海洋、河流和湖泊为运输活动范围的一种运输方式。水路运输至今仍是世界许多国家最重要的运输方式之一，它承担大部分的国际贸易运输，是国际贸易的主要运输工具。

2．水路运输的类型

（1）根据航行性质，水运分海运和河运两种。

① 海运，即海洋运输，是使用船舶等水运工具经海上航道运送货物和旅客的一种运输方式。它具有运量大、成本低等优点，但运输速度慢，且受自然条件影响。

② 河运，即内河运输，用船舶和其他水运工具，在国内的江、河、湖泊、水库等天然或人工水道运送货物和旅客的一种运输方式。它具有成本低、耗能少、投资省、少占或不占农田等优点，但其受自然条件限制较大，速度较慢，连续性差。需要通航吨位较高的船舶，窄的河道要加宽，浅的要挖深，有时还得开挖沟通河流与河流之间

的运河，才能为大型内河船舶提供四通八达的航道网。

（2）根据运输范围，水运有沿海运输、近海运输、远洋运输和内河运输 4 种形式。

① 沿海运输，是使用船舶通过大陆附近沿海航道运送客货的一种方式，一般使用中、小型船舶。

② 近海运输，是使用船舶通过大陆邻近国家海上航道运送客货的一种运输形式，视航程可使用中型船舶，也可使用小型船舶。

③ 远洋运输，是使用船舶跨大洋的长途运输形式，主要依靠运量大的大型船舶。

④ 内河运输，是使用船舶在陆地内的江、河、湖、川等水道进行运输的一种方式，主要使用中、小型船舶。

2.4.2 货船的分类

1. 干散货船

干散货船又称散装货船，是用以装载无包装的大宗货物的船舶（见图 2-18）。因为干散货船的货种单一，不需要包装成捆、成包、成箱的装载运输，不怕挤压，便于装卸，所以都是单甲板船。总载重量在 50 000 t 以上的，一般不装起货设备。

图 2-18 干散货船

由于谷物、煤和矿砂等的积载因数（每吨货物所占的体积）相差很大，所要求的货舱容积的大小、船体的结构、布置和设备等许多方面都有所不同。因此，一般习惯上仅把装载粮食、煤等货物积载因数相近的船舶，称为散装货船，而装载积载因数较小的矿砂等货物的船舶，称为矿砂船。

用于装载粮食、煤、矿砂等大宗散货的船通常有以下几个级别。

（1）总载重量 DW 为 100 000 t 级以上，称为好望角型船。

（2）总载重量 DW 为 60 000 t 级，称为巴拿马型。这是一种巴拿马运河所允许通过的最大船型。船长要小于 245 m，船宽不大于 32.2 m，最大的允许吃水为 12.04 m。

（3）总载重量 DW 为 35 000～40 000 t 级，称为轻便型散货船。吃水较浅，世界上各港口基本都可以停靠。

（4）总载重量 DW 为 20 000～27 000 t 级，小型散货船。可驶入美国五大湖泊的最大船型。最大船长不超过 222.5 m，最大船宽小于 23.1 m，最大吃水小于 7.925 m。

2. 杂货船

杂货船又称普通货船、通用干货船，主要用于装载一般包装、袋装、箱装和桶装的件杂货物（见图 2-19）。由于件杂货物的批量较小，杂货船的吨位亦较散货船和油船为小。典型的载货量为 1 万～2 万吨，一般为双层甲板，配备完善的起货设备。货舱和甲板分层较多，便于分隔货物。新型的杂货船一般为多用途型，既能运载普通件杂货，也能运载散货、大件货、冷藏货和集装箱。

图 2-19　杂货船

3. 冷藏船

大多数食品类货物（如鱼、肉、蛋、水果及蔬菜等），在常温条件下进行长时间的运输、保管中会发生腐败，失去食用价值。引起动物性食品货物腐败的主要原因是微生物的作用，引起植物性食品货物腐败的主要原因是货物本身的呼吸作用。要防止货物在运输途中发生腐败，就必须有效地抑制这两种作用。因此，冷藏运输作为一种有效的手段，得到了极为广泛的应用。冷藏并运输鱼、肉、水果、蔬菜等货物的船舶，总称为冷藏船（见图 2-20）。冷藏船最大的特点，就是其货舱实际上就是一个大型冷藏库，可保持适合货物久藏的温度。冷藏舱所需的冷源由设置在机舱内的大型制冷机提供。为保证一定的制冷效果，冷藏舱的四壁、舱盖和柱子内部都设有隔热材料，以防止外界热量传入。此外，为了有效地抑制各类微生物的繁殖和活动，舱内还设有臭氧发生器，使舱内在特定的持续时间内保持一定的臭氧浓度，以起到杀菌消毒的作用。

图 2-20　冷藏船

4. 木材船

木材船是专门用以装载木材或原木的船舶。这种船舱口大，舱内无梁柱及其他妨碍装卸的设备。船舱及甲板上均可装载木材。为防甲板上的木材被海浪冲出舱外，在船舷两侧一般设置不低于 1 m 的舷墙（见图 2-21）。

5. 原油船

专门用于载运原油的船舶，简称油船。由于原油运量巨大，油船载重量亦可达 50 多万 t，是船舶中的最大的。结构上一般为单底，随着环保要求的提高，结构正向双壳、双底的形式演变。上层建筑设于船尾。甲板上无大的舱口，用泵和管道装卸原油。设有加热设施在低温时对原油加热，防止其凝固而影响装卸。超大型油船的吃水可达 25 m，往往无法靠岸装卸，而必须借助于水底管道来装卸原油（见图 2-22）。

图 2-21　木材船

图 2-22　原油船

6. 成品油船

专门载运柴油、汽油等五油制品的船舶。结构与原油船相似，但吨位较小，有很高的防火、防爆要求（见图 2-23）。

7. 集装箱船

集装箱船又称箱装船、货柜船或货箱船，是一种专门载运集装箱的船舶（见图 2-24）。其全部或大部分船舱用来装载集装箱，往往在甲板或舱盖上也可堆放集装箱。集装箱船的货舱口宽而长，货舱的尺寸按载箱的要求规格化。装卸效率高，大大缩短了停港时间。为获得更好的经济性，其航速一般高于其他载货船舶，最高可达 30

节以上。集装箱船可分为部分集装箱船、全集装箱船和可变换集装箱船 3 种。

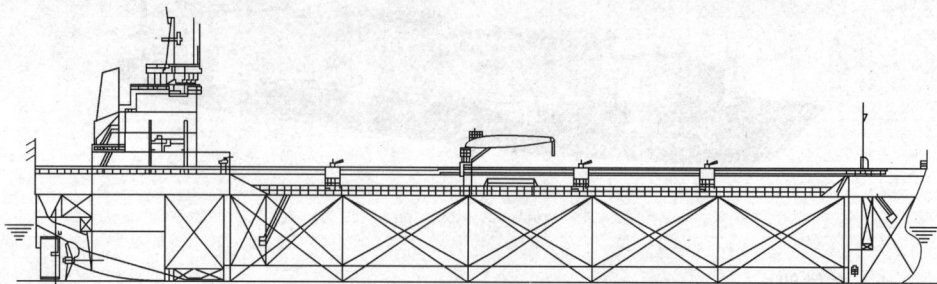

图 2-23 成品油船

图 2-24 集装箱船

（1）部分集装箱船。仅以船的中央部位作为集装箱的专用舱位，其他舱位仍装普通杂货。

（2）全集装箱船。指专门用以装运集装箱的船舶。它与一般杂货船不同，其货舱内有格栅式货架，装有垂直导轨，便于集装箱沿导轨放下，四角有格栅制约，可防倾倒。集装箱船的舱内可堆放 3~9 层集装箱，甲板上还可堆放 3~4 层。

（3）可变换集装箱船。其货舱内装载集装箱的结构为可拆装式的，因此，它既可装运集装箱，必要时也可装运普通杂货。

8. 滚装船

滚装船又称滚上滚下船。滚装船主要用来运送汽车和集装箱。这种船本身无须装卸设备，一般在船侧或船的首、尾有开口斜坡连接码头。装卸货物时，或者是汽车，或者是集装箱（装在拖车上的）直接开进或开出船舱。这种船的优点是不依赖码头上的装卸设备，装卸速度快，可加速船舶周转（见图 2-25）。

图 2-25 滚装船

2.4.3 港口

1. 港口定义及港口相关术语

（1）港口：是运输网络中水陆运输的枢纽，是货物的集散地，船舶与其他运输工具的衔接点（见图 2-26）。它可提供船舶靠泊、旅客上下船、货物装卸、储存、驳运以及其他相关业务，并具有明确的水域和陆域范围。

图 2-26 集装箱港口

（2）港界：是港口范围的边界线。根据地理环境、航道情况、港口设备以及港内工矿企业的需要等进行规定。一般利用海岛、山角、河岸突出部分，岸上显著建筑物，或者设置灯标、灯桩、浮筒等，作为规定港界的标志，也有按经纬度划分的。

（3）港区：港界范围以内经当地政府机关划定的由港务部门管理的区域（包括陆域和水域），一般不包括所属小港、站、点。

（4）港口作业区：一个港口，为了便于生产管理，一般根据货种、吞吐量、货物流向、船型和港口布局等因素，将港口划分为几个相对独立的装卸生产单位，称为港口作业区。划分作业区可使同一货种最大限度地集中到一个作业区内进行装卸，因而可以提高机械化、自动化程度和充分发挥机械设备的效率，提高管理水平，避免不同货物的相互影响，防止污染，保证货物的质量和安全，便于货物的存放和保管，充分利用仓储能力等。

（5）码头：供船舶、货物装卸和旅客上下的水上建筑物。

（6）泊位：供一艘船舶靠泊的一定长度的码头。

（7）港口腹地：港口吞吐货物和旅客集散所及的地区范围。腹地内的货物经由该港进（出）是比较经济合理的。其范围一般通过调查分析确定。港口腹地分为直接腹地和中转腹地。通过各种运输工具可以直达的地区范围称为直接腹地；经过港口中转的货物和旅客所到达的地区范围称为中转腹地。

2. 现代港口所具备的功能

港口正朝着全方位增值服务中心的方向发展，现代港口具有"5个中心"的功能。

（1）物流服务中心：提供船舶、汽车、火车、货物、集装箱的中转、装卸和仓储等综合物流服务。

（2）商务中心：为用户提供运输、商贸和金融服务。

（3）信息与通信服务中心:电子数据交换（EDI）系统的综合服务网站。

（4）现代产业中心：有利于人口集中和城市经济的增长。

（5）后援服务中心：提供人才培训、供应海员服务、贸易谈判、生活娱乐等后援服务，强化港城一体化关系，优化城市功能。

3. 货物在港内作业方式

货物通过港口一般要经过装卸、存储和短途运输 3 类环节（见图 2-27）。

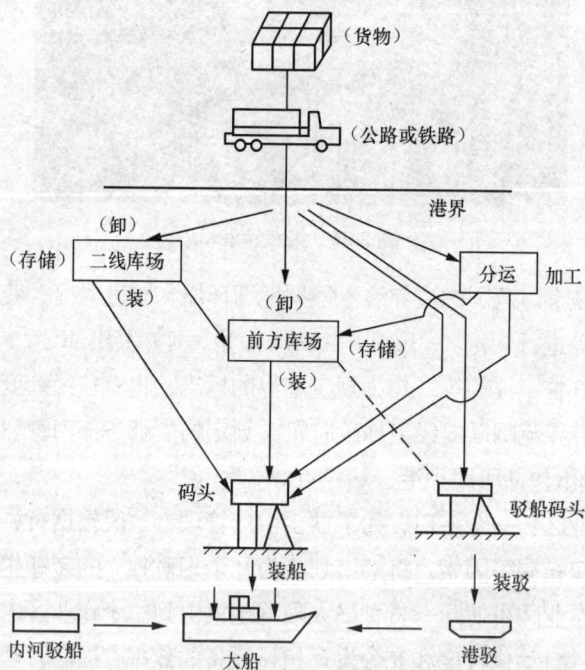

图 2-27　货物装卸过程

2.5　航空与管道运输设备

2.5.1　航空货物运输概述

1. 概念

航空运输是指使用飞机、直升机及其他航空器运送人员、货物、邮件的一种运输方式，具有快速、机动的特点，是现代旅客运输，尤其是远程旅客运输的重要方式，也是国际贸易中的贵重物品、鲜活货物、快件和精密仪器运输所不可缺的方式。

2. 航空运输的特点

（1）运送速度快。从航空业诞生之日起，航空运输就以快速而著称。快捷的交通工具大大缩短了货物在途时间；对于那些易腐烂、变质的鲜活商品，时效性、季节性强的报刊、节令性商品，抢险、救急品的运输，显得尤为突出。运送速度快，在途时间短，也使货物在途风险降低，因此许多贵重物品、精密仪器也往往采用航空运输的形式。航空运输所提供的快速服务也使得供货商可以对国外市场瞬息万变的行情即刻做出反应，迅速推出适销产品占领市场，获得较好的经济效益。

（2）不受地面条件影响，深入内陆地区。航空运输利用天空这一自然通道，不受地理条件的限制。对于地面条件恶劣、交通不便的内陆地区非常合适，有利于当地资源的出口，促进当地经济的发展。

（3）安全且准确。与其他运输方式相比，航空运输的安全性较高。货物的破损率较低，如果采用空运集装箱的方式运送货物，则更为安全。

（4）节约包装、保险、利息等费用。由于采用航空运输方式，货物在途时间短，周转速度快，企业存货可以相应减少。一方面有利资金的回收，减少利息支出，另一方面企业仓储费用也可以降低。又由于航空货物运输安全、准确，货损、货差少，保险费用较低。与其他运输方式相比，航空运输的包装简单，包装成本降低。这些都使得企业隐性成本下降，收益增加。

（5）航空运输也有自己的局限性，主要表现在航空货运的运输费用较其他运输方式更高，不适合低价值货物的运输；航空运载工具——飞机的舱容有限，对大件货物或大批量货物的运输有一定的限制；飞机飞行安全容易受恶劣气候影响等。

2.5.2　航空运输设备

1. 航空港

航空港为航空运输的经停点，又称航空站或机场，是供飞机起飞、降落和停放及组织、保障飞机活动的场所（见图 2-28）。航空港内配有以下设施。

（1）跑道与滑行道：前者供航空器起降，后者是航空器在跑道与停机坪之间出入的通道。

（2）停机坪：供飞机停留的场所。

（3）指挥塔或管制塔：为航空器进出航空港的指挥中心。其位置应有利于指挥与航空管制，维护飞行安全。

（4）助航系统：为辅助安全飞行的设施。包括通信、气象、雷达、电子及目视助航设备。

图 2-28   航空港

（5）输油系统：为航空器补充油料。

（6）维护修理基地：为航空器做归航以后或起飞以前的例行检查、维护、保养和修理。

（7）货站：提供航空货物专业装卸、搬运、分拣、计量、包装、理货、仓储服务；航空货运信息咨询、查证服务；仓储设施的建设经营及办公场地出租；海关二级监管仓的运营等。

（8）其他各种公共设施：包括给水、电、通信交通消防系统等。

2. 飞机

（1）飞机的类型。按照用途的不同，飞机也可分为客机、全货机和客货混合机。

客机主要运送旅客，一般行李装在飞机的深舱。由于直到目前为止，航空运输仍以客运为主，客运航班密度高、收益大，所以大多数航空公司都采用客机运送货物。由于舱位少，每次运送的货物数量十分有限。全货机运量大，可以弥补客机的不足，但经营成本高，只限在某些货源充足的航线使用（见图 2-29）。

图 2-29   全货机

（2）飞机的主要组成。飞机主要由机翼、机身、动力装置、起落装置、操纵系统等部件组成。

2.5.3　管道运输设备

1. 管道运输的地位

管道运输是国民经济综合运输的重要组成部分，也是衡量一个国家的能源与运输业是否发达的特征之一。目前，长距离、大管径的输油、气管道均由独立的运营管理企业来负责经营和管理（见图 2-30）。

管道运输多用来输送流体（货物），如原油、成品油、天然气及固体煤浆等。它与其他运输方式（铁路、公路、海运、河运）相比，主要区别在于驱动流体的输送工具是静止不动的泵机组、压缩机组和管道。泵机组和压缩机组给流体以压力能，使其沿管道连续不断地向前流动，直至输送到指定地点。

图 2-30　管道运输

2. 管道运输的特点

（1）运量大。一条输油管道线可以源源不断地完成输送任务。

（2）占地少。输送管道通常埋在地下，占用土地较少。

（3）管道输送建设周期短、费用低。

（4）管道运输耗能少、成本低、效益好。

（5）管道运输安全可靠、连续性强。

（6）灵活性差。

3. 管道运输设备的组成

管道运输设备由管道线路设备、管道站库设备和管道附属设备 3 部分组成。

（1）线路设施。管道的交通工具与线路设施合二为一，即输油（气）管线。输油（气）管线由以下几部分组成。

① 钢管：一般为用焊接方式连接的无缝钢管，每根长 12.5 m。

② 管道防腐保护设施：包括阴极保护站、阴极保护测试桩、阳极地床和杂散电流排流站。

③ 管道水工防护构筑物、抗震设施、管堤、管桥及管道专用涵洞和隧道。

④ 截断阀：在各站，穿（跨）越工程两端以及管道沿线每隔一定距离都要设截断阀。

（2）管道站库设施。一般包括以下几部分。

① 输油站（加压泵站）：输油站是管道运输的重要组成设备和环节，在管道运输

过程中，通过输油站对被输送物资进行加压，克服运行过程中的摩擦阻力，使原油或其制品能通过管道由始发地运到目的地。

② 输油站设有一系列复杂的构筑物，其中直接有关的主要设备有泵房、油池、阀房等。另外，还有与输油过程不直接发生联系的辅助设施——变电所、冷却设备、锅炉房、机修车间、水塔、净化设备以及阴极防护设施，各站还设有清管装置。

（3）附属设施。管道附属工程主要包括管道沿线修建的通信线路工程、供电线路工程和便于检修等工作的道路工程。此外还有管理机构维修机构及生活基地等设施。

4. 运输管道的主要类型

（1）原油管道：原油一般具有密度大、黏稠和易于凝固等特性。用管道输送时，要针对所输原油的特性，采用不同的输送工艺。原油运输不外乎来自油田将原油输给炼油厂，或输给转运原油的港口或铁路车站。其运输特点是运量大、运距长、收油点和交油点少，故特别适宜用管道输送。世界上的原油约有 85%以上是用管道输送的。

（2）成品油管道：成品油管道输送汽油、煤油、柴油、航空煤油和燃料油，以及从油气中分离出来的液化石油气等成品油。

（3）天然气管道：输送天然气和油田伴生气的管道，包括集气管道、输气干线和供配气管道。

（4）固体料浆管道：固体料浆管道是 20 世纪 50 年代中期发展起来的，到 70 年代初已建成能输送大量煤炭料浆管道。其输送方法是将固体粉碎，掺水制成浆液，再用泵按液体管道输送工艺进行输送。

本章小结

交通枢纽一般由车站、港口、机场和各类运输线路、库场以及运输工具的装卸、到发、中转、联运、编解、维修、保养、安全、导航和物资供应等项设施组成，是综合运输网的重要环节。

公路运输是一种机动灵活、简捷方便的运输方式，在短途货物集散运转上，它比铁路、航空运输具有更大的优越性，尤其在实现"门到门"的运输中，其重要性更为显著。我国公路一般是由路基、路面、桥梁、涵洞、排水系统、防护工程设施、交通服务设施等构成的。我国公路技术有汽车专用公路、一般公路两大类，并有高速公路、一级、二级、三级、四级 5 个技术等级。

铁路枢纽是指在铁路网点和铁路网端建有几个在统一指挥下协同作业的专业车站或客货联合车站，并由必要的联络线及引入干线方向的进站线路等组成的铁路运输技术设备的总称；铁路运输系统主要由线路、机车车辆、信号设备和车站 4 部分组成。

水路运输是以船舶为主要运输工具，以港口或港站为运输基地，以水域包括海洋、河流和湖泊为运输活动范围的一种运输方式。

　　航空运输是指使用飞机、直升机及其他航空器运送人员、货物、邮件的一种运输方式。航空港为航空运输的经停点，又称航空站或机场，是供飞机起飞、降落和停放及组织、保障飞机活动的场所。飞机主要由机翼、机身、动力装置、起落装置、操纵系统等部件组成。

　　管道运输是国民经济综合运输的重要组成部分之一，也是衡量一个国家的能源与运输业是否发达的特征之一。管道运输设备由管道线路设备、管道站库设备和管道附属设备 3 部分组成。

本章练习题

一、名词解释

　　交通枢纽、港口、水路运输、管道运输

二、填空题

　　（1）交通枢纽按承担的客货运输业务分（　　　）、（　　　）和（　　　）三大类。

　　（2）我国公路技术分级有两大类：（　　　）和（　　　）。

　　（3）我国公路汽车的 4 类货运站包括（　　　）、（　　　）、（　　　）和（　　　）。

　　（4）集装箱挂车按拖挂方式不同，分为（　　　）和（　　　）两种，其中以（　　　）最为常用。

　　（5）我国常见的货船类别有（　　　）、（　　　）、（　　　）、（　　　）、（　　　）、（　　　）和（　　　）8 大类。

　　（6）现代港口具有"5 个中心"的功能，包括（　　　）、（　　　）、（　　　）、（　　　）和（　　　）。

三、选择题（单、多选）

　　（1）管道运输设备由（　　　）3 部分组成。

　　　　A. 管道线路设备　　　　　　　　　B. 管道附属设备

　　　　C. 管道运输设备　　　　　　　　　D. 管道站库设备

　　（2）若按照用途的不同，飞机有（　　　）类型。

　　　　A. 客机　　　　　B. 全货机　　　　C. 客货混合机　　　D. 战斗机

　　（3）货物通过港口一般要经过装卸、存储和（　　　）3 类环节。

　　　　A. 管道运输　　　B. 长途运输　　　C. 短途运输　　　　D. 公路运输

　　（4）（　　　）是铁路运输的基本生产单位，它集中了和运输有关的各项技术设备，并参与整个运输过程的各个作业环节。

    A．车子   B．交通枢纽   C．港口   D．线路

（5）汽车货车按其总质量分为微型货车、轻型货车、中型货车和（   ）。

    A．半挂车   B．全挂车   C．重型货车   D．牵引汽车

四、简答题

（1）交通枢纽功能有哪些？

（2）铁路运输的主要设备与设施包括什么？

（3）现代港口的主要功能是什么？

（4）公路运输的主要特征是什么？公路运输的主要设备设施有哪些？

（5）我国船只的类别及其主要特征有哪些？

[案例讨论与分析]

中国海运集团总公司集运船队

中国海运（集团）总公司（简称"中国海运"）成立于1997年7月1日，总部设在上海市东大名路700号。中国海运是中央直接领导和管理的重要国有骨干企业之一，是以航运为主业的跨国经营、跨行业、跨地区、跨所有制的特大型综合性企业集团。中国海运主营业务设有集装箱、油运、货运、客运、特种运输等专业化船队；正在开展汽车船运输等业务。相关业务有码头经营、综合物流、船舶代理、环球空运、船舶修造、船员管理、集装箱制造、供应贸易、金融投资、信息技术等产业体系。中国海运在全球85个国家和地区，设有北美、欧洲、中国香港、东南亚、韩国、西亚6个控股公司和日本株式会社、澳大利亚代理有限公司；境外产业下属90多家公司、代理、代表处，营销网点总计超过300多个。中国海运拥有各类船舶430艘，1 650万载重吨，集装箱载箱位44万标准箱；集团年货物运输完成量超过3.3亿吨、950万标准箱，在国家能源和进出口贸易中发挥了重要的运输支持和保障作用。境外员工总数已超过2 200多名，其中，境外外聘员工超过2 000名。中国海运坚持科学发展、建设百年中海的发展理念；坚持做强做大航运主业、积极发展相关产业的经营战略；中国海运"十一五"发展目标是：成为具有较强国际竞争力的国家重要骨干企业之一，建设具有世界一流水平的航运企业。

2008年初，记者随船前往欧洲采访。在欧洲的高速公路上，平均每隔几十分钟记者就能看到一辆拉着印有"China Shipping"（中国海运集团总公司）字样集装箱的拖卡呼啸而过；到欧洲的一些港口采访，中海的集装箱更是举目可见。随着中欧贸易总额在2004年创下1 772.86亿美元的历史最高纪录，中海欧洲控股公司（简称中海欧控）在欧洲的业务正在迅速扩展。据中海欧控总裁俞曾港介绍，中海欧控1999年成立时，注册资金50万美元，员工仅50人左右，远东至欧洲航线上每两周仅投放一艘1 700标准箱的集装箱船；目前公司总资产为8 469万美元，员工370人左右，拥有8条航线，仅

远东至欧洲航线上每周就投放 5 600 标准箱和 8 600 标准箱的集装箱船各一艘。

中海在欧洲的跨国经营不仅取得了良好的经济效益，其海外子公司更是融入了当地的社会中，完成了中国企业在国外的本土化经营。如今在欧洲，China Shipping 已经成为一个令人瞩目、受人尊敬的标志。中海"走出去"后，迅速融入当地社会的"配方"是什么？

"没有集团近些年大批量船舶的投入，我们这些分公司即使揽来货又如何运得出去？"中海意大利分公司外方总经理蒋佛朗可·格佐罗认为，5 年来，中海集团之所以能在意大利市场树立起年轻、专业、进取的形象，并取得稳步攀升的市场份额，一个关键的因素是有着"坚强的后盾"——中海集运船队这几年的飞速发展。正是中海的航线日益密集和船舶承载量的加大，使得意大利的客商能随时通过中海的船舶把货物运输到世界各地或从世界各地运回自己所需的货物，这给了分公司充分的养料，以使其在意大利逐渐"根深叶茂"。

中海集运作为中海集团的重点发展部分，通过"反周期运作"等一系列行之有效的办法，运力和航线飞速发展，目前已有每艘运载能力逾 4 000 标准箱的大型船舶 40 多艘，船队平均船龄只有 1.6 年，整体运力达 30 多万标准箱。年轻的船队使中海集运具有交货快、效率高、成本低的竞争优势，令中海集运在国际主干线上更具有竞争力。随着一批新造船舶的交付使用，中海集运逐步形成了以 4 100 标准箱以上箱位的全新集装箱船舶为主力，船队配置结构更加完善，运营力度更加强大的现代化船队。到今年年底，中海集装箱船队将拥有总箱位达 35 万标准箱，形成以 60 艘左右 4 000 标准箱以上箱位、平均箱位 5 200 标准箱的核心船舶为主的船队规模。

船队成长的背后是正确的决策。在中海，经营管理人员通过遍布全球的机构、航运信息平台等，把握航运贸易信息。集团每天一次小会，每周一次总结会，中海总裁李克麟和集团高层管理者亲自示范，列举案例，分析形势，提出对策。日积月累的商战培训，使中海的发展理念、策略思想深入人心，也使中海的经理管理者面对不断开放的环境、瞬息万变的市场，能够把握市场先机。

中海欧洲控股公司以及欧洲各国分公司负责人在接受记者采访时均认为，中国对外贸易的迅猛增长带动了全球集装箱海运市场进入黄金发展期，因此，中资班轮公司及其代理机构具有先天的竞争优势。而中海在航运低谷时期投资购买的一大批大型及超大型集装箱船，在原始投资成本、航速、船龄、规模经济等方面具备极强的市场竞争力，对代理公司的揽货业务给予了有力的支持，各分公司在国外的日子会"越来越红火"。

——资料来源：http://www.chinawuliu.com.cn 2009-04-09

【讨论与分析】

（1）水路运输的特点及功能是什么？

（2）什么是港口？港口设施与设备主要类型有哪些？

（3）集装箱码头应具有哪些必要设施？

（4）中海欧洲控股公司对海运设备与设施的配置与管理有何特点？

第 3 章

物流装卸搬运设备

学习目标

（1）了解装卸搬运设施与设备在现代物流中的地位、作用及其发展趋势。

（2）理解装卸搬运、起重设备、装卸搬运车辆、自动导向搬运车、装卸堆垛机器人等概念，掌握装卸搬运设施与设备的主要类型。

（3）领会装卸搬运、起重设备、装卸搬运车辆、自动导向搬运车、装卸堆垛机器人的主要结构与特征。

（4）运用本章相关理论分析相应的案例。

案例导读

上海振华重工（集团）股份有限公司

上海振华重工（集团）股份有限公司是世界知名起重机和大型钢结构制造商，主要生产岸边集装箱起重机、轮胎式集装箱龙门起重机、散货装卸船机、斗轮堆取料机、门座起重机、浮吊和工程船舶以及大型钢桥构件等。公司是世界上最大的港口机械及大型钢结构制造商，2009年公司实现营业收入276亿元。到2008年为止，按订单统计，公司有岸边集装箱起重机1 000台，轮胎式集装箱龙门起重机1 650台和众多非标大型港口机械的良好业绩。按英国《World Cargo News》杂志统计，从 2000 年开始，公司大型集装箱机械的订单居世界同行首位。公司自主设计、开发世界首创的可吊双臂 40 英尺（合 12.192 m）集装箱起重机、已投入使用的双小车集装箱起重机等处于世界领先地位。

公司具有设计、制造、安装、调试、整机运输、售后服务和新产品开发等多种能力，并成功地将 18 艘 6 万吨级货船改装为大型港口机械和重大件整机运输专用船。公司是世界上唯一具有自备整机运输船的大型起重机制造商，使公司的产品能以高质量、短周期、公道的价格送往世界各港口用户，并兑现合同准时交货。公司在长江口长兴岛已建成占岸线 3 500 m、总面积 100 万平方米的世界规模最大、技术一流的大型港口机械生产基地。公司有江阴、常州、长兴、张江、工业园区、南通 6 个生产基地和 5 个机电配套件专业公司，可以向国内外市场提供世界一流水平的大型港口机械、桥梁和建筑钢结构以及高质量的制动器、电梯、油漆、联轴器、岸桥和场桥电控设备、集装箱单箱和双箱吊具及硬齿面减速箱等配套件。

想一想：振华重工是怎样成为世界上最大的港口机械及大型钢结构制造商的？

3.1　装卸与搬运设备概述

3.1.1　装卸与搬运概念

装卸搬运是指在同一地域范围内（通常指在某个物流结点，如仓库、车站、码头等）以改变物资的存放状态和空间位置的一种物流活动。"装卸"是指以垂直位移为主的实物运动形式，"搬运"是指以水平位移为主的实物运动形式。在某些特定时刻或场合，单称"装卸"或单称"搬运"，也包含了"装卸搬运"的完整含义。

装卸与搬运设备是物流设备中重要的设备，它不仅用于生产企业内部物料或工件的起重输送和搬运、用于船舶与车辆货物的装卸，而且又完成库场货物的堆码、拆垛、运输以及舱内、车内、库内的搬运。

3.1.2　装卸与搬运的作用

装卸搬运是物流活动得以顺利进行的必要条件，在全部物流活动中占有重要地位，发挥着重要意义。主要表现在以下几方面。

1. 装卸搬运直接影响物流质量

因为装卸搬运是使货物产生垂直和水平方向上的位移，货物在移动过程中会受到各种外力的作用，如震动、撞击、挤压等，容易使货物包装和货物本身受损。此外，进行装卸操作时往往需要接触货物，因此，这是在物流过程中造成货物破损、散失、损耗、混合等损失的主要环节。例如袋装水泥纸袋破损和水泥散失主要发生在装卸过程中，玻璃、机械、器皿、煤炭等产品在装卸时最容易造成损失。每年我国由于装卸搬运造成的经济损失达上亿元。装卸搬运损失在物流费用中占有一定的比重。

2. 装卸搬运直接影响物流效率

物流效率主要表现为运输效率和仓储效率，二者都与装卸搬运直接相关。在货物运输过程中，发运的装车时间和在目的地的卸车时间占有不小的比重，特别是在短途运输中，装卸车时间所占比重更大，有时甚至超过运输工具运行时间。所以，通过缩短装卸搬运时间可以提高运输效率。在仓储活动中，装卸搬运效率对货物的收发速度和货物周转速度产生直接影响，同时，装卸搬运组织与技术对仓库利用率和劳动生产率也有一定影响，装卸活动包括装车（船）、卸车（船）、堆垛、入库、出库以及上述各项活动之间的短程输送，是随运输和保管等活动而产生的必要活动。

在物流过程中，装卸活动是不断出现和反复进行的，它出现的频率高于其他各项物流活动，每次装卸活动都要花费很长时间，所以往往成为决定物流速度的关键。装卸活动所消耗的人力也很多，所以装卸费用在物流成本中所占的比重也较高。由此可见，装卸活动是影响物流效率、决定物流技术经济效果的重要环节。

3. 装卸搬运直接影响物流安全

在物流活动中确保劳动者、劳动手段和劳动对象的安全非常重要。装卸搬运特别是装卸作业，货物要发生垂直位移，不安全因素比较多。实践表明，物流活动中发生的各种货物损失事故、设备毁坏事故、人身伤亡事故等，相当一部分是在装卸搬运过程中发生的。特别是一些危险品，在装卸搬运过程中如违反操作规程进行野蛮装卸，很容易造成燃烧、爆炸、泄漏等重大事故。

4. 装卸搬运直接影响物流成本

装卸搬运是劳动力借助于劳动手段作用于劳动对象的生产活动。由于装卸搬运作业量比较大，它往往是货物运量和库存量的若干倍，因此，为了进行此项活动，必须配备足够的装卸搬运人员和装卸搬运设备。以我国为例，铁路运输的始发和到达的装卸作业费大致占运费的20%左右，搬运费用占40%左右。因此，降低装卸搬运费用是降低物流费用的重要环节。

3.1.3 装卸与搬运设备的分类

1. 按照主要用途或结构特征进行分类

可分为起重机械、输送机械、装卸搬运车辆、专用装卸搬运机械。其中，专用装卸搬运机械指带有专用取物装置的装卸搬运机械，如托盘专用装卸搬运机械、集装箱专用装卸搬运机械、船舶专用搬运装卸机械等。

2. 按照作业性质进行分类

可分为装卸机械、搬运机械及装卸搬运机械3大类。有的机械功能单一，只能满足装卸或搬运一个功能，有的机械装卸、搬运功能兼有，可将两种作业操作合二为一，取得较好的效果，如叉车、车站龙门起重机等。

3.1.4　装卸与搬运设备的特点

装卸与搬运设备的性能和作业效率对整个物流系统的效率影响很大，为了顺利完成物料搬运任务，必须适应物料搬运作业要求。

1. 装卸与搬运设备应用的特点

（1）适应性强。由于受货物种类、作业时间、作业环境等影响较大，物料搬运活动各具特点，因而要求物料装卸与搬运设备机械具有较强适应性，能在各种环境下正常进行工作。

（2）设备能力强。物料装卸与搬运设备起重能力和起重量范围大，具有很强的物料搬运作业能力。

（3）机动性较差。大部分物料搬运设备都在局部范围内完成物料搬运任务，且工作速度较低，只有个别物料搬运设备可在设施外作业。

2. 装卸活性

装卸活性是装卸搬运专用术语，是指货物的存放状态对装卸搬运作用的方便（或难易）程度。如果很容易转变为下一步的装卸搬运而不需过多进行装卸搬运准备工作，则活性就高；如果难于转入下一步的装卸搬运，则活性低。

活性一般是用"活性指数"进行定量地衡量（见表 3-1）。根据物料所处的状态，即物料装卸、搬运的难易程度，可划分不同的级别，也即所谓的"活性指数"。一般说来，活性指数一般用数字 0、1、2、3、4 表示，具体含义如下。

0 级表示物料杂乱地堆在地面上的状态。

1 级表示物料装箱或经捆扎后的状态。

2 级表示箱子或被捆扎后的物料，下面放有枕木或其他衬垫后，便于叉车或其他机械作业的状态。

3 级表示物料被放于台车上或用起重机吊钩钩住，可以即刻移动的状态。

4 级表示被装卸、搬运的物料，已经被启动、直接作业的状态。

表 3-1　物品的活性指数表

物品的存放状态	活 性 指 数
就地堆放	0
置于集装容器中	1
置于支垫设备（如托盘）上	2
装载在可移动设备（如台车）上	3
处于移动状态（如传送带）	4

55

在货场装卸搬运过程中，下一步工序比上一步的活性指数高，即下一步比上一步工序更便于作业时，称为"活化"。装卸搬运的工序、工步应设计得使货物的活性指数逐步提高，则称"步步活化"。通过合理设计工序、工步，在做到步步活化作业的同时，还要采取相应的措施和方法尽量节省劳力、降低能耗。从理论上讲，活性指数越高越好，但也必须考虑到实施的可能性。例如，物料在储存阶段中，活性指数为 4 的输送带和活性指数为 3 的车辆，在一般的仓库中很少被采用，这是因为大批量的物料不可能存放在输送带和车辆上。

3.1.5 装卸与搬运设备的发展趋势

1. 高速化

为适应高生产率的需要，起重输送机械应采用精密的自动控制及电子技术，以提高起重机的作业性能，确保高速启动，制动工作的平稳性、可靠性及停车的快速性、准确性。

2. 柔性化

为适应产品的个性化、多品种和小批量的发展趋势，装卸与搬运设备应开发与柔性生产系统相配套的物流输送系统。为此要研究多手指的装配机器人和能准确、自动供料和传送定位输送机，实现高精度、多自由度的柔性自动装配。

3. 系统化与集成化

为适应制造领域物流系统点多、线长、面宽和规模大的特点，制造领域物料装卸与搬运设备及系统应与生产物流相结合，从系统化、集成化的概念出发，通过计算机和生产物流融为一体，以提高生产的整体效益。

3.2 起重堆垛设备

3.2.1 起重设备概述

1. 起重设备的工作特点与组成

起重设备是用来升降和水平运移货物的设备。它的工作程序是：吊挂（或抓取）货物，提升后进行一个或数个动作的运移，将货物放到卸载地点后卸载，然后返程作下一次动作准备。这一过程称作一个工作循环，完成一个工作过程后，再进行下一次的工作循环。因此起重设备是一种间歇动作的设备。

起重设备主要由驱动装置、工作机构、钢架结构及安全保护装置组成。

（1）驱动装置。驱动装置是用来驱动各工作机构动作的动力设备。很大程度上决定着起重设备的工作性能和构造特征。

（2）工作机构。起重设备其升降及运移货物是依靠相应的机构运动来实现的。起重设备的工作机构有起升、运行、变幅和回转 4 大机构。起升机构是用来升降货物的机构，是起重设备最基本的机构；运行机构是用来实现起重设备或起重小车沿固定轨道或路面行走的机构；变幅机构是依靠臂架俯仰或小车运行的方式使吊具移动而改变幅度的机构；回转机构是使起重设备回转部分在水平面内绕回转中心转动的机构。

（3）钢架结构。钢架结构是起重设备的基体和骨架。它主要用来布置和安装起重设备的驱动装置和机构部分，并承受各种载荷并将这些载荷传递给起重设备的支撑基础。起重设备的主要钢架结构有臂架、门架、桥架、转台、人字架、机房等。

起重设备除了以上 3 大部分以外，为了使起重设备工作安全可靠，还需要装设一些安全保护装置。例如，为了防止吊重过载而使起重设备破坏，需装有起重量限制器或起重力矩限制器；为了防止起重设备行至终点或两台机械相碰发生剧烈撞击，需要装设行程限位器、缓冲器；为了防止露天工作的起重设备被风吹动滑行，需装设防风抗滑装置等。

2. 起重设备的类型

起重设备按其结构特点和用途可分为 3 大类（见图 3-1）。

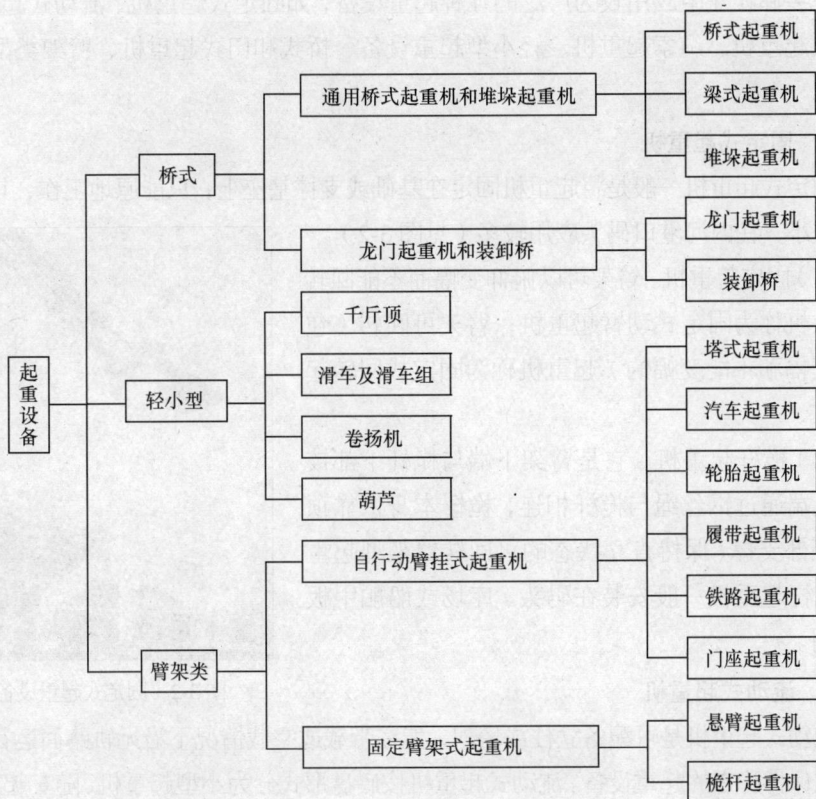

图 3-1　起重设备类型

（1）桥式起重设备。桥式起重设备具有桥架结构，并配有起升机构、大车运行机构和小车运行机构等。依靠这些机构配合动作，可在整个长方形场地及其上空作业，适用于车间、仓库、露天堆场等场所。桥式起重设备包括通用桥式起重机、堆垛起重机、龙门式起重机、装卸桥等。

（2）轻小型起重设备。轻小型起重设备一般只有一个升降机构，使货物作升降运动。在某些场合也可作水平运输（如卷扬机）。属于这一类型的起重设备有千斤顶、滑车、葫芦、卷扬机等。

（3）臂架类起重设备。臂架类起重设备具有臂架结构，配有起升机构、旋转机构、变幅机构和运行机构，液压起重机还配有伸缩臂机构。依靠这些机构的配合动作，可在圆柱形场地及上空作业。臂架式起重设备可装在车辆上或其他运输（移动）工具上，构成运行臂架式起重机，这种起重机具有良好的机动性，可适用于码头、货场、工场等场所。臂架类起重设备包括塔式起重机、汽车起重机、轮胎起重机、履带式起重机、铁路起重机、门座起重机等。

3.2.2 起重设备的选择

在装卸作业中应用较为广泛的几种起重设备，如固定式起重机、流动式起重机、移动式起重机、缆索起重机、轻小型起重设备、桥式和门式起重机、臂架类型起重机等。

1. 固定式起重机

固定式起重机一般是将起重机固定在基础或支撑基座上，只能原地工作，其作业范围较小，在内河港口码头应用较多（见图3-2）。

（1）固定起重机。臂架可以俯仰变幅而不能回转的起重机称为固定式动臂起重机；臂架可回转（包括能变幅和不能变幅的）起重机称为固定式回转起重机。

（2）桅杆起重机。它是臂架下端与桅杆下部铰接，上端通过钢丝绳与桅杆相连，桅杆本身依靠顶部和底部支撑、保持直立状态的可回转臂架型起重机。桅杆起重机一般安装在码头、库场或船舶甲板上使用。

图 3-2　固定式起重设备

2. 流动式起重机

流动式起重机是可配备立柱或塔架，能在带载或空载情况下沿无轨路面运行，依靠自重保持稳定的起重设备。流动式起重机按底盘形式分为小型起重机、随车起重机、汽车起重机、轮胎起重机和履带起重机（见图3-3）。

图 3-3　流动式起重机

（1）小型起重机。它是一种安装在底座上，可由人力或借助辅助设备，从一个场地搬移到另一个场地的起重机。该起重机结构简单，制造容易，起重量一般不超过 1 t。

（2）随车起重机。它是固定在载货汽车上的流动式起重机。它主要用于装卸车上的货物。

（3）汽车起重机。它是以通用或专用的汽车底盘为运行底架的流动式起重机。汽车起重机有机械和液压传动两种形式，适用于流动性大的不固定作业场所。为了保证安全操作，使用时必须撑好支腿，并决不允许吊重行驶。

（4）履带起重机。它是以履带为运行底架的流动式起重机。由于履带与地面接触面积大，所以能在松软、泥泞地面上作业。其通过性能好，爬坡能力大，但因制造成本高，底盘笨重，且要破坏行驶的路面，故在港口应用不如轮胎起重机广泛。

3. 移动式起重机

移动式起重机是沿地面轨道行走的臂架型起重机，或支撑在轨道上的桥架型起重机。移动式起重机包括门座起重机、半门座起重机、铁路起重机、桥式起重机、门式起重机（龙门起重机）和装卸桥（见图 3-4）。

图 3-4　移动式起重机

4. 缆索起重机

缆索起重机是挂有取物装置的起重小车沿架空承载索运行的起重机，其承载索两端的支架可以在两侧平行的轨道上运行，起重小车在 4 根平行布置的承载索上运行。

起升卷筒与起重小车的牵引卷筒均装设在主塔上，另一侧的副塔上装设有调整承载索张力的液压拉伸机（见图3-5）。

5. 轻小型起重设备

轻小型起重设备主要有千斤顶、滑车及滑车组、葫芦、卷扬机等，它们具有结构简单，使用方便，适用于流动性和临时性的作业场合。手动的轻小型起重设备尤其适用在无电源的场合使用。

（1）千斤顶。千斤顶是一种利用刚性承重件顶举或提升重物的起重设备。它靠很小的外力，能顶高很重的重物，又可校正设备安装的偏差和构件的变形等。千斤顶的顶升高度一般为100～400 mm，

图3-5　缆索起重机

最大起重量可达500 t，自重10～500 kg，主要用于电力、建筑、机械制造、矿山、铁路桥梁、车辆维修、造船等多种行业设备安装起顶及拆卸作业（见图3-6）。

图3-6　千斤顶

千斤顶按其构造和工作原理不同，可分为齿条式、螺旋式和液压式3种。由于千斤顶具有顶升重物而不需要辅助设备，且顶升缓慢、均匀、稳定，又适用于校正设备安装偏差和物件变形等优点，因而在安装施工中得到广泛应用。但由于千斤顶与顶升重物接触点较小，又依赖底座的平整、坚实，而且要求与重物接触良好，所以使用时要特别注意。

（2）链条葫芦。又称倒链，是一种不需要底部铺垫固定，且可将重物升往空中任何一个需要的位置上的一种小型起重工具，具有使用携带方便，结构紧凑，手拉力小等特点。它适用于小型设备和货物的短距离吊运，起重量一般不超过10 t（见图3-7）。

链条葫芦选用时考虑的主要因素有起重量、工作级别、起升高度、起升速度、运行速度。

6. 桥式和门式起重机

桥式起重机又称桥吊、行车。桥式起重机是桥架支撑在建筑

图3-7　链条葫芦

物两边高架轨道上并能沿轨道行走的一种桥架型移动式起重机。其在桥架上设有可沿桥架上的轨道行走的起重小车（或电动葫芦）。它是依靠桥架沿厂房轨道的纵向移动、

起重小车的横向移动以及吊钩装置的升降运动来进行工作的。它具有重量大、构造简单、操作灵活、维修方便、占地面积小，且运行时不妨碍作业场地的其他工作的特点。常用于仓库的装卸作业和车间的起重作业。

桥式起重机一般由桥架、起重小车、大车运行机构、司机室（包括操纵机构和电气设备）等 4 大部分组成。桥式起重机的机构部分由起升、小车运行和大车运行 3 个机构组成，各机构有单独的电动机进行驱动。桥式起重机用吊钩、抓斗或电磁盘来装卸货物，吊运方式由大车的纵向运动，小车的横向运动，以及起升机构的升降运动所组成。这些运动构成了一个长方形的、大范围的作业空间。

（1）单梁桥式起重机。单梁桥式起重机桥架的主梁多采用工字型钢或型钢与钢板的组合截面（见图 3-8）。电动葫芦或手动单轨小车沿主梁的工字钢下翼缘运行，跨度小时直接用工字钢做主梁，跨度大时，可在主梁工字钢的上面再作水平加强，形成组合断面的主梁，进行物料搬运作业。通常用于工厂车间、仓库等货物吊装量不大，作业不甚频繁的场所。

图 3-8　单梁桥式起重机

（2）双梁桥式起重机。双梁桥式起重机由直轨、主梁、电动环链葫芦和起重机小车组成，特别适合于大跨度和大起重量在平面范围内的物料运送（见图 3-9）。

图 3-9　轻型双梁起重机

（3）门式起重机。门式起重机（又称龙门式起重机）是桥式类型起重机的一种机型。在港口主要用于室外的货场、料场散货的装卸作业。它的金属结构像门型框架，承载主梁下安装两条支脚，可以直接在地面的轨道上行走，主梁两端可以具有外伸悬臂梁。门式起重机具有场地利用率高、作业范围大、适应面广、通用性强等特点，在港口货场得到广泛使用。

门式起重机根据门架结构形式、主梁形式、吊具形式不同进行分类。

按门框结构形式门式起重机可分为全门式起重机、半门式起重机、双悬臂门式起重机和单悬臂门式起重机。全门式起重机主梁无悬挂，小车在主跨度内运行。半门式起重机支腿有高低差，可根据使用场地的土建要求而定。双悬臂门式起重机是最常见的一种结构形式，其结构的受力和场地面积的有效利用都是合理的（见图 3-10）。

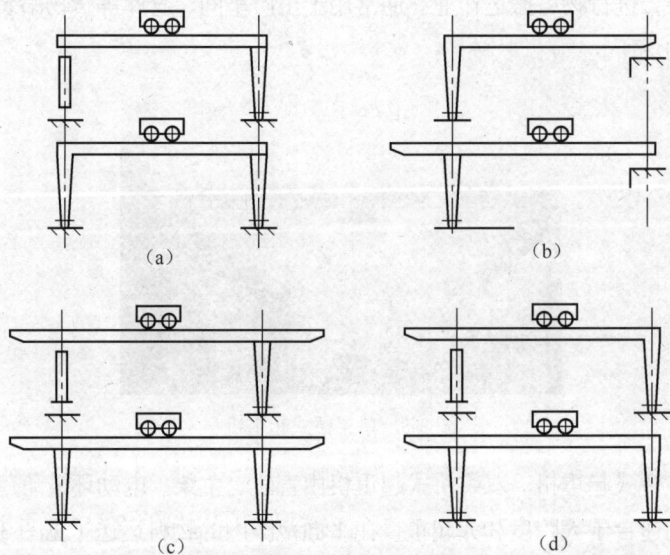

图 3-10　门式起重机结构类型

门式起重机按主梁结构形式分为单主梁门式起重机和双主梁门式起重机。单主梁门式起重机门腿有 L 形和 C 形两种形式。单主梁门式起重机结构简单，制造安装方便，自身质量小，主梁多为偏轨箱形架结构。与双主梁门式起重机相比较，整体刚度要弱一些。因此，当起重量 $Q \leq 50$ t，跨度 $L \leq 35$ m 时，可采用这种形式。

L 形单主梁门式起重机的制造安装方便，受力情况好，自身质量较小，但是吊运货物通过支腿处的空间相对小一些（见图 3-11）。

C 形单主梁门式起重机的支脚做成倾斜或弯曲形成 C 形，目的在于有较大的横向空间，以使货物顺利通过支脚（见图 3-12）。

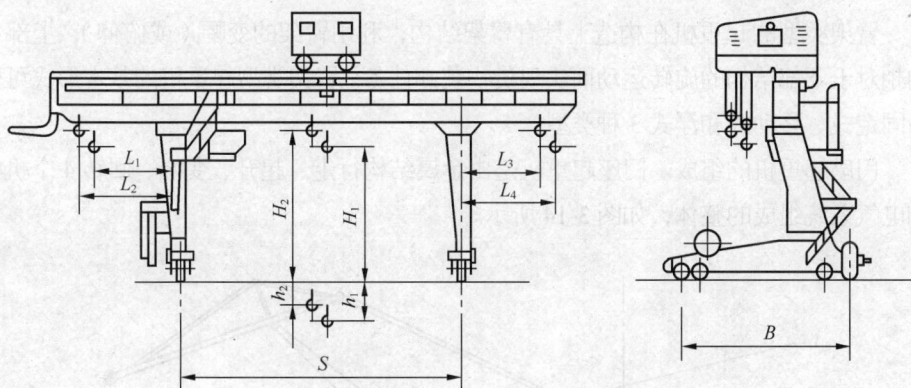

图 3-11 L 形单主梁门式起重机

图 3-12 C 形单主梁门式起重机

双主梁式起重机承载能力强、跨度大、整体稳定性好、品种多,但自身质量与相同起重量的单主梁门式起重机相比要大,造价也较高。主梁根据结构不同,又可分为箱形梁和构架梁两种形式,目前一般多采用箱形梁结构、箱形双梁门式起重机(见图 3-13)。

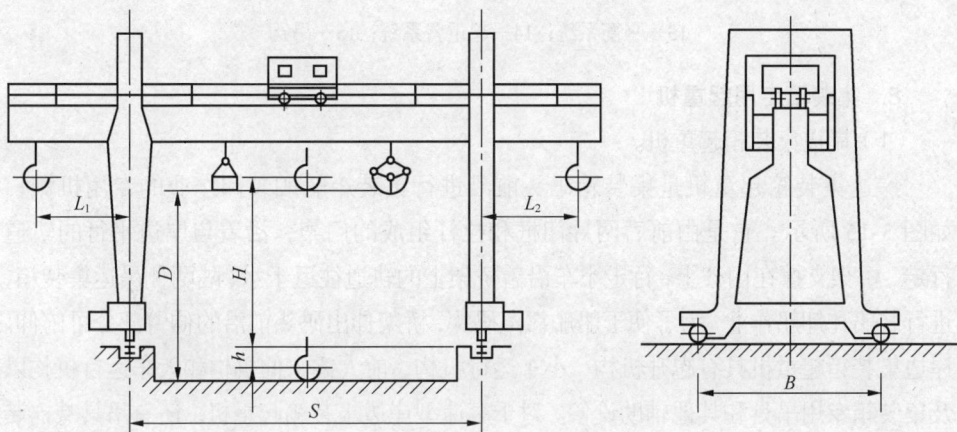

图 3-13 箱形梁双梁式起重机

7. 臂架类型起重机

臂架类型的起重机在构造上具有臂架结构，利用臂架的变幅（或俯仰），上部结构相对于下部结构的旋转运动而实现货物装卸任务。臂架类型起重机的基本形式可分为固定式、移动式和浮式3种类型。

门座起重机的组成。门座起重机是由金属结构行走、起升、变幅、回转4个机构和电气系统组成的整体，如图3-14所示。

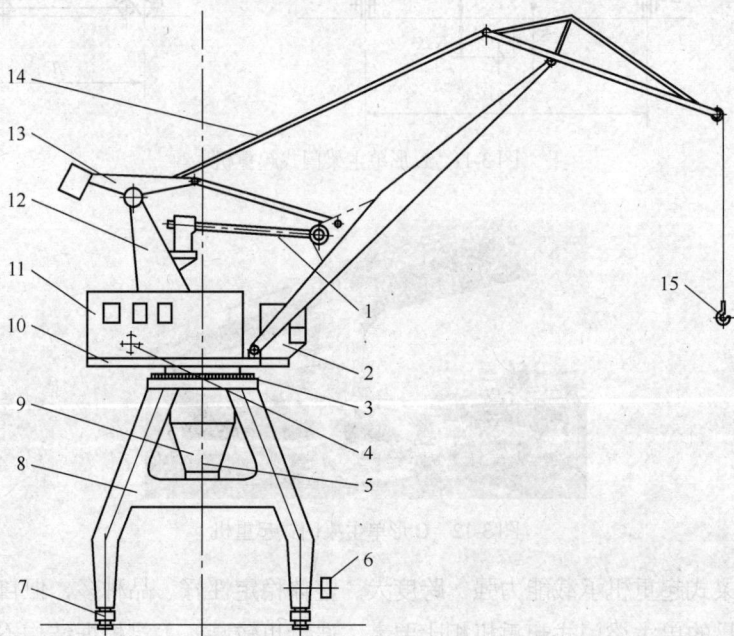

图3-14　门座起重机结构

1—变幅机构；2—司机室；3—旋转机构；4—起升机构；5—电气系统；6—电缆卷筒；

7—行走机构；8—门架；9—转柱；10—转盘；11—机房；12—人字架；

13—平衡系统；14—起重臂系统；15—吊钩

8. 集装箱专用起重机

（1）岸边集装箱起重机。

岸边集装箱起重机是集装箱码头前沿进行集装箱船舶装卸作业的专用机械，如图3-15所示。它是由前后两片门框和拉杆组成的门架，沿着与岸边平行的轨道行走，桥架支撑在门架上，行走小车沿着桥架上的轨道往返于水、陆两侧吊运集装箱，进行装船和卸船作业。为了便于船舶靠离码头，桥架伸出码头前沿的伸臂部分可俯仰。岸边集装箱起重机具有起升机构、小车运行机构、前大梁俯仰机构和大车运行机构以及集装箱专用吊具和其他辅助设备。对于高速型岸边集装箱起重机，还有吊具减摇装置等。

图 3-15　岸边集装箱起重机

（2）集装箱龙门起重机。集装箱龙门起重机有轨道式和轮胎式两种（见图 3-16）。

图 3-16　轮胎式集装箱龙门起重机

3.2.3　堆垛机

1. 堆垛起重机的类型

堆垛起重机是自动化立体仓库中最重要的设备。它分桥式堆垛起重机和巷道堆垛起重机两大类。

2. 桥式堆垛起重机

桥式堆垛起重机（简称桥式堆垛机）如图 3-17 所示。它是在桥式起重机小车上增加带有可回转 360°的立柱机构。立柱上有货叉及驾驶室。立柱分可伸缩型和不可伸缩型。伸缩型立柱的货叉固定在立柱下端，不可伸缩立柱的货叉可沿立柱上下移动。

桥式堆垛机的起升高度一般不超过 12 m，中小跨度，适用于笨重和长大件物料的堆垛和搬运。桥式堆垛机的桥架在仓库的高架轨道上运行，小车在桥架上运行，因此它可以服务于其跨度间的所有巷道。

3. 巷道堆垛起重机

巷道堆垛起重机（简称巷道堆垛机）如图 3-18 所示，是自动化立体仓库中最重要的设备。其主要用途是在高层货架的巷道内来回穿梭运行，将放置在巷道口的货物存入指定的货格，或者从货格中取出将出库的货物运送到巷道口。

图 3-17 桥式堆垛机

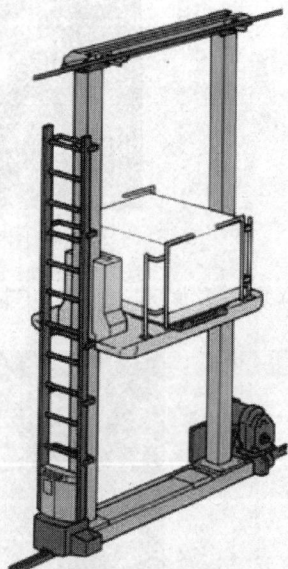

图 3-18 巷道堆垛机

巷道堆垛机的整机结构高而窄，因此可以方便地在狭窄的货架巷道内通行，完成对高层货架的货物存取。它配备了伸缩货叉、伸缩平板等特殊的取物装置。这些装置可以向巷道两侧货架的货格伸出，用来存取托盘货物、货箱和集装单元等。采用机上控制或远距离控制等自动控制方式，巷道堆垛机可以自动运行、升降、认址、停准及存取货物。巷道堆垛机和各种出入库输送机、分拣机、装卸搬运机械组成了自动化立体仓库的货物存取与传送系统。

（1）巷道堆垛机的类型。

① 单元型。堆垛机实现对整个货物单元的出入库作业，其载货台必须装有叉取货物的装置。这种堆垛机是使用最广泛的机械，特别适合货物单元的出入库作业，或者"货到人"的拣选作业。当采用自动控制时，机上无驾驶员。

② 拣选型。堆垛机上有驾驶室，由驾驶员从货物单元中拣选一部分货物出库。载货台上可不装叉取装置，直接由驾驶员手工取货。这种堆垛机适合"人到货"的拣选作业。大多采用手动或半自动控制。

③ 单元—拣选型。堆垛机上既有叉取货物的装置，又有随载货平台一起升降的驾驶室。既能实现对整个货物单元的出入库作业，又能从货物单元中拣选一部分货物出库。

66

（2）巷道堆垛机的结构。巷道堆垛机由起升机构、运行机构、货叉伸缩机构、机架、载货台、电气设备及安全保护装置等组成，如图 3-19 所示。

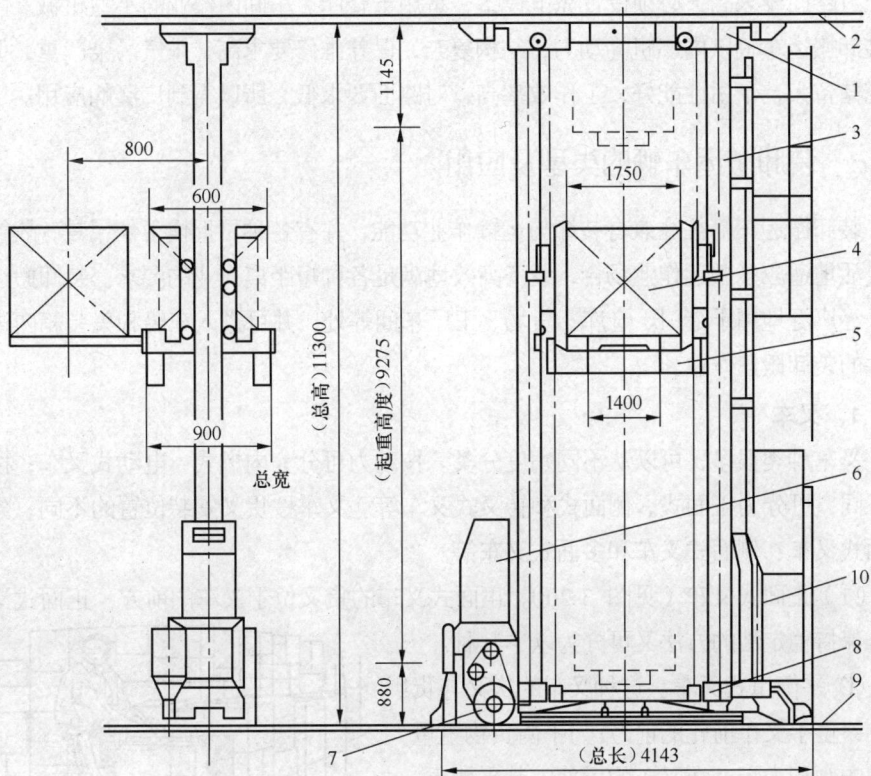

图 3-19　巷道堆垛机的结构（单位：mm）

1—上梁；2—天轨；3—立柱；4—载货台；5—存取货机构；

6—运行机构；7—车轮；8—下梁；9—地轨；10—起升机构

3.3　装卸搬运车辆

3.3.1　装卸搬运车辆概述

装卸搬运车辆是指用于企业内部对成件货物进行码、牵引或推拉，以及短距离运输作业的各种车辆，其中包括非铁路干线使用的各种轨道车辆和汽车等。装卸搬运车辆用于船舶和车辆的货物装卸，以及在堆场、仓库、船舱、车辆内进行货物堆垛、拆垛和转运作业。

装卸搬运车辆大多采用轮胎式行走机构，依靠本身的行走完成货物的水平搬运。有的装卸搬运车辆除了能水平搬运货物之外还能依靠其工作装置实现货物的托取和升降。装卸搬运车辆一般在特定的区域，如港区、仓库、船舱内等地方工作，运行距离短，行驶速度低，活动范围小，它们的性能参数、卸载方式等与汽车有许多不同。

装卸搬运车辆按其动力装置可分为电动式机械和内燃式机械。电动式装卸搬运车辆一般由蓄电池供电,直流电动机驱动。这类机械结构简单,操作方便,但驱动功率小,对路面要求高,必须设置充电设备,是用于仓库、车间内作业的小型机械。内燃式装卸搬运车辆以内燃机为动力,结构复杂,保养维修要求高,排气污染严重,但其功率储备大,牵引性能好,工作效率高,对路面要求低,所以得到广泛的应用。

3.3.2 装卸搬运车辆的类型及应用

装卸搬运车辆往往兼有装卸与运输作业功能,并有各种可拆换工作属具,故能机动灵活地适应多搬运作业场合,经济高效地满足各种短距离作业的要求。装卸搬运车辆已经广泛地用于港口、仓库、货场、工厂车间等处,并可进入车船和集装箱内进行货件的装卸搬运作业。

1. 叉车

叉车种类很多,可以从不同角度分类。按动力可分为内燃式、电动式叉车;按构造不同,可分为正面式、侧面式和转叉式叉车等。叉车按货叉安装位置的不同,分为正面式叉车、侧面式叉车和多面式叉车等。

(1)正面式叉车(见图 3-20)。正面式叉车的货叉位于叉车的前方。正面式叉车按其保持稳定性的方法又可分为以下几种。

① 平衡重式叉车。这种叉车的货叉与货物始终位于叉车前轮的前方。为平衡货物重量产生的倾翻力矩,在叉车的后部安装平衡重,保持叉车的纵向稳定性。平衡重式叉车是使用最广泛的叉车,起重量为 0.5~60 t。

② 前移式叉车。前移式叉车有两条前伸的

图 3-20　正面式叉车

支腿,前轮较大,支腿较高。需要叉取货物或卸下货物时,将门架(或叉架)沿车架上的水平轨道前移到前轮的前方,货叉叉取货物后,起升一定高度。当货物底部超过支腿高度后,货叉带着货物后移,使货物重心位于前后轮的支撑平面内,保持叉车行走时的良好稳定性。前移式叉车一般用电动机驱动,额定起重量在 2 t 以下,主要用于仓库堆垛作业。

③ 插腿式叉车。插腿式叉车车体前方有两条带小车轮的支腿,货叉位于支腿之间。支腿的高度很小,因此支腿可以连同货叉一起插入货架或托盘底部,再由货叉起升货架或托盘,被插腿式叉车举起的货物重心位于车轮的支撑平面内,所以叉车的稳定性好,适用于通道狭窄的仓库内作业。

(2)侧面式叉车。侧面式叉车侧面式叉车的门架、货叉位于叉车的中部,并可以沿横向轨道移动,货叉朝向叉车的侧面。货叉在侧面叉取货物,起升一定高度后,门架向车内移动,降下货叉,把货物搁在叉车的货台上,叉车行走。起升机构在叉车行走时不受载，货物重心位于前后轮的支撑平面内，所以叉车的纵向稳定性好。侧面式叉车适应于装卸搬运长件货物，在叉取或卸下货物时，需要先将侧面液压支腿放下，用来减小该侧轮胎的负荷，保证叉车的横向稳定性（见图 3-21）。

（3）多面式叉车。多面式叉车的特点是门架或叉架可以绕垂直轴线旋转，因此货叉可能朝向 2 个方向或 3 个方向。叉架可绕垂直轴旋转的三向堆垛叉车，它的货叉可朝向前方，也可朝向左方或右方。不仅叉架可以旋转，支撑叉架的回转头还能向左或向右作横向位移，便于叉车从侧面取货或卸货。这种叉车能在通道狭窄的立体仓库中从通道两侧的货架上取、放货物（见图 3-22）。

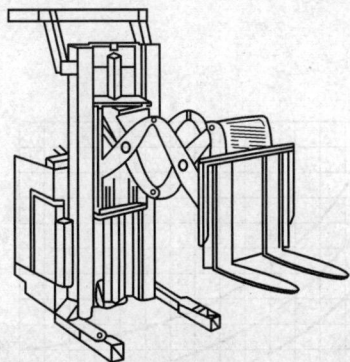

图 3-21　侧面式叉车

图 3-22　多面式叉车

（4）叉车的基本结构（见图 3-23）。

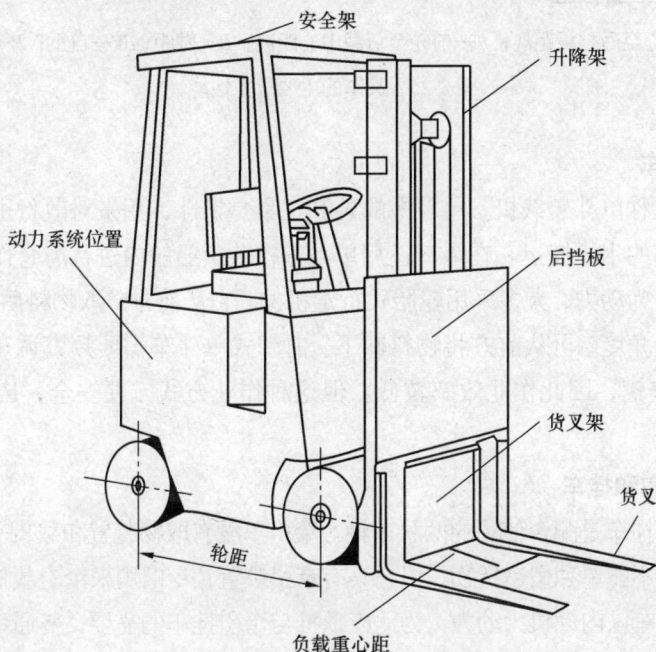

图 3-23　叉车的基本结构

（5）叉车通道宽度。为使叉车在平稳而在无干涉条件下进行存取或搬运作业，对不同类型的叉车要求相应宽度的通道（见图3-24）。

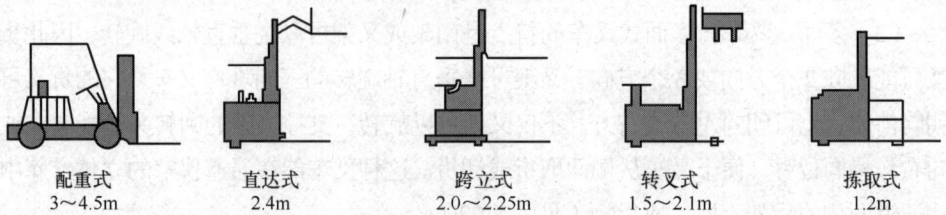

配重式　　　直达式　　　跨立式　　　转叉式　　　拣取式
3～4.5m　　　2.4m　　　2.0～2.25m　　1.5～2.1m　　1.2m

图3-24　叉车通道宽度

（6）叉车的主要技术性能（见图3-25）。

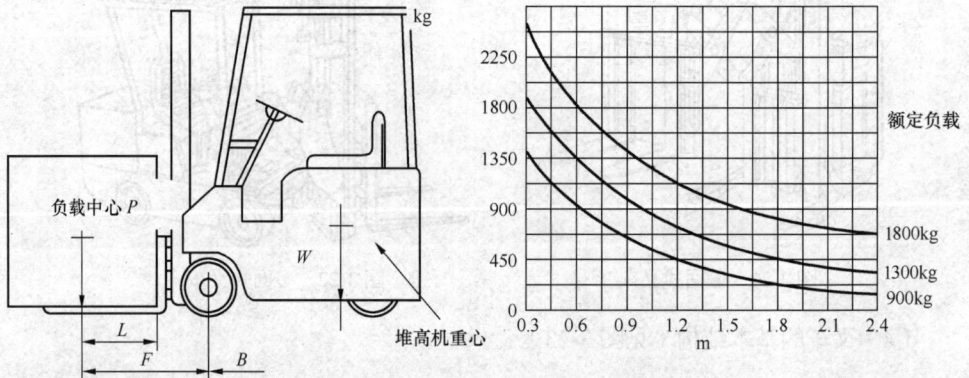

L—负载中心至后挡板距离；F—前轮至负载中心距离；B—轴距；W—自重；P—负载重量

图3-25　叉车的主要技术性能

2. 单斗车

单斗车又称单斗装载机。单斗车的装卸工具是铲斗，用来对散货进行装车、堆垛以及短距离的水平搬运。在港口还用单斗车在散货船舱内进行清仓作业。单斗车一般以柴油机为动力，大多采用轮胎式行走机构。它从前方铲取物料后，退出料堆，并且转过一个角度，再从前方将物料卸下。前卸式单斗车需要频繁调车作业，以便对准料堆和车辆，因此作业效率较低。但这种作业方式方便安全，应用最广（见图3-26）。

3. 牵引车和挂车

牵引车和挂车是配合使用的两种车辆。牵引车没有取物装置和载货平台，不能装货和取货，也不能单独搬运货物，但它具有牵引装置，专门用来牵引载货的挂车作水平搬运。牵引车以内燃机为动力，为适应顶推与牵引挂车的需要，普通牵引车头部装有坚固的护板，尾部装有挂钩装置。

图 3-26 单斗装载机

挂车又称平板车，是无动力车辆；有载货平台，由牵引车拖着行走。牵引车常拖带数辆挂车，对成批货物进行较远距离的水平转运。当挂车被拖到指定地点装卸货物时，牵引车脱开这列挂车，再去拖带别的挂车（见图 3-27）。

4. 搬运车

搬运车是一种自行式载货小车，只能进行货物短距离的水平搬运。按照承载构件的特点分为（见图 3-28）以下几类。

图 3-27 牵引车

图 3-28 电动搬运车

（1）固定平台搬运车。它的载货平台是固定不动的，必须用其他机械或人力将货物装上或卸下平台。内燃机驱动的固定平台搬运车，构造与小型载货汽车相似，载重量 2～3 t。适合在搬运距离较长的场合工作。蓄电池—电动机驱动的固定平台搬运车具有体积小、操作简单、运行噪声小、不产生有害气体等优点，适宜在仓库或货场内作短距离的搬运。

（2）升降平台搬运车。升降平台搬运车的车轮较小，载货平台低。平台可以伸入货架或托盘的底部，然后起升一定高度（100～200 mm），托起货架或托盘使之离开地面一定距离，搬运车运行。当运到卸货地点后，平台下降，货架或托盘支在地面上，搬运车即可开走。

（3）托盘搬运车。载货构件是一对货叉，货叉位于支腿的上方。货叉和支腿一起插入托盘下面，利用液压油缸使货叉再起升一定的高度，将托盘和货物托起，实现搬运。

3.3.3　装卸搬运车辆的组成

装卸搬运车辆一般由工作装置、底盘和动力装置组成。

1. 工作装置

工作装置是用来完成对货物的装卸搬运工作。装卸机械种类很多，其用途、构造、性能参数各不相同，所以工作装置的功用与组成也不相同。例如，叉车工作装置的作用是承受全部货重，并完成取货、升降、堆放作业。其工作装置由门架、起升机构、门架倾斜机构、液压传动系统、叉车属具组成。

2. 底盘

底盘即无轨行走机构，用来完成装卸搬运车辆的无轨运行，实现对货物的水平搬运。轮胎式底盘一般由行驶系统、传动系统、制动系统和转向系统组成。

（1）传动系统把发动机的动力传给驱动轮，使装卸搬运车辆运行。它由液力变矩器或离合器、变速器、传动轴和驱动桥内的主传动装置等组成。

（2）转向系统用来控制装卸搬运车辆行驶方向，使车辆保持直线行驶或实现曲线行驶。它由转向器、转向传动机构组成。

（3）制动系统使装卸搬运车辆减速、驻车或可靠地停驻。如叉车具有两套独立的制动系统：行车制动系统和驻车制动系统，每套制动系统由制动器和制动操纵机构组成。叉车车速较低，一般只在驱动轮上装车轮制动器，用脚踏板控制。驻车制动器一般安装在传动轴上或车轮制动器内，用手拉杆操纵。

3. 动力装置

动力装置用来供给工作装置和底盘工作时所需要的动力。

（1）蓄电池—直流电动机驱动。由若干个蓄电池串联组成蓄电池组，将电能分别或同时供给各个电动机，驱动车辆行驶和进行装卸工作。这种电力驱动方式噪声小、无废气、操作简单。但蓄电池容量有限，输出功率小，所以车辆行驶速度低，爬坡度小。蓄电池怕振动，对路面要求高。蓄电池—电动机驱动方式用于小型装卸搬运车辆上，主要用于仓库、车间、舱内作业。

（2）内燃机驱动。内燃机输出功率大，使车辆的牵引性能好，行驶速度高，爬坡能力强，能长期连续工作。内燃机驱动是装卸搬运车辆最常用的驱动方式。但内燃机工作时噪声大，要排出废气，因此内燃机驱动的机械适宜在室外工作。

3.4　智能搬运车辆

3.4.1　自动导向搬运车

1. 自动导向搬运车的概念

自动导向搬运车（Automated Guided Vehicle，AGV）是指具有电磁或光学导引装置，能够按照预定的导引路线行走，具有小车运行和停车装置、安全保护装置以及具有各种移载功能的运输小车（见图 3-29）。

2. 自动导向搬运车的分类

按照不同的分类标准，自动导向搬运车可以分为不同的类型。根据控制形式的不同，自动导向搬运车可分为智能型和普通型。智能型是每台小车车载计算机的控制系统中存有全部运行路线和线路区段控制的信息，小车只需

图 3-29　自动导向搬运车

要智能目的地和要完成的任务，就可以自动选择最佳线路完成规定的任务。普通型是指自动导向搬运车的所有功能、路线规划和区段控制都由主控计算机控制。根据导向方式的不同，自动导向搬运车可分为固定路径导向和自由路径导向。根据移载方式的不同，自动导向搬运车可分为侧叉式移载、叉车式移载、推挽式移载、辊道输送机式移载、链式输送机移载、升降台移载和机械手移载。根据充电方式不同，自动导向搬运车可分为交换电池式和自动充电式。根据转向方式的不同，自动导向搬运车可分为前轮转向式、差速转向式和独立多轮转向式。根据运行方向的不同，自动导向搬运车可分为向前运行、前后运行和万向运行。根据用途和结构形式的不同，自动导向搬运车可分为牵引型拖车、托盘运载车、承载车、自动叉车、装配小车和堆垛机等。

3. 自动导向搬运车构成

自动导向搬运车包括导向系统、寄送系统和数据传输系统等（见图 3-30）。

（1）导向系统：分外导式导向系统和自导式导向系统两种。

① 外导式导向系统。在车辆的运行路线上设置导向信息媒体（导线、磁带、色带等），由车上的导向传感器接受线路媒体的导向信息，信息经实时处理后控制车辆沿正确路线行驶。其中应用最多的是电磁导向和光学导向两种。电磁导向系统沿运行线路地沟中敷设导线，通以 5～30 kHz 的变频电流，形成沿导线扩展的交变电磁场。车辆验检传感器接受信号，并根据信号场的强度来判断车体是否偏离了路线，使车辆跟踪埋线沿正确的路线运行。光学导向系统在线路上敷设一种有稳定反光率的色带，导向车上装有发光源和接受反射光的光电传感器。通过对传感器检测到的光信号进行

计算，调整小车运动位置，使小车正确地导向运行。

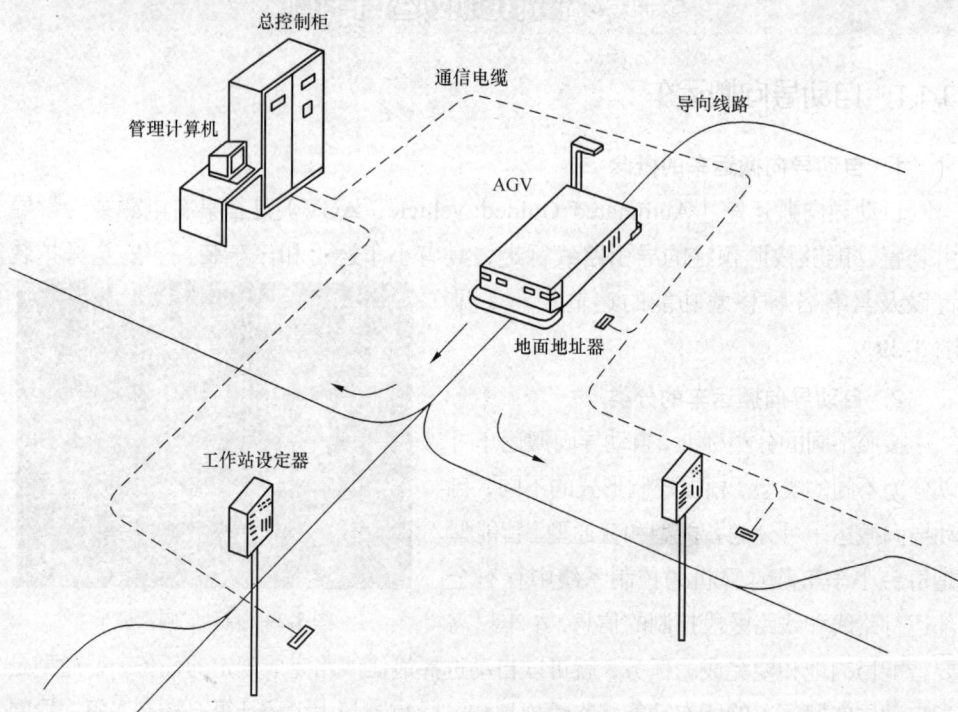

图 3-30 自动导向搬运车构成

② 自导式导向系统。在车辆上预先设定运行线路的坐标信息。在车辆运行时，实时地测出实际的车辆位置坐标，再将二者进行比较后控制车辆的导向运行。

（2）寄送系统。寄送系统包括认址、定位两部分。在车辆停靠地址处设置传感标志，如磁铁、色标等。自动导向车以相对认址或绝对认址的方式来接收标志信号，使车辆完成认址停靠。车辆在地址处的定位可以分为一次定位和二次定位：车辆提前减速，在目的地地址处制动停车，是车辆的一次定位，车辆的一次认址定位的停车精度可达 ±5 mm；二次定位是高精度定位，采用机械方式，其定位精度可达 ±1 mm。

（3）数据传输系统。在地面设施之间一般采用有线传输方式。在流动车辆和地面固定设施之间，采用无线传输方式。沿车辆运行的路线（或在通信段点处）安装数据传输导线（或线圈），以 55～95 kHz 频率载波方式传输需要的数据，再由车辆上的调制解调器将数据感应器接收到的信号转换成可以识别的位置信号，完成车辆与地面设施之间的控制对话。

4. 自动导向搬运车的主要技术参数

自动导向搬运车的技术参数是反映其技术性能的基本参数，是选择自动导向搬运车的主要依据。其主要性能参数包括额定载重量、自重、车体尺寸、停位精度、最小转弯半径、运行速度、电池电压和工作周期等。

5. 自动导向车系统的控制

（1）自动导向车控制。采用单片机或单板微机等分别对自动导向车的导向运行、认址定位、载荷移交、安全作业以及指令数据传输进行控制管理。

（2）运行路线控制。确定车辆行驶的路线和停靠的地址，即将路线的区段、分支和岔道信号传输给车辆控制系统，使车辆按照控制系统的指令行走和到达指定的地点。

（3）移载及周边设备的控制。自动导向车运行到指定地点要将车上的货物自动移载到载货台上，或者从载货台上移取货物进行搬运。移载控制系统要对自动移载作业进行控制。

3.4.2　装卸堆垛机器人

1. 装卸堆垛机器人的特点

装卸堆垛机器人是现代机器人的一个分支，是由工业机器人演化发展而成的专门为自动化立体仓库装备服务的机器人，随着物流技术的发展，装卸堆垛机器人的运用越来越广泛。在生产线的各加工中心或加工工序之间以及立体仓库装卸搬运区，机械手搬运机和装卸搬运机器人能按照预先设定的命令完成上料、装配、装卸、码垛等作业，具有速度快、操作准确等特点，广泛应用于有污染、高温、低温等特殊环境和反复单调作业的场合。在仓库作业中，装卸堆垛机器人主要是完成码盘、搬运、堆垛和拣选等，如图 3-31 所示。

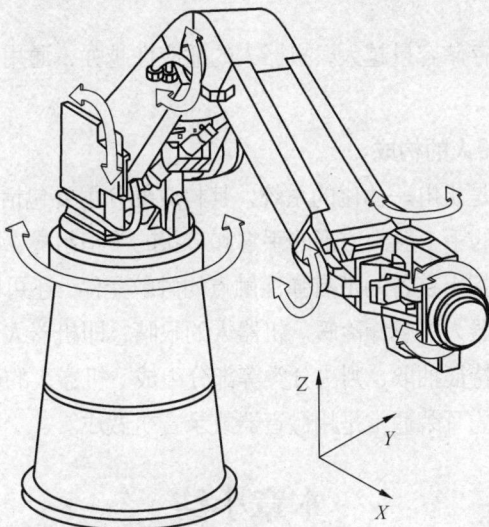

图 3-31　装卸堆垛机器人

装卸堆垛机器人具有通用性、柔软性、自动性和准确性等特点。

（1）通用性。通用性是指机器人广泛运用于搬运、装配、焊接和探测等作业过程中。

（2）柔软性。柔软性是当产品的品种和规格发生变化时，只需对控制程序进行重新编制而无需进行机械调整。

（3）自动性。自动性是指机器在作业过程中不需要人的帮助，而只需按既定程序进行工作。

（4）准确性。准确性是指机器人作业主要是按照事先编制好的程序进行操作，因此精确性和精密性都相当高。

2. 装卸堆垛机器人的性能参数

装卸堆垛机器人的性能参数主要包括抓取重量、运动速度、自由度和重复定位精度、程序编制和存储容量。

（1）抓取重量。也称为负荷能力，是指机器人在正常运行速度时所能抓取的重量。

（2）运动速度。是指机器人在正常抓取货物时的平均运行速度，它与机器人的抓取重量、定位精度等指标密切相关。

（3）自由度。是指机器人的各个运动部件在三维空间坐标轴上所具有的独立运动的可能状态，每一个可能的状态即为一个自由度。机器人的自由度越多，其动作就越灵活，适应性就越强，结构也越复杂。

（4）重复定位精度。是指机器人的手部进行重复工作时能够放在同一位置的准确程度，它是衡量机器人工作质量的一个重要指标，与机器人的位置控制方式、运动部件的制造精度、抓取的重量和运动速度有密切关系。

（5）程序编制和存储容量。是指机器人的控制能力，用存储程序的字节或程序指令数表示。

（6）存储容量。存储容量越大，机器人的适应性越强，通用性越好，从事复杂作业的能力也就越强。

3. 装卸堆垛机器人的构成

装卸堆垛机器人是机电一体化的系统，其构成部分主要包括机器人的手、眼睛、鼻子和耳朵。机器人的手一般由方形的手掌和节状的手指组成，机器人的手的触觉主要是依靠在手掌和手指上装备的带有弹性触点的触敏元件，还可以在其手掌和手指上装备热敏元件，使机器人能感知冷暖。机器人的眼睛，即机器人识别系统，主要由信息获取、信息处理与特征抽取、判决分类等部分组成。机器人的鼻子是用气体自动分析仪做成的。机器人的耳朵通常是用微音器或录音机做成。

本章小结

装卸与搬运设备是物流设备中重要的设备，它不仅用于生产企业内部物料或工件的起重输送和搬运、船舶与车辆货物的装卸，而且完成库场货物的堆码、拆垛、运输以及舱内、车内、库内的搬运。装卸搬运是物流活动得以顺利进行的必要条件，在全部物流活动中占有重要地位，发挥着重要意义。

起重设备是用来升降和水平运移货物的设备，主要由驱动装置、工作机构、钢架结构及安全保护装置组成。起重设备主要包括轻小型起重设备、桥式类型起重设备、臂架类起重设备等类型。

装卸搬运车辆用于船舶和车辆的货物装卸，以及在堆场、仓库、船舱、车辆内进行货物堆垛、拆垛和转运作业。装卸搬运车辆按其动力装置可分为电动式机械和内燃式机械。

自动导向搬运车是指具有电磁或光学导引装置，能够按照预定的导引路线行走，具有小车运行和停车装置、安全保护装置以及具有各种移载功能的运输小车。

本章练习题

一、名词解释

装卸搬运、叉车、自动导向搬运车、装卸堆垛机器人、装卸活性

二、填空题

（1）"装卸"是指以（　　）为主的实物运动形式，"搬运"是指以（　　）为主的实物运动形式。

（2）装卸与搬运设备按照主要用途或结构特征进行分类可分为（　　）、（　　）、（　　）和（　　）。

（3）一般说来，活性指数一般用数字（　　）、（　　）、（　　）、（　　）和（　　）表示。

（4）起重设备主要由（　　）、（　　）、（　　）和（　　）组成。

（5）小车牵引方式分有4种形式，即（　　）、（　　）、（　　）和（　　）。

（6）巷道堆垛机由（　　）、（　　）、（　　）、（　　）、（　　）和电气设备及安全保护装置等组成。

三、选择题（单、多选）

（1）（　　）是指在同一地域范围内（通常指在某个物流结点，如仓库、车站、码头等）以改变物资的存放状态和空间位置的一种物流活动。

　　A. 输送设备　　　B. 管道设备　　　C. 运输设备　　　　D. 装卸搬运

（2）装卸搬运设备按照作业性质进行分类可分为装卸机械、搬运机械及（　　）三大类。

　　A. 起重机械　　　B. 输送机械　　　C. 装卸搬运机械　　D. 运输机械

（3）轻小型起重设备一般只有一个升降机构，使货物作升降运动。在某些场合也可作水平运输（如卷扬机）。下列不属于轻小型起重设备的是（　　）。

  A. 千斤顶   B. 滑车   C. 臂架类起重机 D. 卷扬机

  （4）（　　）具有场地利用率高、作业范围大、适应面广、通用性强等特点，在港口货场得到广泛使用。

  A. 臂架类起重机   B. 门式起重机

  C. 卷扬机   D. 岸边集装箱起重机

  （5）（　　）是指具有电磁或光学导引装置，能够按照预定的导引路线行走，具有小车运行和停车装置、安全保护装置以及具有各种移载功能的运输小车。

  A. 叉车   B. 自动导向搬运车

  C. 重型货车   D. 牵引汽车

四、简答题

  （1）装卸与搬运设备主要功能有哪些？

  （2）装卸与搬运设备的主要类型包括什么？

  （3）臂架类起重机的主要结构是什么？

  （4）起重设备的主要特征是什么？起重设备的主要类型有哪些？

  （5）我国装卸与搬运设备的发展趋势是什么？

[案例讨论与分析]

勇创行业领先水平的三一集团

  三一集团有限公司始创于 1989 年。自成立以来，三一集团秉持"创建一流企业，造就一流人才，做出一流贡献"的企业宗旨，打造了业内知名的"三一"品牌。2007 年，三一集团实现销售收入 135 亿元，成为建国以来湖南省首家销售过百亿的民营企业。2008 年，尽管受金融危机影响，三一仍然延续了以往的增长，全年实现销售 209 亿元，同比增长 56.6%。2009 年，三一集团实现销售收入 306 亿元。目前，三一集团拥有员工 4 万余人。三一集团主业是以"工程"为主题的机械装备制造业，目前已全面进入工程机械制造领域。主导产品为建筑机械、路面机械、挖掘机械、桩工机械、起重机械、非开挖施工设备、港口机械、风电设备等全系列产品。其中混凝土机械、桩工机械、履带起重机为国内第一品牌，混凝土泵车全面取代进口，国内市场占有率达 57%，为国内首位，且连续多年产销量居全球第一。

  三一是全球工程机械制造商 50 强，全球最大的混凝土机械制造商，中国企业 500 强，工程机械行业综合效益和竞争力最强企业，福布斯"中国顶尖企业"，中国最具成长力自主品牌，中国最具竞争力品牌，中国工程机械行业标志性品牌，亚洲品牌 500 强。三一秉承"品质改变世界"经营理念，将销售收入的 5%～7% 用于研发，致力于将产品升级换代至世界一流水准。拥有国家级技术开发中心和博士后流动工作站，目前共申请专利 2 433 项，拥有授权有效专利 1 156 项。荣获国家科技进步二等奖、中国驰名商标、全国"免检产品"、中国名牌产品。2007 年 12 月,三一重工在上海环球金融中心以 492 m 创造单泵垂直泵送混凝土的世界新高。2009 年 11 月,由三一重工自主研制的 72 m 臂架泵车问鼎吉尼斯世界纪录,实现了对混凝土泵送技术的又一次跨越。在国内,三一建有上海、北京、沈阳、昆山、长沙等 5 大产业园。在全球,三一建有 30 个海外子公司,业务覆盖达 150 个国家,产品出口到 110 多个国家和地区。目前,三一已在印度、美国、德国、巴西相继投资建设工程机械研发制造基地。

在三一重机的实验室里,有一台挖掘机的操作测试已经超过了 2 000 个小时,这一过程虽然没能摆到消费者的眼前,但是,三一重机还是希望通过这种方式,将新推出的产品能效提升至最高、故障减小到最低。事实上,三一每一款新产品的推出,公司都将精力放了幕后的完美打造上。如果这个产品不能给三一的品牌加分,公司就坚决不要、不销、不生产。据三一重机研究院试验检验所副所长易隆辉介绍,这几年,无论是集团领导梁稳根和向文波,还是重机领导梁林河、戴晴华,他们每年都会安排时间亲自去各省市与用户面谈交流、了解情况,从市场终端寻找产品研发方向。他说,公司领导一直在强调:"国产挖机要想在市场上提升份额,必须找准客户的需求。"

从需求中攻克关键技术,让技术服务于客户的需求。2007 年,三一重机研发全面提速。具有自主知识产权的"挖掘机控制器"的发明,让三一人拥有了可供防御的"秘密武器"。这款挖掘控制器功效卓著,无论三一的挖掘机在什么地方作业,都可以凭借它检测到作业机器的斗杆压力有多大,随时指导客户解决疑难。易隆辉当天还告诉记者,三一"挖掘机工作装置实验方法"也已被国家专利局授予发明专利,这一专利专门用于指导研发。"以前,挖掘机的寿命到底怎么样,没办法知道,只能交给客户去验证。如今可以通过这个实验方法进行验证,寿命一旦达不到目标,我们就会把机器退回去重做。"现在,三一挖机的寿命,基本上是按照保修在 6 000~8 000 h 的目标做的,远远高于向客户承诺的 3 000 h。

三一的"秘密武器"还在出炉。中国第一款全智能挖掘机、世界第一款罕见的"新概念"挖掘机、环保节能的电动挖掘机都将与消费者见面。"目前从技术实力来说,三一第一,这在国内挖掘机行业是毋庸置疑的。"招商证券刘蓉认为,产品的突飞猛进,这是三一成功的关键。梁稳根经常说,除非不要让我知道有新技术,只要有,我就用。"民营企业眼盯市场,做事灵活,反馈很快,这是外资品牌比不了的优势。"中国工程机械工业协会代理商工作委员会秘书长冯桂英认为,新产品推向市场,一定会有很多问题反映出来,三一时刻紧盯客户,发现瑕疵,敦促改进,从资金、人员、技术储备、质量控制,一条线服务到底,全力打造精品,这肯定吸引客户。

——资料来源:www.sany.com.cn 2010-09-19

【讨论与分析】

(1)物流装卸起重机械的主要类别有哪些?

(2)三一集团拥有的可供防御的"秘密武器"是什么?

(3)结合案例分析三一集团是怎样勇创行业领先水平的。

第4章

集装单元化技术与设备

学习目标

（1）了解集装单元化产生的背景及其对物流业发展的意义。

（2）理解集装单元化、物流模数、托盘、集装箱等的概念，掌握集装单元化、物流模数、托盘、集装箱的主要类型及其特征。

（3）领会集装箱的标记方式与托盘的作业方式；领会海运集装箱提箱和交箱作业流程。

（4）运用本章相关理论分析相应的案例。

案例导读

全球最大的集装箱制造商——中集集团

中国国际海运集装箱（集团）股份有限公司（以下简称中集集团），是一家为全球市场提供物流装备和能源装备的企业集团，主要经营集装箱、道路运输车辆、能源和化工装备、海洋工程、机场设备等装备的制造和服务。2009 年，中集集团总资产 378.58 亿、净资产 141.93 亿元，销售额 204.76 亿元（受全球性金融危机影响，销售额从 2008 年的 487 亿元下降到 204.76 亿元），净利润 9.59 亿元。中集集团在中国以及北美、欧洲、亚洲、澳洲等国家和地区拥有 150 余家全资及控股子公司，员工超过 5 万人，初步形成跨国公司运营格局。

中集集团于 1980 年 1 月创立于深圳，1994 年在深圳证券交易所上市，目前主要股东为中远集团和招商局集团，是国有控股的公众上市公司。经过 20 多年的发展，中集集团已经成为根植于中国本土、在全球多个行业具有领先地位的企业。2008 年，中集集团被列为"2008 最具全球竞争力中国公司"第 49 位，"中国国有上市企业社会责任榜"第 39 位，中国 500 最具价值品牌第 40 位；2007 年 9 月"CIMC 中集"牌集装箱被国家质量监督检验检疫总局评选为"中国世界名牌"产品称号（到目前为止，全国仅 10 家）。2009 年，中集被列为福布斯"全球 2 000 领先企业"第 1 397 位。

在集装箱业务方面，中集是全球唯一能够提供全系列集装箱产品，并拥有完全自主知识产权的供应商，产品遍及北美、欧洲、亚洲等全球主要的物流系统。自 1996 年以来，中集的集装箱产销量一直保持世界领先地位，在全球集装箱行业中占据 50% 以上的市场份额，2007 年中集成为全球集装箱行业首家年产量突破 200 万标准集装箱的企业。

"安全、绿色、智能和轻量化"代表着中集产品未来的发展方向。中集所倡导的标准化、模块化、集成化的工业化理念为集装箱产业的延伸与发展赋予了崭新的生命力，同时中集还在积极探索模块化建筑及集装箱房屋改造等新型商业模式，推动产业升级。

——资料来源：http://www.cimc.com 2010-08-21

想一想：结合中集集团所倡导的工业化理念，谈谈世界集装箱产业的发展趋势是什么。

4.1　集装单元化技术

4.1.1　集装单元化概念与意义

1. 集装单元化的概念

集装单元化是将众多单件物品，通过一定的技术措施组合成尺寸规格相同、重量相近的大型标准化的组合体，这种大型的组合状态称为集装单元化。

集装单元化从包装角度来看，是一种按一定单元将杂散物品组合包装的形态，是属于大型包装的形态。在多种类型的产品中，小件杂散货物很难像机床、构件等产品一样进行单件处理，由于其杂、散，且个体体积、重量都不大，所以，总是需要进行一定程度的组合，才能有利于销售，有利于物流，有利于使用。比如箱、袋等都是杂散货物的组合状态。杂散货物的组合方式，是随科学技术进步而发展的。在科技不太发达，起重、装卸机具没有普遍采用，装卸工作全要依靠人力进行时，杂散货物的组合包装程度主要受两个因素制约，一个因素是包装材料的限制，包装材料强度和材料自重约束了包装体的大型化；另一个是人力装卸能力的限制，包装必须限制在人的最大体能范围之下。因此，那时的组合体，重量一般在 50 kg 以下。集装是材料科学和装卸技术两个方面有了突破进展之后才出现的，用大单元实现组合，是整个包装技术的一大进展。

从运输角度来看，集装所组成的组合体往往又正好是一个装卸单位，非常便于运输和装卸，因此在这个领域把集装主要看成是一个运输体（货载），称单元组合货载或集装货载。

2. 集装单元化的意义

（1）货物集装单元具有一定的体积和重量，有利于实施物流作业机械化、自动化，可以有效地提高作业效率，同时降低劳动强度，减少重复堆码和重复搬运。

（2）以集装单元为单位，物品的数量检验和清点交接简便快速、差错减少，提高了供应链物流的快速性。同时可以增加货物堆积高度，也便于货架存储，从而减少物品堆码存放的占地面积，充分利用作业空间。

（3）通过集装单元器具的标准化、规格化，进而推动运输、搬运和仓储设备的标准化，使物流系统各环节设备规格协调和谐，大大提高全系统的作业效率，便于物流各功能环节衔接。

（4）使用集装单元器具，在同样有效地保护物品的前提下，可以简化货物包装，节约消耗性的包装器材，节省包装费用。同时集装单元器具具有通用性，并且可以循环使用，为可持续发展和绿色物流理念的实现提供了保障。

4.1.2 集装单元化的方式与特点

1. 集装单元化的方式

集装单元化的方式和种类很多，但最主要的是托盘和集装箱。

（1）托盘。所谓托盘是指用于集装、堆放、搬运和运输的放置作为单元负荷的货物和制品的水平平台装置。托盘是由木材、金属、纤维板等材料按标准尺寸制作的台面装置，这种台面有供叉车从下部叉入并将台板托起的叉入口。实际中，以上述结构为基本结构的平板台和在这种结构基础上所形成的各种集装器具可统称为托盘。托盘最初是在装卸领域出现并发展的，在应用过程中又进一步发展成为储存设施，对现代物流的形成，对物流系统的建立起了不小的作用。托盘的出现也促进了集装箱和其他集装方式的形成和发展，现在，托盘已和集装箱一样重要的集装方式，从而形成了集装系统的两大支柱。托盘尤其以简单、方便在集装领域中颇受青睐。

（2）集装箱。集装箱是指具有标准规格尺寸和便于装卸、栓固的货物运输容器。为适应各种运输方式和各种运输工具的需求、集装箱有许多种类。根据集装箱的用途可以分为通用集装箱和专用集装箱两类。通用集装箱（又叫干货集装箱），以装运普通杂货为主，包括端门式、侧门式、侧壁全开式、开顶式和通风式集装箱等种类。

2. 集装单元化的特点

集装单元化的主要特点是集小为大，而这种集小为大是按标准化、通用化要求进行的，这就使中、小件散杂货以一定规模进入市场、进入流通领域，形成了规模优势。主要表现在以下几个方面。

（1）装卸合理化。这一特点主要表现在：第一，缩短装卸时间。这是由于多次装卸转为集装一次装卸而带来的效果。第二，使装卸作业强度降低。过去由人工完成中、小件大数量散杂货装卸，工人劳动强度极大，且工作时极易出差错，出货损。采用集装后不但减轻了装卸劳动强度，而且由于集装箱等对货物的保护作用可以更有效防止装卸时的碰撞损坏及散失丢失。

（2）包装合理化。采用集装后，物品的单体包装及小包装要求可降低甚至可以去掉小包装，从而在包装材料上有很大节约。此外，包装强度也由于集装箱的大型化和防护能力的增强而大大提高，有利于保护货物。

（3）作业效率化。由于集装整体进行运输和保管，大大方便了运输及保管作业，便于管理，也能有效利用运输工具和保管场地的空间，提高了物流工作效率。

总之，集装单元化的最大效果，是以其为核心形成了物流集装系统，将原来分离的物流各环节有效地联合为一个整体，使整个物流系统实现合理化。物流的现代化离不开集装单元化，可以说集装单元化是物流现代化的重要标志。

4.1.3　物流模数

1. 物流模数的概念

物流模数（Logistics Modulus），是指物流设施与设备的尺寸基准。物流模数是为了物流的合理化和标准化，以数值关系表示的物流系统各种因素尺寸的标准尺度。它是由物流系统中的各种因素构成的，这些因素包括货物的成组，成组货物的装卸机械、搬运机械和设备货车、卡车、集装箱以及运输设施，用于货物保管的机械和设备等。

2. 物流模数的实质

物流模数由 ISO（国际标准化组织）中央秘书处及欧洲各国认定的1 200 mm × 1 000 mm 的矩形，是最小的集装尺寸。物品的外包装尺寸是物流模数尺寸的分割系列，该尺寸是保证满足物流基础模数尺寸的倍数前提下，从卡车和集装箱的尺寸"分割"导出。物流模数尺寸可以看成是物流系统中适于机械作业的最小单元。物流输送设备的输送空间尺寸以及成组化器具的载货面积应该是物流模数尺寸的倍数系列，仓库中的货架、装卸设备的操作部件的尺寸也应该与物流模数尺寸相配合。大多数物流托盘的平面尺寸是物流模数尺寸。现在，作为物流标准化进程的过渡，也允许使用 1 200 mm × 800 mm 和 1 100 mm × 1 100 mm 等规格的非标准托盘尺寸。物流模数是为了物流的合理化和标准化，以数值关系表示的物流系统各种因素尺寸的标准尺度。

3. 物流模数的确定过程

（1）确定物流的基础模数尺寸。物流基础模数尺寸的作用和建筑模数尺寸的作用大体相同。基础模数一旦确定，设备的制造、设施的建设、物流系统中各环节的配合协调、物流系统与其他系统的配合就有所依据。目前 ISO 中央秘书处及欧洲各国基本认定 600 mm × 400 mm 为基础模数尺寸。

由于物流标准化系统较之其他标准系统建立较晚，所以确定基础模数尺寸主要考虑了目前对物流系统影响最大而又最难改变的事物，即输送设备。采取"逆推法"，由输送设备的尺寸来推算最佳的基础模数。当然，在确定基础模数尺寸时也考虑到了现在已通行的包装模数和已使用的集装设备，并从行为科学的角度研究了人及社会的影响。从其与人的关系看，基础模数尺寸是适合人体操作的最高限尺寸的。

（2）确定物流模数。物流模数即集装基础模数尺寸。前面已提到，物流标准化的基点应建立在集装的基础之上，还要确定集装的基础模数尺寸（即最小的集装尺寸）。集装基础模数尺寸可以从 600 mm × 400 mm 按倍数系列推导出来，也可以在满足 600 mm × 400 mm 的基础模数的前提下，从卡车或大型集装箱的分割系列推导出来（见图 4-1）。日本在确定物流模式尺寸时，就是采用的后一种方法，以卡车（早已大量生产并实现了标准化）的车厢宽度为物流模数确定的起点，推导出集装基础模数尺寸。

（3）以分割及组合的方法确定系列尺寸。物流模数作为物流系统各环节的标准化的核心，是形成系列化的基础。依据物流模数进

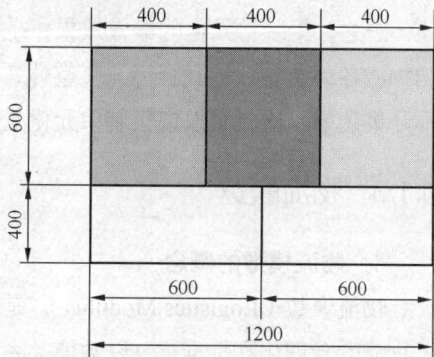

图 4-1　物流基础模数（单位：mm）

一步确定有关系列的大小及尺寸，再从中选择全部或部分，确定为定型的生产制造尺寸，这就完成了某一环节的标准系列。

4. 物流模数尺寸

目前，国际物流模数尺寸的标准化正在研究及制定中，但与物流有关的许多设施、设备的标准大多早已发布，并由专门的专业委员会负责制定新的国际标准。国际标准化组织英文缩写为 ISO，已建立的与物流有关的技术委员会（TS）及技术处（TD），每个技术委员会或技术处都由 ISO 指定负责常务工作的秘书国，我国也明确了标准的归口单位。

作为物流标准化的基础和物流标准化首先要拟定的数据，几个基础模数尺寸如下。

（1）物流基础模数尺寸：600 mm × 400 mm。

（2）物流模数尺寸（集装基础模数尺寸）：1 200 mm × 1 000 mm 为主，也允许 1 200 mm × 800 mm 及 1 100 mm × 1 100 mm。

（3）物流基础模数尺寸预计与基础模数尺寸的配合关系。

虽然上述模数尺寸尚未正式颁布实施，但是目前看来已成定局，许多国家都以此为基准修改本国物流的有关标准，以和国际的发展趋势吻合。例如，英、美、加拿大、日本等国都已打算放弃国内原来使用的模数尺寸，而改用国际的模数尺寸。日本等一些国家在用 1 200 mm × 1 000 mm 的模数尺寸系列同时，还发展了 1 100 mm×1 100 mm 正方形的集装模数，已形成本国的物流模数系列。

5．物流模数的分类

（1）物流基础模数尺寸。物流基础模数尺寸是指为使物流系统标准化而制定的标准规格尺寸。国际标准化组织中央秘书处和欧洲各国确定的物流基础模数尺寸为 600 mm × 400 mm。确定这样的基础模数尺寸，主要考虑了现有物流系统中影响最大而又最难改变的输送设备，采用"逆推法"，由现有输送设备的尺寸推算的。也考虑了已通行的包装模数和已使用的集装设备，并从行为科学角度研究人和社会的影响，使基础模数尺寸适合于人体操作。基础模数尺寸一经确定，物流系统的设施建设、设备制造，物流系统中各环节的配合协调，物流系统与其他系统的配合，都要以基础模数尺寸为依据，选择其倍数为规定的标准尺寸。

（2）物流建筑基础模数尺寸。物流建筑基础模数尺寸是指物流系统中各种建筑物所使用的基础模数尺寸。它是以物流基础模数尺寸为依据而确定的，也可以选择共同的模数尺寸。该尺寸是设计物流建筑物长、宽、高尺寸，门窗尺寸，建筑物立柱间距、跨度及进深等尺寸的依据。

（3）集装模数尺寸。集装模数尺寸也称物流模数尺寸，是指在物流基础模数尺寸基础上，推导出的各种集装设备的基础尺寸，以此尺寸作为设计集装设备 3 项（长、宽、高）尺寸的依据。在物流系统中，集装起贯穿作用，集装尺寸必须与各环节物流设施、设备、机具相匹配。因此，整个物流系统设计时往往以集装模数尺寸为依据，决定各设计尺寸。集装模数尺寸是影响和决定物流系统标准化的关键。

4.2　托　盘

4.2.1　托盘的概念与特征

1．托盘的概念

中国国家标准《物流术语》（GB/T 18354—2006）对托盘（Pallet）的定义是：用

于集装、堆放、搬运和运输的放置作为单元负荷的货物和制品的水平平台装置。

2. 托盘的特点

（1）自重小，装卸搬运时的无效劳动消耗小。

（2）返空容易，返空时占用的运力少。

（3）装盘容易。

（4）能集中一定的货物数量。

（5）保护性差，露天存放困难。

4.2.2 托盘的分类

1. 按其基本形态分类

用叉车、手推平板车装卸的平托盘、柱式托盘、箱式托盘；用人力推动的滚轮箱式托盘、滚轮保冷箱式托盘；采用板状托盘，用设有推换附件的特殊叉车进行装卸作业的滑板，或装有滚轮的托盘卡车中使货物移动的从动托盘；其他还有装运桶、罐等专用托盘之类的与货物形状吻合的特殊构造托盘。托盘按形状不同可分为多种形式，如双面叉、四面叉、单面使用型、双面使用型等。

（1）平托盘。平托盘是在承载面和支撑面间夹以纵梁，构成可集装物料、可使用叉车或搬运车等进行作业的货盘，如图 4-2 所示。

（2）箱式托盘。箱式托盘是在一个平托盘上部安装上平板状、网状等构造制成的箱形设备，可将形式不规则的货物集装，多用于散件或散状物料的集装，如图 4-3 所示。箱式托盘

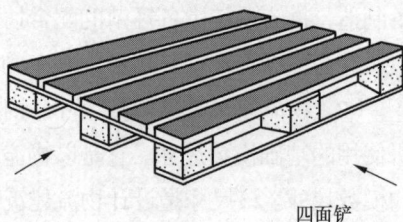

四面铲

图 4-2　平托盘

有固定式、可卸式和折叠式三种，一般下部可叉装，上部可吊装，并可进行堆码（一般为 4 层）。

（3）柱式托盘。柱式托盘是平托盘上装有 4 个立柱的托盘，其目的是在多层堆码保管时，保护好最下层托盘货物。托盘上的立柱大多采用可卸式的，高度多为 1 200 ㎜ 左右，立柱的材料多为钢制，耐荷重 3 t，自重 30 ㎏ 左右，如图 4-4 所示。

（4）滚轮箱式托盘和滚轮保冷箱式托盘。滚轮箱式托盘是在箱式托盘下部安装脚轮的形设备，按上部结构的形式可分为固定式、可卸式和折叠式 3 种，如图 4-5 所示。滚轮保冷箱式托盘在滚轮箱式托盘上部安装有保冷装置，其保冷功能根据物品温度管理的范围划分成一类（−18℃以下）和二类（0～10℃）2 种。

（5）滑动板。滑动板是瓦楞纸、板纸或塑料制的板状托盘，也叫薄板托盘，具有轻、薄、价廉的特点，但需要带有特殊附件的叉车进行装卸。

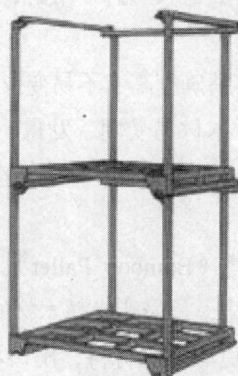

图 4-3　箱式托盘　　　　　　　　　图 4-4　柱式托盘

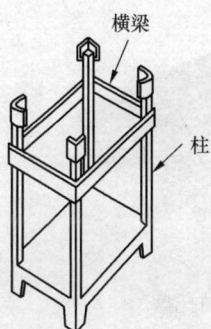

横梁

柱

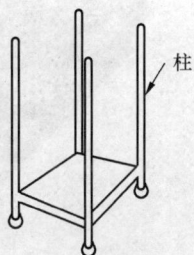

柱

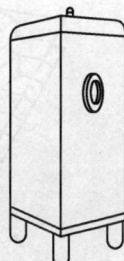

柱式托盘　　　　　　　　箱式托盘　　　　　　　油罐式托盘

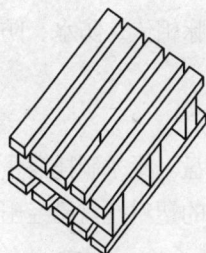

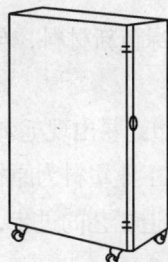

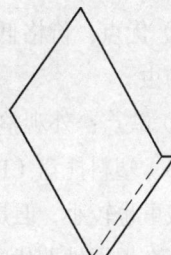

翼形托盘　　　　　　滚轮保冷箱式托盘　　　　　　滑动板

图 4-5　各种形态的托盘

2．按其材质分类

托盘按其材质的不同，有木制、塑料制、钢制、铝制、竹制、复合材料以及纸制等。

（1）木托盘（Wood Pallet）。木托盘是以天然木材为原料制造的托盘，使用最为广泛。因为其价格便宜、结实，是仓储企业必不可少的仓储设备，是物流行业举足轻重的物流设施，也是生产企业周转、流通、暂存、堆放货物最理想的助手（见图 4-6）。

① 主要参数：长/宽/高/长宽高误差/对角线误差/额定载荷/最大堆码层数/挠曲度/表面防滑系数。

② 优点：精确度高、不易变形，用高强度螺钉加固，不会起钉，牢固性好。

③ 缺点：木材易受潮、发霉、虫蛀，且无法清洗。此外，其表面木屑脱落及螺钉锈蚀的问题也无法克服。木制托盘使用寿命较短，常规使用下周转次数约在 200～300 次。

（2）竹托盘（Bamboo Pallet）。以天然竹为原材料经过加工制作的托盘。是未来托盘的发展趋势，是最能代替木材的材料；因其比木材强度高，故其性价比非常高。同时也是一种免熏蒸的材料，出口不受 ISPM15（《国际贸易中木质包装材料管理准则》）的限制（见图 4-7）。

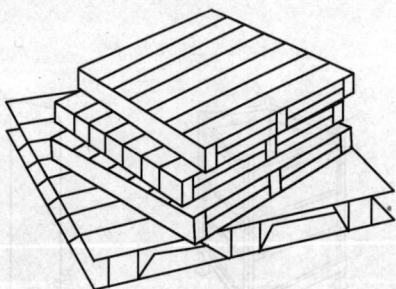
图 4-6　木托盘

图 4-7　竹托盘

① 主要参数：长/宽/高/长宽高误差/对角线误差/额定载荷/最大堆码层数/挠曲度/表面防滑系数。

② 优点：价格低廉、性价比高；绿色新材料，与环保概念一脉相传；防水、防霉、防虫。

③ 缺点：外观整洁度有待提高，边角易出现毛刺。

（3）塑料托盘（Plastic Pallet）。以工业塑料为原材料制造的托盘。比木制托盘贵点，载重也较小，但是随着塑料托盘制造工艺的进步，一些高载重的塑料托盘已经出现，正在慢慢地取代木质托盘（见图 4-8）。

① 主要参数：长/宽/高/长宽高误差/对角线误差/额定载荷/最大堆码层数/挠曲度/表面防滑系数/托盘使用环境的温度范围。

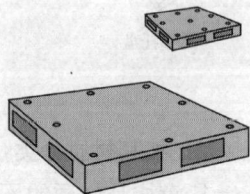
图 4-8　塑料托盘

② 优点：塑料托盘与木托盘相比具有质轻、平稳、美观、整体性好、无钉无刺、无味无毒、耐酸、耐碱、耐腐蚀、易冲洗消毒、不腐烂、不助燃、无静电火花、可回收等优点，使用寿命是木托盘的 5～7 倍；是现代化运输、包装、仓储的重要工具，是国际上规定的用于食品、水产品、医药、化学品等行业储存必备器材。

③ 缺点：塑料托盘质脆，易产生应力脆裂，不耐苯、汽油等有机溶剂；耐用性差，不适于装载重货等。

（4）金属托盘（Metal Pallet）。以钢、铝合金、不锈钢等材料为原材料加工制造的托盘（见图 4-9）。

① 主要参数：长/宽/高/长宽高误差/对角线误差/额定载荷/最大堆码层数/挠曲度/表面防滑系数/防锈防腐处理/防静电处理。

② 优点：结实耐用，承载能力大；外形美观；表面镀锌或静电喷塑处理，无须维护，极长的使用寿命，存储货物方便等。

③ 缺点：易腐蚀，价格较高。

（5）纸托盘（Paper Pallet）。以纸浆、纸板为原料加工制造的托盘。随着整个国际市场对包装物环保性要求的日益提高，为了达到快速商检通关以实现快速物流的要求，托盘生产商们成功研制出高强度的纸托盘（见图 4-10）。

图 4-9　金属托盘

图 4-10　纸托盘

① 主要参数：长/宽/高/长宽高误差/对角线误差/额定载荷/最大堆码层数/挠曲度/表面防滑系数/耐水浸泡时间/使用环境的湿度范围。

② 主要特点：全纸质，强度高，规格可以随客户要求定制。

（6）蜂窝托盘。蜂窝的六边形结构是蜜蜂的杰作，它以最少的材料消耗构筑成坚固的蜂巢，它的结构具有非凡的科学性。蜂窝纸板就是仿造蜂巢的结构，以纸为基材，用现代化的机电合一生产出一种蜂窝状的新型材料。它质轻、强度高、刚度好，并具有缓冲、隔振、保温、隔热、隔音等性能。同时它的成本低，适用性广，广泛应用于包装、储运、建筑业、车船制造业、家具业等，以替代木材、泥土砖、发泡聚苯乙烯（EPS）等，对减少森林砍伐，保护生态环境具有重大意义（见图 4-11）。

（7）免熏蒸托盘。免熏蒸复合托盘集传统木质包装和纸质包装优点于一身。产品表面平整，免熏蒸、免商检，载重高，防水无毒，可以承载任何出口产品。其外观和性能大大优于过去曾大量使用的天然木质包装，有利于提高出口产品的档次，并且可以减少熏蒸商检等复杂的程序和手续，提高工作效率，促进外贸出口。免熏蒸包装产品的特点是不需要繁琐的商检及熏蒸手续，可以直接通关出口，而且与其他同类产品相比具有坚固结实、承重力强、外形美观、价格便宜等优势，是目前出口包装物的最佳选择之一（见图 4-12）。

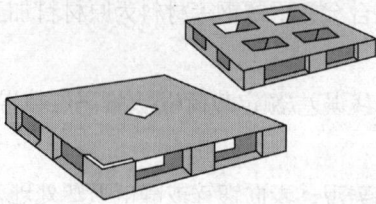

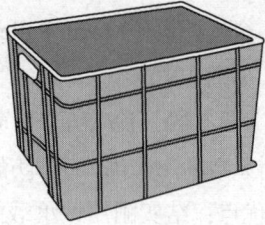

图 4-11　蜂窝托盘　　　　　　　　图 4-12　免熏蒸托盘

4.2.3　托盘标准

1. 影响托盘标准化的因素

（1）托盘规格决定了物流设施与设备、包装标准化。

（2）托盘规格应与桥梁、隧道、运输道路、货车站台相适应。

（3）托盘规格决定仓库建筑尺寸标准。

2. 托盘国际标准的种类

经过 ISO/TC51 托盘标准化技术委员会多次分阶段审议，国际标准化组织已于 2003 年对 ISO6780《联运通用平托盘主要尺寸及公差》标准进行了修订，现在的托盘国际标准共有 6 种。

（1）1 200 mm×1 000 mm。

（2）1 200 mm×800 mm。

（3）1 219 mm×1 016 mm（即 48 in×40 in）。

（4）1 140 mm×1 140 mm。

（5）1 100 mm×1 100 mm。

（6）1 067 mm×1 067 mm。

4.2.4　托盘的使用

1. 托盘的使用方式

（1）托盘联运。托盘联运是托盘的重要使用方式。托盘联运又称为一贯托盘运输，其含义是将载货托盘货体，从发货人开始，通过装卸、运输、转运、保管、配送等物流环节，原封不动地送达收货人的一种"门到门"运输方法。

（2）托盘专用。各仓库内部都有提高工效、追求物流合理化问题，因此，专用托盘也是作为通过合理使用托盘来提高工效的一种重要手段。在工厂物流系统中，为配合流水线作业，专用托盘使用范围也很广泛。如汽车工厂的零部件专用托盘，其流程是托盘装入零部件后，进入立体仓库保管，按装配计划，从立体仓库取出托盘进入装配流水线，内置的零件在一定装配位置装配完了后，空盘再回送至供应部门，如此往复使用。

托盘的正确使用应该做到包装、组合码放在托盘上的货物，并加上适当的捆扎和裹包，便于机械装卸和运输，从而满足装卸、运输和储存的要求。

2. 托盘的载重质量

每个托盘的载重质量应小于或等于 2 t。为了保证运输途中的安全，所载货物的重心高度不应超过托盘宽度的三分之二。

3. 托盘货物的码放方式

根据货物的类型、托盘所载货物的质量和托盘的尺寸，合理确定货物在托盘上的码放方式。托盘的承载表面积利用率一般应不低于 80%。对于托盘货物的码放有如下要求。

（1）木质、纸质和金属容器等硬质直方体货物单层或多层交错码放，拉伸或收缩膜包装。

（2）纸质或纤维质类货物单层或多层码放，用捆扎带十字封合。

（3）密封的金属容器等圆柱体货物单层或多层码放，木质货盖加固。

（4）需进行防潮、防水等防护的纸制品、纺织品货物单层或多层交错码放，拉伸或收缩膜包装或增加角支撑，货物盖隔板等加固结构。

（5）易碎类货物单层或多层码放，增加木质支撑隔板结构。

（6）金属瓶类圆柱体容器或货物单层垂直码放，增加货框及板条加固结构。

（7）袋类货物多层交错压实码放。

4. 托盘承载货物的固定方式

托盘承载的货物进行固定方式主要有捆扎、网罩紧固、中间夹摩擦材料紧固、拉伸包装等，并可相互配合使用。

（1）捆扎。用绳索、打包带等对托盘货体进行捆扎以保证货体稳定（见图 4-13）。

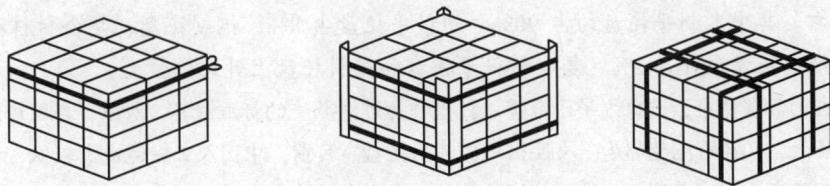

图 4-13 托盘的捆扎

（2）网罩紧固。主要用于装有同类货物托盘的紧固（见图 4-14）。

（3）中间夹摩擦材料紧固。将具有防滑性的纸板、纸片或软塑料片夹在各层货体间，增大摩擦力，防止货体散垛（见图 4-15）。

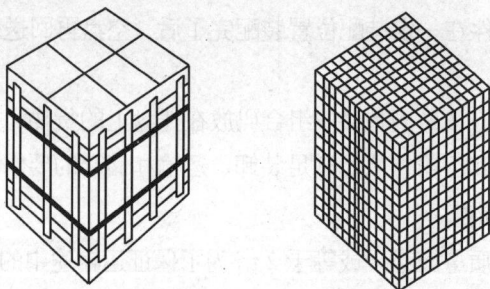

图 4-14　托盘的紧固

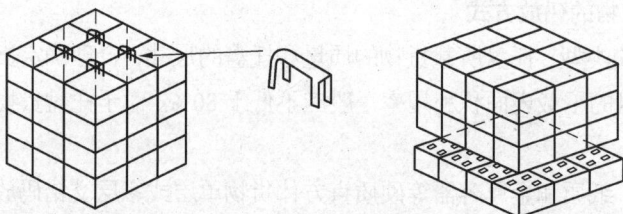

图 4-15　托盘的中间夹摩擦材料紧固

【链接】　　　　　　　　　　　　**托盘行业发展现况**

托盘和集装箱被誉为人类 20 世纪物流领域最伟大的两项发明。一个国家拥有托盘数量的多少在一定程度上体现了该国物流业发展的综合水平。托盘（Pallet）是用来装卸、搬运、运输和堆放单元化货物的载货平台，是使静态货物转变为动态货物的重要物流设备，在商品流通中具有广泛的应用价值。托盘虽小却无处不在，据不完全统计，到 2009 年美国拥有托盘数量约为 19 亿～20 亿只，日本约为 7 亿～8 亿只，欧盟约为 14 亿～15 亿只，全球每年新增托盘 15 亿只。

相比而言，中国目前拥有托盘数量约为 1.2 亿～1.4 亿只，每年新增托盘约 2 500万只，这个数字和物流业发达的国家相比差距甚大。据行业专家分析，相比于人工搬运，使用托盘可以提高 10 倍以上的工作效率，托盘使用率的巨大差距使得中国的物流运输成本是发达国家的 2.6 倍。中国物流与采购联合会托盘专业委员会的初步调查显示：中国现拥有各类托盘约 5 000 万～7 000 万片，每年产量递增 2 000 万片左右。其中木制平托盘约占 90%，塑料平托盘占 8%，钢制托盘、复合材料托盘以及纸制托盘合计占 2%。复合材料平托盘和塑料托盘上升比例较大。

在国际贸易中，进口方早已习惯以托盘作为远洋物流的标准载具，所以，在国内的托盘市场上，70%的托盘都是一次性出口包装用托盘。目前，中国人工搬运成本较低，托盘应用不及发达国家普遍，但随着经济的持续发展和劳动力成本的不断提高，加之国家对提升物流效率和保护装载商品的日益重视，托盘必然会得到更为广泛的应用。如今，全球每年托盘市场的总容量约为 200 多亿美元，其中，中国约为 40 多亿美元，可见，托盘市场和行业规模每年都在迅猛地发展与壮大中，托盘一体化运输是全球物流发展的终极目标。

——资料来源：www.bamboopallets.com 2010-06-21

4.3　集　装　箱

4.3.1　集装箱的概念

集装箱是海、陆、空不同运输方式进行联运时用以装运货物的一种容器。它是标准化的容器，在品种繁多的产品中，小件杂散货物由于其杂、散，且个体体积和重量都不大，从运输角度来看，需要进行一定程度的组合，才能有利于物流。集装箱组合体非常便于运输和装卸。因而在运输领域把集装箱看成是运输业的一次革命。

根据国际标准化 104 技术委员会（ISO/TC104）及中国国家标准《物流术语》（GB/T 18354—2006）的规定，符合下列条件就可以称为集装箱。

（1）能长期地反复使用，具有足够的强度。

（2）途中转运不用移动箱内货物，就可以直接换装。

（3）可以进行快速装卸，并可从一种运输工具直接方便地换装到另一种运输工具。

（4）便于货物的装满和卸空。

（5）具有 $1\ m^3$ 以上的容积。

集装箱是集装装备最主要的形式，它在铁路、公路和水路运输广泛应用，集装箱能一次装入若干包装件或散装货物，运输途中更换车、船时，无须将货物从箱内取出换装，可以有效减少装卸搬运的次数，节约装卸搬运时间和成本，减少货损，提高效益和安全性。

4.3.2　集装箱的特点

集装箱的主要特点是集小为大，而这种集小为大是按标准化、通用化要求进行的，这就使中、小件散杂货以一定规模进入市场、进入流通领域，形成了规模优势。真正实现了物流运输业的多、快、好、省。

1. 装卸单元合理化

缩短装卸时间，由多次装卸转为集装一次装卸；易于实现机械化和自动化、智能化；使装卸作业劳动强度降低，提高了货物的集装箱保护作用，可以更有效防止装卸时的碰撞货损、散失、丢失及被盗。

2. 集装合理化

采用集装后，物品的单体包装及小包装要求可降低，甚至可以去掉小包装从而在包装材料上有很大节约，包装强度由于集装的大型化和防护能力的提高而增强，有利于保护货物。可根据物品的物理、化学性能及物料特性，选择更合适的集装箱。如冷藏、保温等。

3. 集装箱运输和保管规模化

大大方便了运输及保管作业，便于管理，带动了集装箱专用码头建设、集装箱专用机械的进步和自动控制技术的迅猛发展，使网络化运输和管理、大单元货物组合自动装卸有了突破进展。有效利用运输工具和保管场地的空间，大大改善环境、降低成本。

4.3.3 集装箱的分类

1. 按用途分类

（1）通用集装箱。通用集装箱又称为干货集装箱或杂货集装箱，适用于装载除流体货物和需要调节温度的货物外的一般杂货。这类集装箱箱体一般有密封防水装置，开门形式有多种：一端开门、两端开门、一端或两端开门再加一侧或两侧开门、部分侧开门和活顶等。通用集装箱如图 4-16 所示。

通用集装箱的规格尺寸、自重与载重、容积一搬均采用国际标准或国家标准。为了防止装载杂货时箱内货物移动和倒塌，在箱底和侧壁上设有系环或为了防止服装起皱在箱顶上设有长钢制衣称架。杂货集装箱的使用范围非常广泛，占全部集装箱总数的 70%～80%。

（2）散货集装箱。散货集装箱是一种密闭式集装箱，适用于装载豆类、谷物、工业的零部件等散堆颗粒状、粉末状、块状物料，可节约包装且提高装卸效率。散货集装箱顶部或侧部设装货口。顶部密封性好，防雨防潮，如图 4-17 所示。

图 4-16 通用集装箱   图 4-17 散货集装箱

运送粮食的散货集装箱上设有投放熏蒸药品用的开口以及排除熏蒸气体的排出口，以满足有些国家对进口粮食要求在港外锚地进行熏蒸杀虫的要求。

（3）冷藏集装箱。冷藏集装箱是专用于运输需要保持一定温度的冷冻货物或低温货物如鱼，肉，新鲜水果、蔬菜等食品的特殊集装箱，如图 4-18 所示。

目前国际上采用的冷藏集装箱基本上分两种：一种是集装箱内带有冷冻机的称为机械式冷藏集装箱，预冷装箱后的冷冻货或低温货可在-250℃～+250℃之间调整；另一种是箱内没有冷冻机而只有隔热结构,即在集装箱端壁上设有进气孔,箱子装在船舱内,由船舶的冷冻装置供应冷气,称为外置式冷藏箱。

(4)开顶集装箱。开顶集装箱是一种顶部可开启的集装箱,如图 4-19 所示。

图 4-18　冷藏集装箱

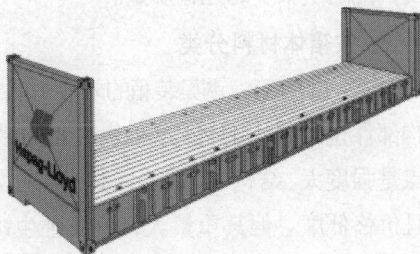

图 4-19　开顶集装箱

箱顶又分为硬顶和软顶两种。适用于装载大型货物、重型货物,如钢材、木材。这种集装箱的特点是吊机可从箱子上面进行货物装卸,既不易损坏货物,又便于在箱内固定货物。

(5)平板集装箱。平板集装箱没有四周壁,货物装卸到底部,如图 4-20 所示。

平板集装箱适用于装载汽车、重型机械等。平板集装箱的主要特点是以箱底承受货物的重量,打破了集装箱必须有容积的概念。

(6)罐状集装箱。罐状集装箱适用于装运饮料、酒品、药品、化工品或其他危险品等流体货物。主要由罐体和箱体框架两部分组成,罐体上设有密封性好的装货口,如图 4-21 所示。

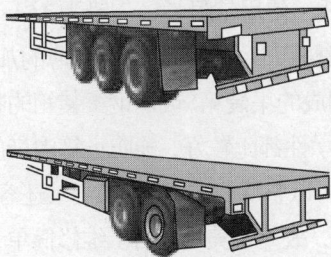

图 4-20　平板集装箱

图 4-21　罐状集装箱

罐状集装箱装货时,货物由装货口进入;卸货时,货物由排出口靠重力作用自行流出,或者由顶部装货口吸出。

(7)动物集装箱。这是一种装运鸡、鸭、鹅等活家禽和牛、马、羊、猪等活家畜用的集装箱。为了遮蔽太阳,箱顶采用胶合板覆盖,侧面和端面都有用铝丝网制成的窗,以求有良好的通风。侧壁下方设有清扫口和排水口,并配有上下移动的拉门,可把垃圾清扫出去。此外还装有喂食口。动物集装箱在船上一般装在甲板上,因为甲板上空气流通,便于清扫和照顾,如图 4-22 所示。

(8)服装集装箱。这种集装箱的特点是,在箱内上侧梁上装有许多根横杆,每根横杆上垂下若干条皮带扣、尼龙带扣或绳索，成衣利用衣架上的钩直接挂在带扣或绳索上。这种服装装载法属于无包装运输，它不仅节约了包装材料和包装费用，而且减少了人工劳动，提高了服装的运输质量。

2. 按箱体材料分类

（1）钢集装箱。钢集装箱的外板用钢板，结构部件也均采用钢材。这种集装箱的最大优点是强度大、结构牢，焊接性和水密性好，而且价格低廉。但其重量大，易腐蚀生锈；

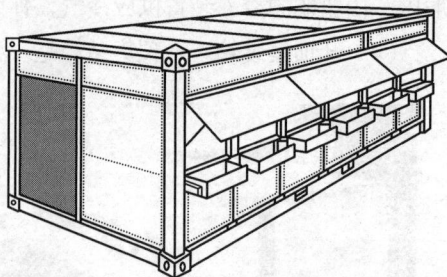

图 4-22　动物集装箱

由于自重大，降低了装货量；每年一般需要进行两次除锈涂漆；使用期限较短，一般为 11～12 年。

（2）铝集装箱。通常说的铝集装箱，并不是纯铝制成的，而是各主要部件使用最适量的各种轻铝合金，故又称铝合金集装箱。一般都采用铝镁合金，这种铝合金集装箱的最大优点是重量轻，铝合金的相对密度约为钢的 1/3，20 英尺的铝集装箱的自重为 1 700 kg，比钢集装箱轻 20%～25%，故同一尺寸的铝集装箱可以比钢集装箱装更多的货物。铝集装箱不生锈，外表美观。铝镁合金在大气中自然形成氧化膜，可以防止腐蚀，但遇海水则易受腐蚀，如采用纯铝包层，就能对海水起很好的防蚀作用，最适合于海上运输。铝合金集装箱的弹性好，加外力后容易变形，外力去除后一般能复原。因此最适合于在有箱格结构的全集装箱船上使用。此外，铝集装箱加工方便，加工费低，一般外表需要涂其他涂料，维修费用低，使用年限长，一般为 15～16 年。

（3）玻璃钢集装箱。它是用玻璃纤维和合成树脂混合在一起制成薄薄的加强塑料，用粘合剂贴在胶合板的表面上形成玻璃钢板而制成的集装箱。玻璃钢集装箱的特点是强度大、刚性好。玻璃钢的隔热性，防腐性、耐化学性都比较好，能防止箱内产生结露现象，有利于保护箱内货物不遭受湿损。玻璃钢板可以整块制造，防水性好，还容易清洗。此外，这种集装箱还有不生锈、容易着色的优点，故外表美观。由于维修简单，维修费用也低。玻璃钢集装箱的主要缺点是重量较大，与一般钢集装箱相差无几，价格也较高。

（4）不锈钢集装箱。不锈钢是一种新的集装箱材料，它有如下优点：强度大，不生锈，外表美观；在整个使用期内无需进行维修保养，故使用率高，耐蚀性能好。其缺点是：价格高，初始投资大；材料少，大量制造有困难，目前一般都用作罐式集装箱。

3. 按结构分类

（1）内柱式和外柱式集装箱。这里的"柱"指的是集装箱的端柱和侧柱。内柱式集装箱即侧柱和端柱位于侧壁和端壁之内，反之则是外柱式集装箱。一般玻璃钢集装箱和钢集装箱均没有侧柱和端柱，故内柱式和外柱式集装箱均指铝集装箱而言。内柱式集装箱的优点是外表平滑，美观，受斜向外力不易损坏，印刷标记时比较方便。外板和内衬板之间隔有一定空隙，防热效果较好，能减少货物的湿损。外柱式集装箱的优点是受外力作用时，外力由侧柱或端柱承受，起到了保护外板的作用，使外板不易损坏。由于集装箱内壁面平整，有时也不需要有内衬板。

（2）折叠式和固定式集装箱。折叠式集装箱是侧壁、端壁和箱门等主要部件能很方便地折叠起来，反复使用时可再次撑开的一种集装箱。反之，各部件永久固定地组合在一起的称固定式集装箱。折叠式集装箱主要用在货源不平衡的航线上，为了减少回空时的舱容损失而设计的。目前，使用最多的还是固定式集装箱。

（3）预制骨架式集装箱和薄壳式集装箱。集装箱的骨架由许多预制件组合起来，并由它承受主要载荷，外板和骨架用铆接或焊接的方式连为一体，称之为预制骨架式集装箱。通常，铝质和钢质的预制骨架式集装箱外板采用铆接或焊接的方式与骨架连接在一起，而玻璃钢的预制骨架式集装箱其外板用螺栓与骨架连接。薄壳式集装箱则把所有构件结合成一个刚体，优点是重量轻，受扭力作用时不会引起永久变形，所以集装箱的结构一般或多或少都采用薄壳理论进行设计。

4.3.4　集装箱的基本结构

普通集装箱主要由角配件、角柱、上（下）横梁、上（下）侧梁、顶（底）板、顶（底）梁、叉槽、侧（端）壁板侧（端）柱、门楣（槛）、端（侧）门、门把手、门铰链、锁杆凸轮、把手锁件、门锁杆托板、箱门搭扣件等构成，如图 4-23 所示。

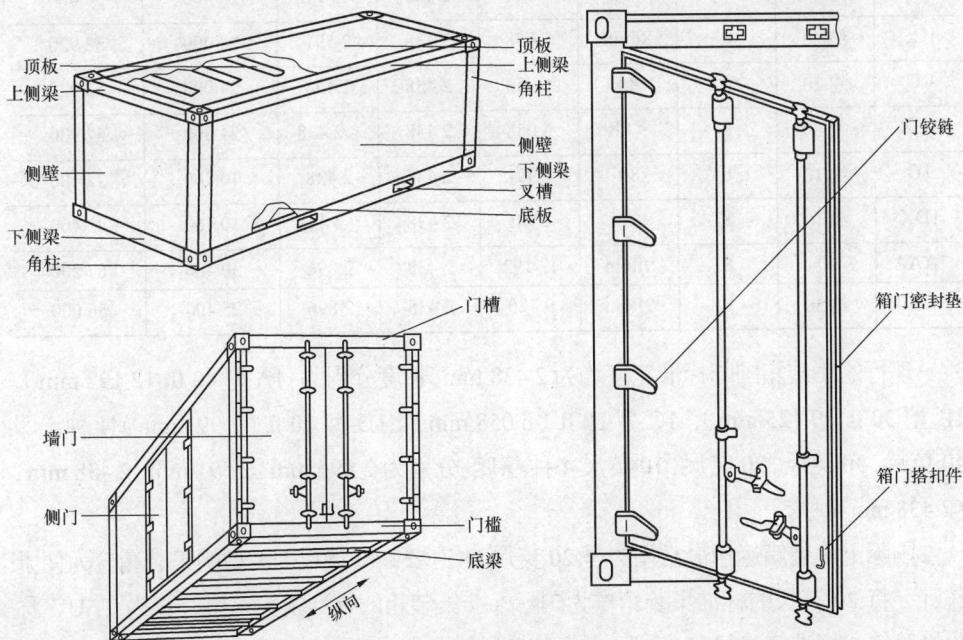

图 4-23　集装箱结构图

角配件位于长方形集装箱的 8 个角端部，用于支撑、堆码、装卸和与吊钩、旋锁匹配吊装集装箱。角配件在 3 个面上各有 1 个长孔，中心有 1 个孔。3 个孔的尺寸与集装箱装卸设备上的吊钩匹配，实现人工连接。中心 1 个孔与自动旋锁匹配，实现自动连接和自动化吊装。

4.3.5　集装箱的标准与标记

1. 集装箱的国际规格标准

集装箱国际规格标准是国际标准化组织（ISO）集装箱技术委员会统一制定的。现行的集装箱国际标准为第 1 系列共 13 种，具体如下（见表 4-1）。

表 4-1　　　　　　　　　　　集装箱国际规格标准

| 箱型号 | 外部尺寸 | | | | | | 质量 | |
| | 英制/ft（英尺） | | | 公制/mm（毫米） | | | kg（千克） | lb（磅） |
	长	宽	高	长	宽	高		
1AA	40	8	8ft6in	12 192	2 438	2 591	30 480	67 200
1A	40	8	8ft	12 192	2 438	2 438	30 480	67 200
1AX	40	8	<8ft	12 192	2 438	<2 438	30 480	67 200
1BB	约30	8	8ft6in	9 125	2 438	2 591	25 400	56 000
1B	约30	8	8ft	9 125	2 438	2 438	25 400	56 000
1BX	约30	8	<8ft	9 125	2 438	<2 438	25 400	56 000
1CC	约20	8	8ft6in	6 058	2 438	2 591	24 000	52 920
1C	约20	8	8ft	6 058	2 438	2 438	24 000	52 920
1CX	约20	8	<8ft	6 058	2 438	<2 438	24 000	52 920
1D	约10	8	8ft	2 991	2 438	2 438	10 160	22 400
1DX	约10	8	<8ft	2 991	2 438	<2 438	10 160	22 400
1AAA	40	8	9ft6in	12 192	2 438	2 896	30 480	67 200
1BBB	约30	8	9ft6in	9 125	2 438	2 896	25 400	56 000

现行的集装箱国际标准宽度均为 2 438 mm，长度分别为：1A 型 40 ft（12 192 mm）、1B 型 30 ft（9 125 mm）、1C 型 20 ft（6 058 mm）、1D 型 10 ft（2 991 mm）4 种，即 40 英尺、30 英尺、20 英尺、10 英尺 4 种。高度分别为 2 896 mm、2 591 mm、2 438 mm、<2 438 mm 4 种。

国际上集装箱运输最常用的是 20 英尺 QC 型和 40 英尺 UA 型的集装箱。为便于统计，将 20 英尺的标准集装箱作为国际标准集装箱的标准换算单位，记为 TEU，称为换算箱或标准箱。目前，国际上集装箱尺寸已发展到 45 英尺、48 英尺，在重量上发展到 35 t 以上。

2. 我国集装箱标准

我国集装箱现行国家标准《集装箱外部尺寸与额定重量》（GB/1413-85）中集装箱各种型号的外部尺寸、极限偏差及额定重量与表 4-1 基本相同。按重量分成 5 t、10 t、20 t、30 t 4 种，相应型号为 5D、10D、1CC、1AA。5 t 和 10 t 集装箱主要用于国内运输；20 t 和 30 t 集装箱主要用于国际运输。

3. 集装箱的标记

根据 ISO-104 的规定，集装箱的标记内容包括必备标记和自选标记两部分。

（1）集装箱的必备标记。为了便于对国际间流通的集装箱进行识别、监督、管理，每一个集装箱均须在适当和明显部位印刷长久标志，如图 4-24 所示。图中"1"标签上表示箱主代号、顺序号、核对号；图中"2"标签上表示国家代号、尺寸代号、类型代码；图中"3"标签上表示最大重量和自重。

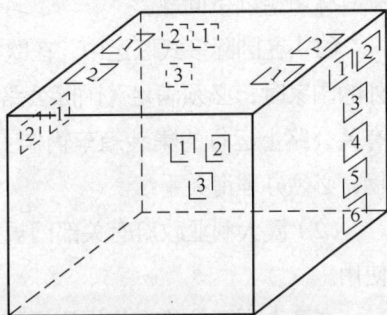

图 4-24　集装箱的必备标记

具体标注如下。

① 箱主代号：是表示集装箱所有人的代号，箱主代号用 4 个拉丁字母表示，前三位由箱主自己规定，并应向国家集装箱局登记核准方才能用。第四个字母规定用 U（U 为国际标准中海运集装箱的代号）。如"COSU800121"表示此集装箱为中国远洋运输公司所有。国际流通中使用的集装箱，箱主代号应向国际集装箱局登记，登记时不得与登记在先的箱主代号重复。

② 顺序号：为集装箱编号，按国家标准规定，用 6 位阿拉伯数字表示，不足 6 位，则以 0 补之。如"800121"。

③ 核对号：用于计算机核对箱主代号与顺序号记录的正确性。核对号一般位于顺序号之后，用 1 位阿拉伯数字表示，并加方框以醒目。

（2）集装箱自选标记。

① 国家代号。用 3 位拉丁字母表示，说明集装箱的登记国，也可用两位字母表示。如 PRC 或 CN 表示中华人民共和国。

② 尺寸代号。由两位阿拉伯数字组成，用于表示集装箱的尺寸大小。

③ 类型代码。由两位阿拉伯数字组成，说明集装箱的类型，类型代码可从有关手册中查得。

例如，"CN22G1"，其中 CN 代表集装箱登记所在国的代号。"22G1"为集装箱尺寸与类型代号，用 4 个数符表示。其中"22"表示箱长为 20 英尺（6 096 mm），箱宽为 8 英尺（2 438 mm），箱高为 8 英尺 6 英寸（2 591 mm），"G1"表示上方有透气罩的通用集装箱。

4.3.6 集装箱的选择与使用

1. 集装箱的选择与使用应考虑的因素

首先了解国际物流、区域物流、国家物流的有关法规、程序；其次考虑运输线节点上的物流设备的匹配和特殊要求；再考虑货物特性与集装箱匹配；再考虑货物和货物的固定，集装箱与集装箱之间的固定；再考虑集装箱重心与运输重心匹配；再考虑卸货和运输的安全性。如国际物流系统是由物品的包装、储存、装卸、运输、检验、报关、流通加工和其前后的整理、再包装以及配送等过程组成。在选用集装箱时，必须具体考虑以下问题。

（1）在国际多式联运中，在欧洲大陆，集装箱如从卸货港口经过陆上运输到达另外的国家时，必须满足《国际公路运输海关公约》（《TIR 条约》）的规定。该条约对有关公路上运行的集装箱车辆作了如下规定：在国境上进行换装或通过国境线的货物，必须办理海关手续。

（2）澳大利亚政府有关部门规定，集装箱上所使用的木材，如未经防虫处理不得使用。

在澳大利亚航线上使用的集装箱，必须确保该集装箱上所用的木材经过防虫处理方可通关。

（3）集装箱在多式联运中，有时其温湿度相差较大，对于运输某些温、湿度十分敏感的货物，要尽量选用绝热性能良好的集装箱，或在箱内铺设具有吸湿性的衬垫材料，保证货物不受侵害。

（4）根据货物的特性，必须用木材来固定货物时，应尽量避免选用玻璃钢集装箱和箱底无木制底板的金属底集装箱，以免钉钉子后破坏集装箱的水密性。

（5）有些重货只能使用机械装卸，而在拆箱地点又无装货平台时，就需要使用开顶集装箱利用吊车进行装载，但必须注意开顶集装箱无水密性。

（6）尽可能降低回空。有些航线上可能会造成某些专用集装箱回空，所以应尽可能选用回程时也能装载另一种货的集装箱，避免集装箱回空运输。

（7）装箱时综合考虑装载方法和固定方法以及运输和拆箱的安全性。在集装箱内装货的方法是，预先将货物的量和集装箱的容积计算一下，使货物能装满箱底，然后对装货的高度加以调整。最好做到货物与货物之间、货物与集装箱之间不留空隙。在不得已而产生空隙时，就需要使用木材、垫舱板、气垫、橡胶垫等材料进行填堵工作，使货物和集装箱形成一体化，达到安全运输目的。货物装箱完毕，无论是否满箱，轻的货物以装满为准，重的货物以标准的最大总质量为准，都要对箱门口货物进行绑扎固定，以防开箱时货物倒出伤人。

【链接】　　　　　　　上海港集装箱量连续两个月世界第一

　　【人民网上海 2010 年 10 月 20 日电】上海港 9 月集装箱吞吐量和出入境（港）船舶、旅客量同比大幅增长，2010 年前 9 个月累计集装箱吞吐量与新加坡港差距进一步拉大，继 8 月首次跃居全球第一大港后，连续第二个月位列世界第一。

　　据上海边检部门统计，9 月份，上海港集装箱吞吐量完成 254 万标准箱，同比增长 14.3%。作为上海国际航运中心建设的两大核心港，外高桥港和洋山港的集装箱吞吐量增长依然强劲。洋山港区完成集装箱吞吐量 88.86 万标准箱，同比增长 23.2%；完成水水中转箱量 36.93 万标准箱，同比增长 9.5%。外高桥港区完成集装箱吞吐量 129.22 万标准箱，同比增长 10.2%。

　　新加坡港 9 月集装箱吞吐量 223.4 万标准箱，同比增长 4.1%，但环比今年 8 月下降 7.9%，今年累计集装箱吞吐量 2 124.4 万标准箱。而上海港今年累计集装箱吞吐量为 2 160 万标准箱，高于新加坡港 35.6 万标准箱，继续领跑全球。

　　外高桥和洋山两港的出入境（港）船舶和人员量也创下同期新高。据洋山边检站统计，洋山港 9 月共出入船舶 740 艘次，同比增长 27.59%，出入人员 16 844 人次，环比增长 25.8%；而外高桥边检站数据显示，9 月共进出船舶 1 809 艘次，同比增长 16.8%；出入人员 36 608 人次，同比增长 17.1%。

　　　　　　　　　　　　　　　　　　　　　　　　——资料来源：人民网 2010-10-20

2. 集装箱的选择与使用应考虑的原则和方法

　　由于集装箱货物的种类、卸货地点不同，因此在装箱前应根据具体条件来考虑其装载方法和固定方法。

　　一般要把握以下几个原则和方法。

　　（1）若运输时间长、外界运输环境差的货物，要考虑箱内防水；固定货物的强度是否满足运输形式中技术状态的要求。

　　（2）装货物时应该考虑卸货的先后顺序。对于后卸的货物应该装在集装箱的内部，先卸的货装在外部。

　　（3）装货物时应该考虑重量的配置，在装箱时尽可能使重量均匀地分布于集装箱底板上，以免底板集中受力或偏心受力。此外，当货物特重时，难以避免负荷集中分布时，可采用衬垫等方式使负荷分散。在使用大型国际集装箱时，要将叉车驶入集装箱内装卸货物，要求底板有一定的强度，其强度大体上满足两吨叉车装载两吨货物驶入，重量超过上述情况的设备应避免使用。

　　（4）在同一集装箱中配载不同货物时，要注意货物的性质、重量、包装对其他货物的有害影响。重货在箱内应均匀分布，不允许偏载。要按货物标定的"不可倒置"、"平放"、"竖放"等标志装箱。箱内堆垛时，要采用全自动起升叉车在箱内作业。装拼箱货时，要注意轻压重，包装强度弱的压包装强度大的，清洁货压污货，同形状和同包装货放在一起，有异味、潮湿等货物用塑料薄膜包装后与其他货隔开。有尖角棱刺的货物应另加保护以免损伤其他货物。

（5）装货物时，应该适当兼顾拆箱卸货的便利性，因为有时在装箱地由于有较高的技术和良好的机械设备，货物能很顺利装入箱内，但如在偏僻的地区拆箱卸货，既没有装卸经验，又无装卸设备时，货物难以取出。

（6）集装箱不准超重装货。集装箱的装载量就是集装箱的最大载货重量（P），它是集装箱的总重（R）与集装箱的自重（T）之差，即 $P = R-T$。集装箱的总重是一个定值，按国际标准除动物集装箱外 20 英尺型钢质集装箱的总重为 24 000 kg，40 英尺为 30 480 kg。但集装箱的自重，即使是同一种类，同一箱型集装箱，也有一定差别；集装箱货物大多数属于轻货，容积装满后，通常达不到最大载货重量指标。

（7）危险品装到集装箱门口，有紧急情况时好取出隔离。

（8）集装箱堆码时整车或整船的中心要对中，且各箱之间用固定件紧固，整体与车船底板紧固。

3. 海运集装箱提箱和交箱

集装箱交接地点应详细认真进行检查和记录，并将进出场集装箱的情况及时反馈给集装箱代理人，积极配合集装箱代理人的工作，使集装箱代理人能够及时、准确地掌握集装箱的利用情况，及时安排集装箱的调运、修理，追缴集装箱延期使用费，追缴集装箱的损坏、灭失费用等工作。

（1）集装箱发放和交接的依据。集装箱的发放和交接，应依据进口提货单、出口订舱单、场站收据以及这些文件内列明的集装箱交付条款，实行"集装箱设备交接单"制度。从事集装箱业务的单位必须凭集装箱代理人签发的集装箱设备交接单办理集装箱的提箱（发箱）、交箱（还箱）、进场（港）、出场（港）等手续。

（2）交接责任的划分。

① 船方与港方交接以船边为界。

② 港方与货方（或其代理人）、内陆（公路）承运人交接以港方检查桥为界。

③ 堆场、中转站与货方（或其代理人）、内陆（公路）承运人交接以堆场、中转站道口为界。

④ 港方、堆场中转站与内陆（铁路、水路）承运人交接以车皮、船边为界。

（3）进口重箱提箱出场的交接。进口重箱提离港区、堆场、中转站时，货方（或其代理人）、内陆（水路、公路、铁路）承运人应持海关放行的进口提货单到集装箱代理人指定的现场办理处办理集装箱发放手续。

集装箱代理人依据进口提货单、集装箱交付条款和集装箱运输经营人有关集装箱及其设备使用和租用的规定，向货方（或其代理人）、内陆承运人签发出场集装箱设备交接单和进场集装箱设备交接单。货方、内陆承运人凭出场集装箱设备交接单到指定地点提取重箱，并办理出场集装箱设备交接；凭进场集装箱设备交接单将拆空后的集装箱及时交到集装箱代理人指定的地点，并办理进场集装箱设备交接。

（4）出口重箱交箱（收箱）、进场的交接。出口货箱进入港区，货方、内陆承运人凭集装箱出口装箱单或场站收据、进场集装箱设备交接单到指定的港区交付重箱，并办理进场集装箱设备交接。指定的港区依据出口集装箱预配清单、进场集装箱设备交接单、场站收据收取重箱，并办理进场集装箱设备交接。

（5）空箱的发放和交接。空箱提离港区、堆场、中转站时，提箱人（货方或其代理、内陆承运人）应向集装箱代理人提出书面申请。集装箱代理人依据出口订舱单、场站收据或出口集装箱预配清单向提箱人签发出场集装箱设备交接单或进场集装箱设备交接单。提箱人凭出场集装箱交接单到指定地点提取空箱，办理出场集装箱设备交接，凭进场集装箱设备交接单到指定地点交付集装箱，并办理进场集装箱设备交接。

（6）收、发箱地点应履行的手续。指定的收、发箱地点，凭集装箱代理人签发的集装箱设备交接单受理集装箱的收、发手续。凭出场集装箱设备交接单发放集装箱，并办理出场集装箱设备交接手续；凭进场集装箱设备交接单收取集装箱，并办理设备交接。

出场集装箱设备交接的主要内容：提箱（用箱人和运箱人）；发往地点；用途（出口载货、修理、进口重箱等）；集装箱号、封号（铅封号、关封号）；集装箱尺寸、类型；集装箱所有人；提离日期；提箱运载工具牌号；集装箱出场检查记录（完好或损坏）。

进场集装箱设备交接单的主要内容：送箱人；送箱日期；集装箱号、封号；集装箱尺寸、类型；集装箱所有人；返还重箱；送箱运载工具牌号；集装箱进场检查记录。

集装箱交接地点应详细认真进行检查和记录，并将进出场集装箱的情况及时反馈给集装箱代理人，积极配合集装箱代理人的工作，使集装箱代理人能够及时、准确地掌握集装箱的利用情况，及时安排集装箱的调运、修理，追缴集装箱延期使用费，追缴集装箱的损坏、灭失费用等工作。

本章小结

集装单元化是将众多单件物品，通过一定的技术措施组合成尺寸规格相同、重量相近的大型标准化的组合体。集装单元化的方式和种类很多，但最主要的是集装箱和托盘。物流模数是为了物流的合理化和标准化，以数值关系表示的物流系统各种因素尺寸的标准尺度。它是由国际标准化组织中央秘书处及欧洲各国认定的 1 200 mm × 1 000 mm 的矩形，是最小的集装尺寸。

托盘是用于集装、堆放、搬运和运输的放置作为单元负荷的货物和制品的水平平台装置，它具有自重小、返空容易、装盘容易等特征。托盘按形状不同可分为多种形式，如双面叉、四面叉、单面使用型、双面使用型等；托盘按其材质的不同，有木制、塑料制、钢制、铝制、竹制、复合材料以及纸制等。对托盘承载的货物进行固定的方式主要有捆扎、网罩紧固、中间夹摩擦材料紧固、拉伸包装等，并可相互配合使用。集装箱的主要特点是集小为大，而这种集小为大是按标准化、通用化要求而进行的，这就使中、小件散杂货以一定规模进入市场、进入流通领域，形成了规模优势。普通集装箱主要由角配件、角柱、上（下）横梁、上（下）侧梁、顶（底）板、顶（底）梁、叉槽、箱门搭扣件等构成。集装箱国际规格标准是国际标准化组织集装箱技术委员会统一制定的，现行的集装箱国际标准为第 1 系列共 13 种。根据 ISO-104 的规定，集装箱的标记内容包括必备标记和自选标记两部分。

本章练习题

一、名词解释

集装单元化、物流模数、托盘、集装箱

二、填空题

（1）集装单元化的方式和种类很多，但最主要的是（　　）和（　　）。

（2）物流模数是由 ISO 中央秘书处及（　　）认定的（　　）的矩形，是最小的集装尺寸。

（3）（　　）是用于集装、堆放、搬运和运输的放置作为单元负荷的货物和制品的水平平台装置。

（4）托盘按形状不同可分为多种形式，如（　　）、（　　）、（　　）和（　　）等。

（5）根据 ISO-104 的规定，集装箱的标记内容包括（　　）和（　　）两部分。

三、选择题（单、多选）

（1）物流模数是由物流系统中的各种因素构成的，这些因素包括（　　）。

    A. 货物的成组   B. 成组货物的搬运机械

    C. 运输设施   D. 成组货物的装卸机械

（2）物流基础模数尺寸是（　　）。

    A. 600 mm × 400 mm   B. 800 mm × 400 mm

    C. 600 mm × 800 mm   D. 1 200 mm × 1 000 mm

（3）以下属于物流模数尺寸（集装基础模数尺寸）的是（　　）。

　A. 800 mm × 400 mm 　　　　　　B. 1 200 mm × 1 000 mm

　C. 1 000 mm × 1 000 mm 　　　　　D. 800 mm × 600 mm

（4）对托盘承载的货物进行固定的主要方式有（　　）。

　A. 捆扎 　　　　　　　　　　　B. 网罩紧固

　C. 中间夹摩擦材料紧固 　　　　　D. 拉伸包装

（5）现行的集装箱国际标准为第 1 系列共（　　）种。

　A. 10 　　　　　B. 3 　　　　　C. 13 　　　　　D. 23

四、简答题

（1）物流模数的主要功能是什么？

（2）集装单元化的主要特征是什么？

（3）托盘的主要类型包括哪些？对托盘承载的货物进行固定的主要方式有哪些？

（4）普通集装箱主要结构有哪些？

（5）海运集装箱提箱和交箱主要流程有哪些？

105

[案例讨论与分析]

加拿大铁路集装箱运输组织及货场管理

集装箱运输是现代化运输的发展方向，是运输市场竞争的重点之一。"十一五"期间，我国铁路集装箱运输要继续发挥铁路在国内集装箱运输中的重要作用，保持和巩固铁路在国内集装箱运输的主导地位。为了科学合理地设计我国铁路集装箱网络结点站和大型办理站，铁道部组织有关专家对加拿大太平洋铁路公司（CP）及加拿大国家铁路公司（CN）所属的温哥华、卡尔加里、多伦多及蒙特利尔等 4 个铁路枢纽内的 2 个主要港口集装箱货场及 7 个内陆集装箱多式联运货场进行了考察，包括集装箱场站设施的整体布局、平面布置形式，箱场硬面状况、装卸机械的型式及配置数量，结点站与城市位置及公路道路状况的关系，港口码头与铁路车站的关系及衔接一关四检在车站内的功能，铁路车站与城市内的物流集散中心的关系，各种铁路集装箱专用车辆、驼背运输、车站门检系统、计算机信息系统等。

一、加拿大铁路集装箱货场概况

加拿大铁路主要有太平洋铁路公司和国家铁路公司，线路总长度近 5.1 万 km。这两大铁路公司构成了从太平洋口岸的温哥华至大西洋口岸的蒙特利尔的加拿大大陆桥，横穿北美洲大陆。加拿大除了在本国建设铁路外，还将铁路延伸到了邻国美国，与美国的肯塔基州、密苏里州及华盛顿等铁路枢纽衔接。加拿大铁路包括温哥华、埃德蒙顿、卡尔加里、温尼伯、多伦多、蒙特利尔及魁北克等 13 个主要铁路枢纽。

加拿大铁路集装箱货场位置一般远离城市范围，距离城市 10～40 km，大部分预留远期发展的条件。货场均位于铁路干线上，与枢纽编组站间有便捷的通路，通向货场均有发达的公路运输网络，并与国道及高速公路相连。现有距离城市较近的货场，受城市建设的限制，正在逐步外迁。加拿大的城市一般有 2～3 个铁路集装箱货场。

二、港口集装箱铁路货场

港口集装箱铁路货场一般与港口相邻布置，便于集装箱的装卸作业。铁路货场的到发线与货物装卸线一般呈横列式布置，长度在 1 000 m 以上，基本上为贯通式布置。为方便到达集装箱专列的到发作业，个别车站设有 2～3 列长度的组合列车到发线。在港口集装箱货场中，当集装箱船上的集装箱到达港口后，需由铁路送达内陆，其作业流程为：集装箱船上的集装箱→岸桥吊运集装箱→港内拖挂车将需由铁路运至内陆的集装箱按铁路编组计划直接用轮胎式龙门吊（或正面吊）装上铁路车辆（或运至龙门吊范围内的堆箱场等待装车）→由港务局进行调车作业送至前方编组站向铁路公司进行交接→送至其他集装箱货场。由铁路到达港口需装船的集装箱的作业流程为：内陆需出口装船的集装箱由铁路其他货场运至港口前方编组站进行交接→由港务局进行调车作业由编组站送至本站装卸线或到发线→由轮胎式龙门吊（或正面吊）装上场内拖车直接装船（或运至发送堆放场存放）→按计划用集装箱船送至其他港口。

三、内陆集装箱铁路货场

内陆集装箱货场的到发线与货物装卸线一般也呈横列式布置，货物线长度在 1 000 m 以上，大部分为贯通式布置，使集装箱专列有直接到发装卸线的条件，个别车站设有 2～3 列长度的组合列车到发线。集装箱货场内的地面为沥青混凝土硬化地面，钢轨为 50 kg/m，道床为碎石道砟，在木轨枕之上铺设沥青混凝土，与硬化地面形成统一的整体，既清洁又便于装卸作业。

内陆铁路集装箱货场作业相对来说简单。经铁路发送的集装箱由各物流企业将集装箱由集装箱拖挂车经公路运至集装箱货场→在入场处检查集装箱的状态并将有关数据输入手持微机→汽车将集装箱送至场内指定车辆或发送区堆放场，由正面吊直接装车或卸至发送作业区，组织集装箱专列由装卸线（或到发线）经环线直接发车发送至其他集装箱货场。由铁路到达的集装箱专列一般直接接入装卸线，由到达机车担负装卸线的取送作业→由正面吊直接装上拖挂车送达货主。经铁路中转的集装箱由集装箱专列送达货场后，与货场集结的集装箱按编组计划重新组成集装箱专列送至到站。

加拿大铁路集装箱货场的装卸机械多数采用正面吊的工艺方案，个别货场仍采用轨行式或轮胎式龙门吊，但即将被作业灵活、投资少、作业效率高的正面吊所取代。集装箱的掏、装箱作业均由设在货场周围的物流企业进行。

四、集装箱铁路货场与物流系统

加拿大太平洋铁路公司和国家铁路公司的集装箱货场与物流系统的关系均具有一些共同点：第一，结点站本身不具有物流功能，也没有物流系统的设备、人员和业务活动；第二，结点站只办理集装箱的到发和中转业务，不办理掏、装箱业务；第三，物流由货主或货物代理公司、配送中心等铁路系统外的专门从事物流业务的部门进行；

第四，结点站周围建有物流企业的仓储设施，在结点站开办集装箱运输业务后，逐渐吸引物流企业在结点站周围预留的发展用地上建设其仓储设施或配送中心，并进行掏、装箱作业。国内集装箱的联运一般由铁路公司承运并组织多式联运，与货运公司订立合同解决汽车运输问题，提供门到门的服务；集装箱的联运一般由船运公司承运，并组织多式联运，铁路公司只负责铁路运输及结点站的装卸作业，货主在铁路结点站取送集装箱须出示船运公司和海关的有关文件或单据。为了与公路的中短途运输展开竞争，多伦多的钢铁高速公路货场在距离 500 km 范围内采用拖挂车，用拖头直接装上铁路专用平板车，运送到结点站后，拖头可以直接用平板车将集装箱拖挂运输出站，称为钢铁高速公路的运输方式。与公路运输相比，其优点是快速、可靠、成本低，有利于环保，在结点站内不需要起吊设备。

各集装箱货场间开行集装箱专列，集装箱与各用户之间由汽车承担运输，汽车运输的吸引范围为 200 km，集装箱专列一般不进入编组站，货场内一般设调车机 1~2 台。到达的集装箱班列直接接入贯通式装卸线，出发列车由贯通式装卸线直接发车，货场不设机车整备设施。

五、温哥华港口集装箱铁路货场

温哥华 Delta 港及港口铁路集装箱货场位于温哥华西南部的 Roberts 海湾，距温哥华市区 30 km，为 CP、CN 铁路公司及 BN 铁路公司联合经营的铁路集装箱货场。Delta 港为海运、铁路及公路多式联运的港口。港口的铁路集装箱货场为横列式布置站型，既有装卸能力为 50 万标准箱，扩建后能力可达到 63 万标准箱，均可开行双层集装箱专用列车，集装箱为 12.16 m（40ft）、13.68 m（45ft）、14.59 m（48ft）、16.11 m（53ft）（下同）。货场与港口之间设有专门的汽车通道，装车均为整箱集装箱，到达港口的集装箱拼装作业均由分布在城市周围的物流企业承担。每天开行集装箱专列 4~5 列，车站设有接发大列集装箱专列的条件，集装箱专列均由集装箱货场到发，没有混编列车进入港口。

——资料来源：www.exam8.com 2010-09-06

【讨论与分析】

（1）加拿大铁路集装箱运输组织及货场管理有何特征？

（2）比较分析港口集装箱铁路货场与内陆集装箱铁路货场的关系。

（3）加拿大铁路集装箱运输组织及货场管理给我们怎样的启示？

第 5 章

输送技术与设备

学习目标

（1）了解物流输送设备与技术的现状及发展趋势。

（2）理解连续输送机械、带式输送机、埋刮板式输送机、气力输送机、自动分拣机的概念及主要类型。

（3）掌握连续输送机械、带式输送机、埋刮板式输送机、气力输送机、自动分拣机的基本结构与工作原理。

（4）运用本章相关理论分析相应的案例。

案例导读

中国邮政速递物流公司的 EMS

　　中国速递服务公司为中国邮政集团公司直属全资公司，主要经营国际、国内 EMS 特快专递业务，是中国速递服务的最早供应商，也是目前中国速递行业的最大运营商和领导者。公司目前拥有员工 20 000 多人，EMS 业务通达全球 200 多个国家和地区以及国内近 2 000 个城市。

　　EMS 特快专递业务自 1980 年开办以来，业务量逐年增长，业务种类不断丰富，服务质量不断提高。除提供国内、国际特快专递服务外，EMS 相继推出国内次晨达和次日递、国际承诺服务和限时递等高端服务，同时提供代收货款、收件人付费、鲜花礼仪速递等增值服务。

EMS 拥有首屈一指的航空和陆路运输网络。依托中国邮政航空公司，建立了以上海为集散中心的全夜航航空集散网，现有专用速递揽收、投递车辆 20 000 余部。覆盖最广的网络体系为 EMS 实现国内 300 多个城市间次晨达、次日递提供了有力的支撑。

EMS 具有高效发达的邮件处理中心。全国共有 200 多个处理中心，其中北京、上海和广州处理中心分别达到 30 000 m²、20 000 余 m² 和 37 000 m²。同时，各处理中心配备了先进的自动分拣设备。亚洲地区规模最大、技术装备先进的中国邮政航空速递物流集散中心也已于 2008 年在南京建成并投入使用。

——资料来源：www.ems.com.cn 2010-07-17

想一想：中国邮政速递物流公司的 EMS 拥有哪些关键的设备与设施？

5.1　连续输送设备

5.1.1　连续输送机械概述

1. 连续输送机械的概念

连续输送机械是以连续的方式沿着一定的线路从装货点到卸货点均匀输送散料和成件包装货物的机械装置，简称为输送机（见图 5-1）。

图 5-1　连续输送机械

由于连续输送机能在一个区间内连续搬运大量货物，搬运成本较低，搬运时间容易控制，因此被广泛应用于现代物流系统中。在自动化立体仓库系统中，其搬运系统一般都是由连续输送机组成的，如进出库输送机系统、自动分拣系统等。整个搬运系统由中央计算机统一控制，形成了一个完整的货物输送与搬运系统，大量货物或物料的进出库、装卸、分类、分拣、识别、计量等工作均由输送机系统来完成。

2. 连续输送机械的特点

与起重设备相比，输送机能沿固定线路不停地输送货物，其工作机构的装载、卸载都是在运行过程中进行的，因而输送机的启动、制动次数少；另外，被输送的散料均匀地分布于承载构件上，被输送的成件货物也同样按一定的次序以连续的方式移动。

（1）连续输送机械的优点。连续输送机械与具有间歇动作的起重设备比较具有以下优点。

① 输送能力大。连续输送机械的输送路线固定，加上散料具有的连续性，所以装货、输送、卸货可以连续进行；输送过程中极少紧急制动和启动，因此可以采用较高的工作速度，效率很高，而且不受距离远近的影响。

② 结构比较简单。连续输送机械沿一定线路全长范围内设置并输送货物，动作单一，结构紧凑，自身质量较轻，造价较低。因受载均匀、速度稳定，工作过程中所消耗的功率变化不大。在相同输送能力的条件下，连续输送机械所需功率一般较小。

③ 输送距离较长。不仅单机长度日益增加，且可由多台单机组成长距离的输送线路。

④ 自动控制性好。由于输送路线固定，动作单一，而且载荷均匀，速度稳定，所以较容易实现自动控制。

（2）连续输送机械的缺点。连续输送机械与具有间歇动作的起重设备比较具有以下缺点。

① 通用性较差。每种机型一般只适用于输送一定种类的货物。

② 必须沿整条输送线路布置。输送线路一般固定不变。在输送线路变化时，往往要按新的线路重新布置。在需要经常改变装载点及卸载点的场合，须将输送机安装在专门机架或臂架上，借助它们的移动来适应作业要求。

③ 大多不能自动取料。除少数连续输送机能自行从料堆中取料外，大多要靠辅助设备供料。

④ 不能输送笨重的大件物品。不宜输送质量大的单件物品或集装容器。

3. 连续输送机械的组成与应用

（1）连续输送机械的一般组成。散料机械系统通常由远距离运输、转载、取料、堆积等设备构成。

① 运输机械：由带式运输机（皮带机）、气垫带式运输机、螺旋运输机、气力运输机、刮板运输机等运输机械组成。

② 转载设备：一般为转载漏斗和其他转载设备及转载房等构成。

③ 取料设备：斗轮取料机、真空泵取料机、卸船机、卸车机等。

（2）连续输送机械的应用范围。连续输送机械在国民经济的各个部门中得到了广泛的应用,已经遍及各行各业。在重工业及交通运输部门主要用于输送大宗散粒物料;在现代化生产企业中,连续输送机械是生产过程中组成有节奏的流水作业线所不可缺少的设备,通过连续输送机械的应用实现车间运输和加工安装过程的机械化,并实现程序化和自动化;在食品、化工、轻纺等许多部门,连续输送机械往往不单纯进行物料输送,还在输送的同时进行某些工艺处理;在大型工程项目的施工工地,连续输送机械可用来搬运大量土方和建材物料;在机场、港口,连续输送机械还用来输送旅客和行李。

我国各个散粒物料出口专业化码头均装备了以带式输送机为主体的散粒物料装船系统;而在散粒物料进口专业化码头上则有以各种输送机为主体的散粒物料连续卸船系统,例如用于散粮码头卸船作业的双带式卸船机、埋刮板卸船机、气力吸粮机等,用于化肥卸船作业的螺旋卸船机,用于煤炭卸船作业的链斗卸船机,用于卸驳船作业的悬链式链斗卸船机。这些散粒物料连续装卸机械的迅速发展开拓了连续输送机械新的发展领域。

4. 连续输送机械的类型

（1）机械式。机械式输送机械是依靠工作构件的机械运动进行输送。按其结构形式不同又可分为有挠性牵引构件的、无挠性牵引构件的和连续装卸机械。

① 有挠性牵引构件的输送机械。有挠性牵引构件的输送机械的特点是:物料放在牵引构件上或与牵引构件连接的承载构件上,利用牵引构件的连续运动来输送物料。这类输送机械除具有牵引构件、承载构件、驱动装置、张紧装置以外,一般还具有装载、卸载、改向等装置,还包括带式输送机、斗式提升机、板式输送机、刮板输送机、埋刮板输送机、悬挂输送机、自动扶梯等,它们分别采用输送带或链条作为牵引构件。

② 无挠性牵引构件的输送机械。无挠性牵引构件的输送机械的特点是:利用工作构件的旋转运动或往复运动使货物沿封闭的管道或料槽移动。它们输送货物的工作原理各自不同,且共性的零部件也很少,如螺旋输送机、振动输送机、滚柱输送机等。连续装卸机械是在货场进行堆料、取料及转运的连续装卸机械,它包括堆料机、取料机和堆取料机。

（2）流体式。流体式输送机械是利用空气或水等流体的动力通过管道进行输送,如气力输送机和液力输送装置等。

5.1.2　输送机械输送的物料的特性

输送机械输送货物的种类和物料的物理性能、机械性能对于机械的选型、设计有重要的影响,必须了解货物的物理机械特性。输送机械输送的货物有成件货物和散粒货物两大类。

1. 成件货物的特性

成件货物是指有固定外形的单件物品，如机械零部件、袋装、箱装、桶装等货物。成件物品的主要特征因素有单件质量、外形尺寸（长、宽、高）和形状以及包装形式等。对一些较特殊的成件物品还应考虑其他特性，如物品的温度、物品放置或悬吊的方便性、易燃性、爆炸危险性等。

2. 散粒货物的特性

散粒货物是指不进行包装而成批堆积在一起的由块状、颗粒状、粉末状组成的成堆物料，如矿石、煤炭、沙子和粮食等。其物理机械特性有粒度和颗粒组成、堆积密度、湿度、堆积角、外摩擦系数等。

① 粒度和颗粒组成。粒度又称块度，是指单一散粒体的尺寸大小，用 d 表示，单位毫米（mm）。由于散粒物料是由大小不同的颗粒组成的，物料中所含的不同粒度颗粒的质量分布状况称为物料的颗粒组成。它反映了散粒物料颗粒尺寸大小的均匀程度。经过筛分的物料颗粒大小比较均匀，未经筛分的物料颗粒大小相差很大。

在对输送机械选型及决定其工作构件尺寸时，都必须考虑散粒物料的粒度。例如用气力输送机输送的物料粒度一般要求不大于 50 mm。因为过大的物料粒度将堵塞于供料装置或其他部件中，从而破坏物料的正常输送。

② 堆积密度。堆积密度是指散粒物料在自然堆放的松散状态下，含颗粒间隙在内的单位体积物料所具有的质量，用 ρ 表示，单位：吨/米³（t/m³）或公斤/米³（kg/m³）。

物料的堆积密度与物料在容器中的压实程度、物料的湿度等因素有关。物料在压实状态下的堆积密度大于松散状态下的堆积密度。

③ 湿度（含水率）。物料除了本身以形成化合物的方式而存在的结构水以外，还有物料颗粒从周围空气中吸收的湿存水和存在于物料颗粒表面和颗粒间的表面水。仅含有结构水的散粒物料称为干燥物料。除了物料的含水率外，还要注意物料的吸湿性。有些物料容易从大气中吸收水分而潮湿或结块。

④ 堆积角（自然坡度角）。堆积角（自然坡度角）是指散粒物料从一个规定的高度自由均匀地落下时所形成的能稳定保持的锥形料堆的最大坡角，即自然堆放的料堆表面与水平面之间的最大夹角，它反映了物料的流动性。流动性好的物料，堆积角小，反之则大。堆积角有静态和动态之分，在静止平面上自然形成的叫静堆积角（β），在运动的平面上测得的称为动堆积角（β_d），动堆积角的大小约为静堆积角的 0.65～0.8，常取 $\beta_d = 0.7\beta$。

⑤ 外摩擦系数。物料的外摩擦系数指散粒物料对与之接触的某种固体材料表面之间的摩擦系数，用 μ 表示。外摩擦系数不仅与固体表面的材料有关，而且与表面的形状和粗糙度有关。外摩擦系数有静态和动态之分。试验表明，动态外摩擦系数值大致为静态外摩擦系数的 70%～90%。

除了以上基本特性外，散粒物料还有其他方面的特性，如散粒物料的磨琢性、爆炸危险性、腐蚀性、有毒性、粘附性、脆性以及物料的温度等。在选择连续输送机械时不应忽视。

5.1.3 连续输送机械主要性能参数

连续输送机械是以连续的方式沿着规定的线路从装料点到卸料点均匀输送物料的机械。其搬运成本低廉、时间比较准确、料流稳定，因此，被广泛用于现代物流系统中，如生产企业的供料系统、港口散料的装卸系统、自动化立体仓库、物流配送中心、大型货场等。输送机械配置是否合理，参数选择是否符合实际，自动化性能的优劣，将直接决定着物料搬运作业的运行和成本。连续运输机械的主要技术性能参数有如下几种。

（1）生产率——是指输送机在单位时间内输送货物的质量，用 Q 表示，其单位为 t/h

$$Q = 3.6q \cdot v$$

式中：q——单位长度承载构件上货物或物料的质量（kg/m）；

v——输送速度（m/s）。

（2）输送速度——被运物料沿输送方向的运行速度。

（3）充填系数——输送机承载件被物料填满程度的系数。

（4）外形尺寸——输送长度（或提升高度）和倾斜角。

还有安全系数、制动时间、起动时间、电动机功率、轴功率、单位长度的牵引构件和物料的质量、传动点张力、最大动张力、最大静张力、预张力、张紧行程等技术性能参数。

5.2 带式输送机

5.2.1 带式输送机的组成及工作过程

1. 带式输送机的概念

由电动机作动力，胶带作为输送带，输送带既是承载货物的构件，又是传递牵引力的牵引构件，依靠输送带与滚筒间的摩擦力进行驱动的一种输送设备。

2. 带式输送机的工作过程

带式输送机是以带条作为牵引构件和承载构件的连续输送机械，如图 5-2 所示。无端输送带绕过驱动滚筒和张紧滚筒，利用带条与驱动滚筒之间的摩擦力来驱使带条运动，物料通过装载装置送到带条上，随着带条的运动一起被输送到卸载地点，通过卸载装置或端部滚筒，物料从带条上被卸出。

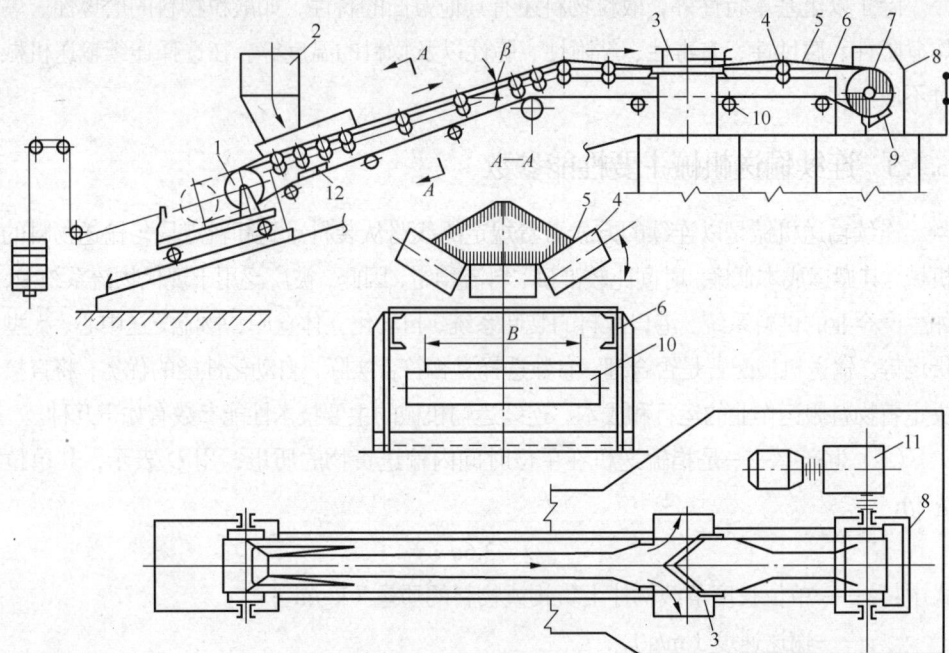

图 5-2　带式输送机

1—张紧滚筒；2—装载装置；3—犁型卸载挡板；4—槽形托带；5—输送带；

6—机架；7—驱动滚筒；8—卸载罩壳；9—清扫装置；

10—平托盘；11—减速箱；12—空段清扫器

3. 带式输送机的组成

带式输送机由金属结构机架，装在头部的驱动滚筒和装在尾部的张紧滚筒，绕过头、尾滚筒和沿输送机全长上安置的上支撑托辊、下支撑托辊的无端输送带，以及包括电动机、减速器等在内的驱动装置、装载装置、卸载装置和清扫装置等所组成（见图 5-2）。带式输送机的这些主要装置都安装在机架上，机架可以是固定的，也可以是移动的。前者称固定式带式输送机，后者称移动式带式输送机。

5.2.2　带式输送机的特点及应用

1. 带式输送机的特点

带式输送机的输送长度受输送带本身强度和运动稳定性所限制。输送距离越大，驱动力越大，输送带所受的张力也越大，带条的强度要求就越高。当输送距离很长时，若安装精度不够，则输送带运行时很容易跑偏成蛇形，使带条使用寿命降低，所以采用普通胶带输送机，单机长度一般不超过 400 m；采用高强度的夹钢丝绳芯胶带输送机和钢丝绳牵引的胶带输送机，单机长度已达 10 km 之多。

带式输送机的发展趋势如下。

① 通过采用钢绳芯带，增加驱动单元数量，采用中间驱动，增大单个驱动单元功率，增大输送带与传动滚筒间摩擦系数等方法，使单机长度提高，以实现无转载输送。目前最长的单机已达到 15 500 m。

② 提高输送能力。通过加大带宽、提高带速、增加槽角等方法，提高输送能力。目前最大带宽达到 3.2 m，最高带速达到 8.4 m/s，最大输送能力达到 3 7500 t/h。

③ 提高输送倾角。通过采用花纹带、波状挡边隔板带、压带、磁性带、吊挂带等方法，已能使输送倾角达到 60° 以上甚至垂直提升。

④ 提高自动化程度。实现无人操作及监控运转，实现平稳启动及制动。

⑤ 减少输送过程中的环境污染，提高对地形的适应能力，发展可水平拐弯的输送机。

2. 带式输送机的应用

带式输送机主要用来沿水平和倾斜方向输送物料，其布置形式有多种，在具体选用时，应根据输送工艺的需要进行选择。带式输送机沿倾斜方向输送时，其允许倾角取决于被输送物料与输送带之间的动摩擦系数、物料的堆积角、输送带的运动速度等。为了避免物料从输送带上下滑，最大允许倾角应比输送物料与输送带之间的动摩擦角还要小。

带式输送机既可作水平方向运动，又可以作小倾角的倾斜输送。在各种连续输送机械中，它具有生产率高、输送距离长、结构简单、工作平稳、无噪声、使用方便和能量消耗小等优点。在国民经济各个部门都得到广泛应用，特别是在港口大宗散货的装卸作业，固定式带式输送机适应性强，港口、车站、货栈、库场应用较广泛，尤其适用于煤炭、矿石等散货的输送。

移动式带式输送机主要用作装卸输送，机动性强，使用效率高，输送方向和输送长度均可改变，能及时布置输送作业线达到作业要求。带式输送机已成为必不可少的主要装卸输送设备。但带式输送机的主要缺点是：不能自动取货，需要辅助设备或其他机械进行装料；输送路线固定，当货流方向变化时，往往要对带式输送机输送路线重新布置；输送角度不大。

5.2.3　带式输送机的主要装置

1. 输送带

输送带是带式输送机最重要也是最昂贵的部件，输送带的价格约占输送机总投资的 30% 左右。所以，正确选择输送带是一个很重要的问题。要充分考虑保护输送带，使之有较长的使用寿命。另外，除了用钢丝绳作牵引的带式输送机外，输送带既是牵引构件又是承载构件，即用来传递牵引力和承放货物的。因此，要求输送带强度高，自重小，伸长率小，挠性好，抗磨耐用和便于安装维修。

（1）输送带的组成。输送带由带芯和橡胶覆面组成，如图 5-3 所示。带芯又称衬垫层，起骨架作用，并增强带条纵向抗拉强度。橡胶覆面有上覆面和下覆面，其作用是保护芯体免受机械损伤和减小磨损。

（2）输送带的种类。输送带种类较多，使用最广泛的是普通橡胶带和夹钢丝绳芯的高强度橡胶带两种。

普通橡胶带是用棉织物或化纤物经过挂胶后的胶布层作为带芯材料，再用橡胶作为表面覆盖材料，经硫化成型后，形成完整的橡胶带。不同的芯体材料，其柔性、延伸率、耐腐蚀性及耐水性等都不一样，制造成本也不同。由于芯体材料是受力构件，其层数取

图 5-3　输送带的组成

决于对胶带的强度要求，强度要求越高则层数越多。因此，选用输送带时，应根据工作条件、工作环境和受力情况等进行综合分析后，选择芯体材料及层数。夹钢丝绳芯高强度胶带带芯除有两层织物衬垫层外，在两层衬垫层之间还夹着一层纵向布置的直径为 2～4 mm 的钢丝绳，这样大大提高了输送带的强度，延伸率也小，这种输送带适用于长距离输送的输送机上。

（3）橡胶带的连接方法。由于生产工艺条件和运输条件限制，出厂的橡胶带长度通常不超过 120 m，当输送机单机长度很大时，就要将若干段胶带连接使用。即使单机长度不大，也至少需要连接一次，使它成为无端封闭状。常用的连接方法有胶带热接法、胶带冷接法 2 种。

① 胶带热接法即采用热硫化胶接法：将胶带接头部位的衬垫层和胶层按一定形式和角度剖割成阶梯形，涂上胶浆使其粘着，再用硫化机在一定时间内加温加压，经过热硫化反应使其粘住。这种方法使接头处的强度达到本身强度的 85%～90%，胶带的寿命较长。

② 胶带冷接法是近年来采用的常温冷接工艺，即冷胶工艺。这种方法的优点是：无需热源，操作简单，劳动强度低，接头强度高等，因而被普遍采用。冷接法的操作方法是：将胶带接头部位的衬垫层和胶层按一定形式和角度剖割成阶梯形，涂上环氧树脂或氯丁胶料（或 202 树脂），过 3～5 min 后将接头合拢，加上螺杆压板固定即可。

2. 支撑装置

（1）支撑装置的作用及组成。支撑装置的作用是支撑输送带和输送带上所载物料的重量；限制输送带的垂度，保证输送带正常运行不发生跑偏。常用的支撑装置有托辊和支架组成的托辊组形式。

（2）托辊的类型。按其用途不同可分为支撑托辊组、调心托辊组和缓冲托辊组等。

支撑托辊组用于支撑输送带承载分支的称为上托辊组，用于支撑空载分支的称为下托辊组。托辊组按构造形式不同分为槽形和平形两种。槽形托辊组（见图 5-4）用于输送散货，可提高输送量；平形托辊组用于输送件货。下托辊组一般都采用平形托辊组。

槽形托辊组按托辊数目分为两托辊、三托辊和五托辊等多种形式。目前，常用的是三托辊的槽形托辊组。托辊组槽角的大小取决于对输送机对输送能力的要求及输送带的带芯材料。槽角大

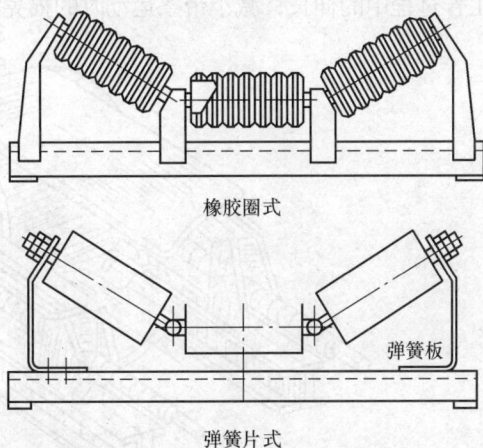

橡胶圈式

弹簧板

弹簧片式

图 5-4　槽形托辊

有利于提高输送生产率和防治带条跑偏。但输送带弯折严重，容易疲劳破裂。调心托辊组用来调整输送带的横向位置，使其不会跑偏而保持输送带的正常运行。调心托辊组用于长度大于 50 m 的带式输送机上，一般每隔 10 组设置一调心托辊组。

3. 驱动装置

（1）驱动装置的作用。驱动装置是用来驱动输送带运动，实现物料运送的装置。

（2）驱动装置的组成。驱动装置是由电动机、减速器、联轴器和驱动滚筒等组成，如图 5-5 所示。倾斜式带式输送机还设有停止器或制动器，以防止电动机断电后，输送带在自重及物料重力作用下产生返回运动。

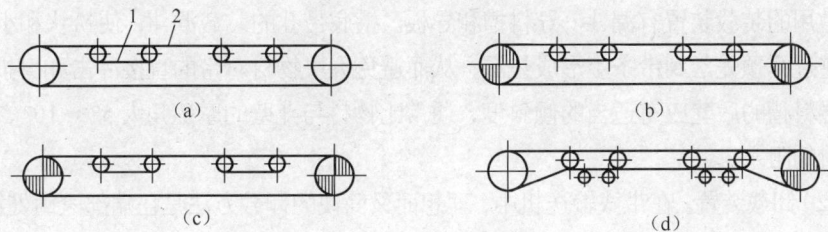

（a）　　　　　　　　　　　　　（b）

（c）　　　　　　　　　　　　　（d）

图 5-5　驱动装置

（3）对驱动装置的要求。对于要求结构紧凑的带式输送机，常采用电动滚筒的驱动装置。该驱动装置是把电动机、减速器全封闭在滚筒里面的一种特殊的驱动滚筒。它具有结构紧凑、重量小、便于布置、操作安全等优点。但存在电动机散热条件不好、检修不便之不足。

4. 张紧装置

（1）张紧装置的作用。张紧装置（见图 5-6）的作用有使带条具有适当的初张力，

以保证带条与驱动滚筒之间产生必要的摩擦力，在传递牵引力时不打滑；补偿带条在工作过程中的伸长；减小带条运动时的摇晃和在托辊组之间的垂度。

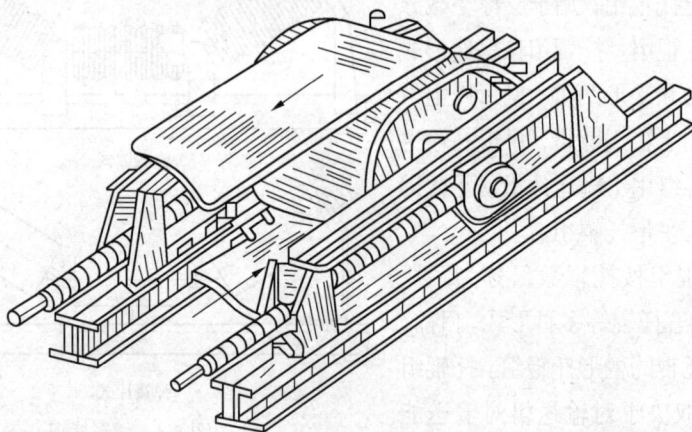

图 5-6　张紧装置

（2）张紧装置的结构形式。张紧装置的结构形式主要有螺旋式、小车重锤式、垂直重锤式 3 种。张紧装置的安装位置通常选择在带条张力较小的地方（以减小所需的张紧力）。张紧行程取输送机长度的 1%～5%，对于水平输送的取小值，倾斜输送的取大值。

5. 装载和卸载装置

（1）装载装置。装载装置是把物料均匀地装到输送带上，使带条不因加料时受力不均匀而跑偏；尽量减小物料（大块物料）对输送带的冲击和磨损；使物料沿带条运动方向有一定的初速度，以减小物料在带条上的滑移所造成的磨损。

常用的装载装置有漏斗、导料槽和导板。槽底带孔的装载漏斗，使粉状和小块物料能透过孔预先落到带条上形成垫层，从而避免大块物料对带的直接冲击和磨损。漏斗和导料槽的后壁应有适当的倾斜度，通常比物料与斗壁的摩擦角大 5°～10°，以防止物料的阻塞。

（2）卸载装置。在带式输送机中，理想而又简便的卸载方法是在端部滚筒处卸载，而实际的输送系统中，经常要求在输送机中某点或任意处卸载。因此，除了采用端部卸载外，还常用犁式卸载器和电动卸载车进行中途卸载。

端部滚筒卸载常用于卸载地点固定的场合。其原理是：当输送带绕过端部滚筒时，运动方向改变，物料则因运动惯性而与带条脱离被抛入卸料槽或直接卸到物料堆。

犁式卸载器如图 5-7 所示，分左侧、右侧和双侧卸载 3 种。犁式挡板可固定在框架上，不工作时拉起，需要卸料时落下。其结构简单，造价低，但对输送带磨损厉害，会增加输送带的运行阻力，特别是单侧卸载时，还会使带条跑偏。因此，对长距离的输送机，尤其是输送块度大、磨损性大的物料，不宜采用犁式卸载器。采用犁式卸载时，承载分支不能采用槽形托辊组，带速不宜超过 2.0 m/s，输送带必须采用硫化接头。

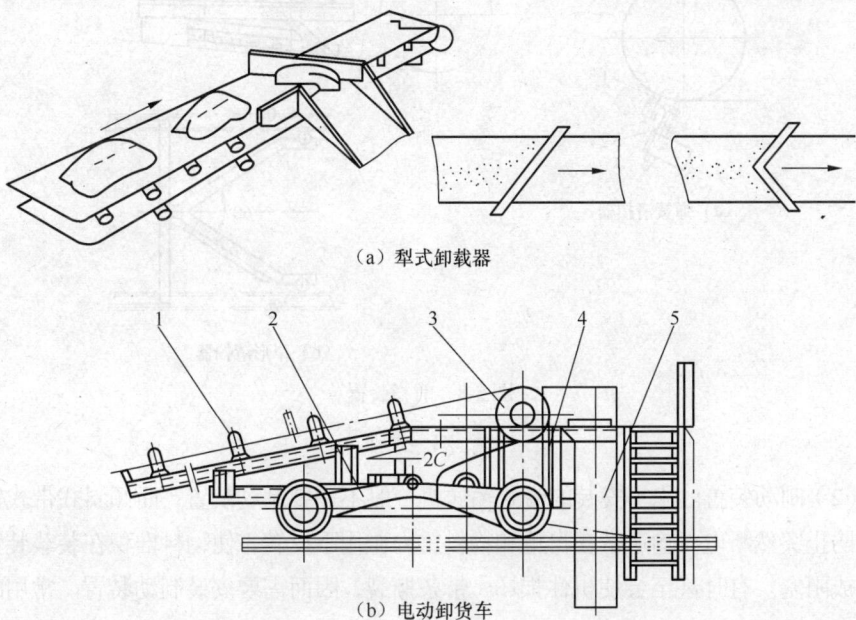

（a）犁式卸载器

（b）电动卸货车

图 5-7　卸载装置

1—胶带；2—双通道或三通道漏斗；3—改向滚筒；4—行轮；5—钢轨

　　电动卸载车是串联在输送带中的高效卸载装置，卸载车可以沿轨道移动。卸载车上装有两个改向滚筒，输送带通过上滚筒升高，使物料卸出，落入三通道或双通道的卸载漏斗中，然后带条又通过下滚筒改向，恢复到原来的高度。卸载漏斗上装有分配隔板，拨动分配隔板，物料可从左侧或右侧卸出，还可以经中部卸料槽重新回到主输送带上。电动卸载车一般适用于生产率高、输送距离长的场合。它的优点是：能沿输送机长度方向移动到任何位置卸料，对输送机作业没有影响。但在使用时应注意，电动卸载车应安装制动器，否则定点卸载时会被输送带牵引移动；带速一般不超过 2.5 m/s，输送小块料时，容许带速为 3.15 m/s。

6. 清扫和制动装置

　　（1）清扫装置。当输送黏、湿的物料时，在卸载后部分物料还会粘在带条的工作表面上，使带条通过下支撑托辊组时，增加了运动阻力和加速了带条的磨损。为了清除卸载后粘附于带条表面的物料，在卸载滚筒附近装有弹簧清扫器，如图 5-8 所示。弹簧清扫器是利用弹簧的弹力使橡胶刮板始终紧贴输送带，进行刮扫物料。对于潮湿和黏性物料也可以用旋转刷子，刷子用硬性鬃毛或橡胶制成，由端部滚筒带动刷子旋转。

　　空段清扫是利用自重使犁形橡胶刮板与带条的非工作面贴紧，以清扫由于装载时落入带条上的物料。

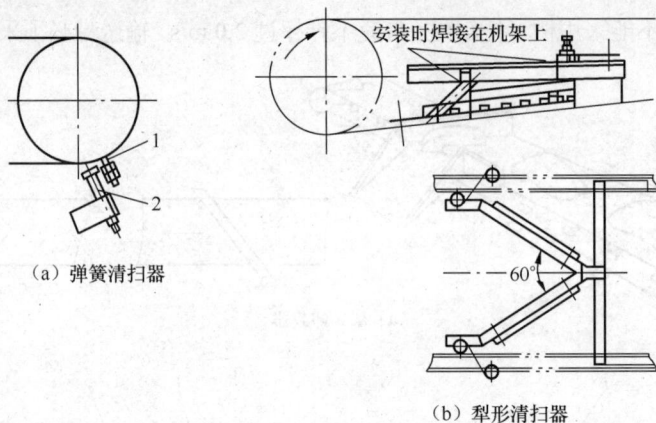

(a) 弹簧清扫器

(b) 犁形清扫器

图 5-8　清扫装置

1—刮板；2—弹簧

（2）制动装置。水平安装的带式输送机一般不需要制动装置，而倾斜式带式输送机为防止突然断电，输送带在自重和物料重力作用下反转，使物料堆积在装载装置底部造成阻塞。有时甚至会使机件损坏，带条撕裂，因而需要安装制动装置。常用的有带式逆止器、滚柱逆止器和块式制动器。带式逆止器的制动带条一端固定在金属构件上，另一端自由地放在驱动滚筒和出端带条之间。输送机正常工作时，制动带条自由端沿输送带运动方向离开滚筒。当输送带倒转运动时，则制动带条自由端被卷入滚筒和输送带之间，使输送带的返回运动停止。

5.3　其他常用的输送机械

5.3.1　埋刮板式输送机

1. 组成结构

埋刮板式输送机是利用相隔一定间距而固定在牵引链条上的刮板，沿封闭光滑的矩形或"U"形槽刮运散货的机械，通常由机槽、机架、刮板链条、驱动链轮、张紧链轮等组成。

埋刮板式输送机结构简单可靠、体积小，维修方便，进卸料简单。水平输送距离为 80～120 m，垂直提升高度为 20～30 m，通常用于生产率不高的短距离输送，可水平或小倾角输送物料，也可垂直方向输送。物料以粉状、粒状或小块状为佳，如煤、沙子、谷物等，物料湿度以手捏成团仍能松散为度，不宜输送磨损性强、块度大、黏性大、腐蚀性大的物料。

2. 工作原理

（1）水平输送原理。利用散粒物料具有内摩擦力和侧压力的特性来工作。由于刮板链条在槽底运动，刮板间的物料被拉动向前成为牵引力，当牵引层物料对其上的物料层的内摩擦力大于物料与机槽两侧壁间的外摩擦力时，上层物料便随刮板链条向前运动。

（2）垂直输送原理。当牵引层与被牵引层间的内摩擦力（牵引力）大于物料与槽壁间的外摩擦力（阻力）时，物料就整体向上运动。

5.3.2 斗式提升机

1. 组成结构

斗式提升机是一种在垂直方向或大于 70° 倾角的倾斜方向上输送粉粒状物料的输送设备，一般由料斗、外壳、机身和下部等组成（见图 5-9）。

（1）料斗：固定于胶带（或牵引链）上，有深斗、浅斗、三角斗 3 种。

（2）外壳（机头）：内装传动装置和止动器。

（3）机身：薄钢板焊成方形壳，装跑偏报警器。

（4）下部：装张紧装置。

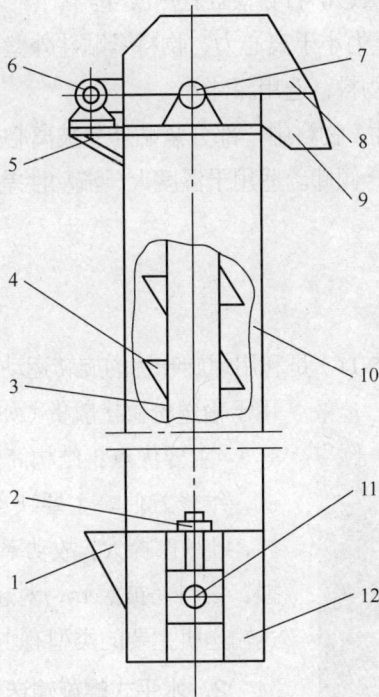

图 5-9 斗式提升机组成

1—进料口；2—张紧装置；3—牵引机构；4—料斗；5—驱动平台；

6—驱动装置；7—传动轮；8—头部罩壳；9—卸料口；

10—中间罩壳；11—张紧轮；12—底座

斗式提升机具有结构简单，横向尺寸小，占地面积少，提升高度大，输送能力好，机身封闭，对环境污染小，耗用动力小等优点。但同时也有过载时易堵塞，料斗易磨损，只宜于输送粉粒状和中小块状的散货，不能在水平方向上输送货物等缺点。

2. 工作过程

斗式提升机的主要过程分为装料和卸料两个环节。

（1）装料方式（见图 5-10）。主要包括以下两种方式。

① 挖入法（顺向进料法）是指料斗运动方向与进料方向一致，通过料斗对物料进行挖掘取料，挖得越深装得越满。

② 装入法（逆向进料法）是指料斗运动方向与进料方向相反，物料从装料口装入料斗。

（2）卸料方式（见图 5-11）。主要包括以下 3 种方式。

① 当转速较小时，重力大于离心力，物料向斗内边缘运动并靠重力卸出。重力卸料适用于湿度高、黏性大、散落性差的物料如煤块、矿石等，且宜用浅斗。

图 5-10　装料方式

② 当转速较高时，重力小于离心力，物料紧贴斗外壁，靠离心力卸料。适用于干燥、流动性好的粉末状物料，选用深斗。

③ 转速在某一范围时，物料中一部分紧贴外壁被离心抛出，另一部分沿内壁作重力倾卸，物料—重力混合倾卸。适用于湿度大、流动性差的粉末或小颗粒物料。

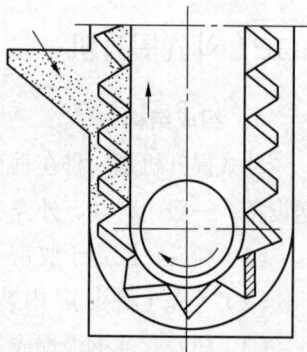

5.3.3　螺旋式输送机

1. 种类

螺旋式输送机（见图 5-11）是利用螺旋叶片的旋转运动推动物料沿料槽运动，适用于输送粉粒状散货（如谷物、化肥、矿砂、水泥等）。主要优点：结构简单、紧凑、占地小，无空返，维修方便。主要缺点：推进过程中物料被搅拌，叶片摩擦大，故功率消耗大，叶片和料槽易磨损，物料易被磨碎，对超载敏感，易堵塞。螺旋式输送机主要的类型有水平式、垂直式和弯曲式。

2. 水平式螺旋输送机

水平式螺旋输送机由驱动装置、螺旋器、轴承、料槽、盖板、进出料口等几部分组成（见图 5-12），分成首节、中间节和尾节 3 部分。水平螺旋输送机

图 5-11　螺旋式输送机

整个长度上可装卸料，整体封闭。

122

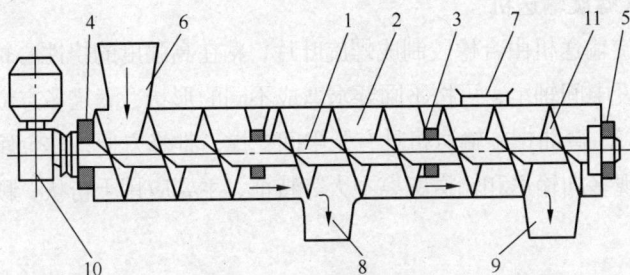

图 5-12　水平螺旋输送机构成

1—轴；2—料槽；3—中间轴承；4—首端轴承；5—末端轴承；6—装载漏斗；

7—中间装载口；8—中间卸载口；9—末端卸载口；10—驱动装置；11—螺旋片

3. 垂直式螺旋输送机

　　垂直式螺旋输送机（见图 5-13）结构与水平式螺旋输送机大致相同，工作原理不同。垂直式螺旋输送机在输送过程中，物料随螺旋作高速旋转，由于离心力的作用，物料在槽内形成若干同心圆层。最外层与槽壁的摩擦力决定了物料能否向上输送。当旋转速度不高时，物料所受离心力不足以克服物料与螺旋表面间的摩擦力，物料与螺旋一起作整体运动，保持相对静止状态，不能输送物料。当转速较高时，物料所受离心力大于物料与螺旋表面间的摩擦力，物料向螺旋外边缘运动，对槽壁产生压力并产生摩擦力，只有当此摩擦力大于物料与螺旋表面的摩擦力及重力的分力时，物料转速低于螺旋转速，由旋转的螺旋带动物料向上运动，此时的转速称为临界转速。

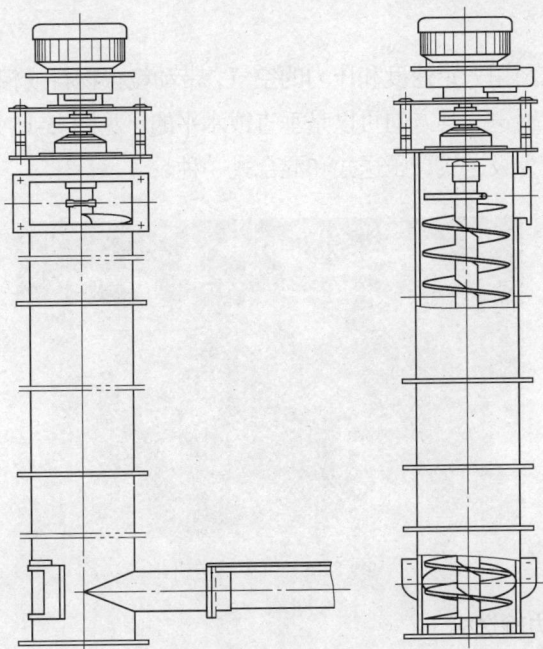

图 5-13　垂直式螺旋输送机

123

4. 弯曲式螺旋输送机

弯曲式螺旋输送机由合橡胶制成螺旋叶片，粘在高强度的挠性心轴上，配以不同形状的槽，不设中间轴承，可按不同要求弯成不同的形状，满足多方位空间输送的要求（见图 5-14）。弯曲螺旋输送机具有无中间支撑，维修方便，非金属构件噪声小、无腐蚀，可实现多向输送和输送距离不大等特征，主要应用于粉状、颗粒状的物料及水泥等的输送。

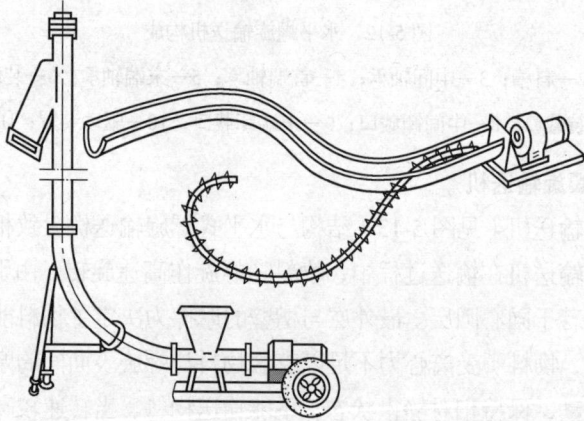

图 5-14　弯曲螺旋输送机

5.3.4　气力输送机

1. 种类

气力输送机是利用一定速度和压力的空气，带动粒状物料或相对密度较小的物料在密闭管路内进行输送，其方向可以是垂直或水平的（见图 5-15）。气力输送机按管内空气压力大小分为吸送式、压送式和混合式 3 种。

图 5-15　气力输送机

2. 吸送式气力输送机

吸送式气力输送机是通过鼓风机从整个管路系统中抽气，使管内产生一定的真空度，靠吸力输送物料（见图 5-16）。吸送式气力输送机具有进料方便，可从多处吸进物料，输送距离小等特征。

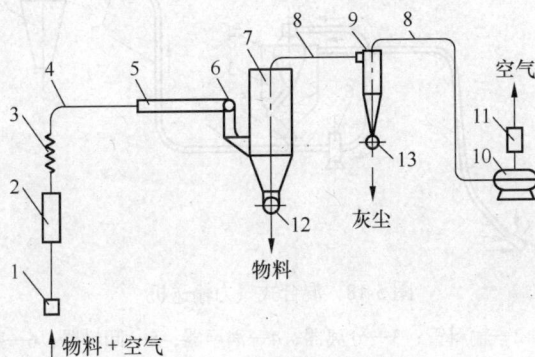

图 5-16　吸送式气力输送机
1—吸嘴；2—垂直伸缩管；3—软管；4—弯管；5—水平伸缩管；
6—铰接弯管；7—分离器；8—风管；9—除尘器；10—鼓风机；
11—消声器；12—卸料器；13—卸灰器

3. 压送式气力输送机

压送式气力输送机是空气经鼓风机压缩后进入管路系统，与从料斗进入的物料混合后，被压送至卸料点，经分离器分离后卸料和放气具有可长距离输送，供料器结构复杂等特征（见图 5-17）。

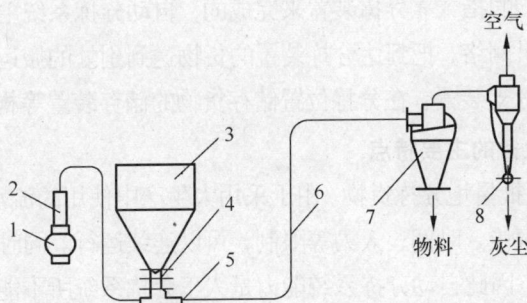

图 5-17　压送式气力输送机
1—鼓风机；2—消声器；3—料斗；4—旋转式供料器；
5—喷嘴；6—输料管；7—分离器；8—除尘器

4. 混合式气力输送机

混合式气力输送机是将吸送式进料方便和压送式长距离输送的优点结合起来，物料从进口至分离器是吸送部分，从分离器到卸料口是压送部分，压送鼓风机的空气大部分由吸送部分分离而来（见图 5-18）。

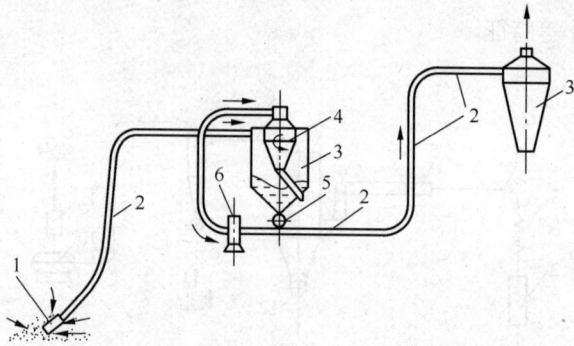

图 5-18　混合式气力输送机

1—吸嘴；2—输料管；3—分离器；4—消声器；5—卸料器；6—鼓风机

5.4　自动分拣设备

5.4.1　自动分拣系统特征

1. 自动分拣系统的概念

自动分拣机是指按照预先设定的计算机指令对物品进行分拣，并将分检出的物品送达指定位置的机械。自动分拣是从货物进入分拣系统到被送到指定分配位置为止，都是按照人们的指令靠分拣装置来完成的，自动分拣系统主要由接受指示信息的控制装置、计算机网络、把到达分拣装置的货物送到别处的搬运装置、在分拣位置对货物进行分送的分支装置、在分拣位置储存货物的储存装置等构成（见图 5-19）。

2. 自动分拣设备的主要特点

（1）能持续、大批量地分拣货物。由于采用大生产中使用的流水线自动作业方式，自动分拣系统不受气候、时间、人力等限制，可以连续运行。同时，由于分拣系统单位时间分拣件数多，因此自动分拣系统能力是人工分拣系统所不能相比的；自动分拣系统可以连续运行 100 个小时以上，每小时可分拣 7 000 件包装商品，人工分拣每小时只能分拣 150 件左右，而且分拣人员也不能在这种劳动强度下连续工作 8 小时。

（2）分拣误差率极低。自动分拣系统分拣误差率的大小主要取决所输入分拣信息的准确性，这取决于分拣信息的输入机制，如果采用人工键盘或语言识别方式输入，则误差率在 3%以上；如果采用条形码扫描输入，除非条形码本身印刷有错，否则不会出错。因此，目前的自动分拣系统主要采用条形码技术识别货物。

（3）分拣作业基本实现无人化。自动分拣系统在作业过程中，需要和使用人力的情形主要有：送货车辆抵达自动分拣线进货端需要使用人工接货，分拣线末端也需要人工对分拣出来的货物进行集载和装车，此外，分拣系统的控制、经营、管理和维修也必须由人工进行。除此之外，自动分拣系统在作业时都不需要人力。

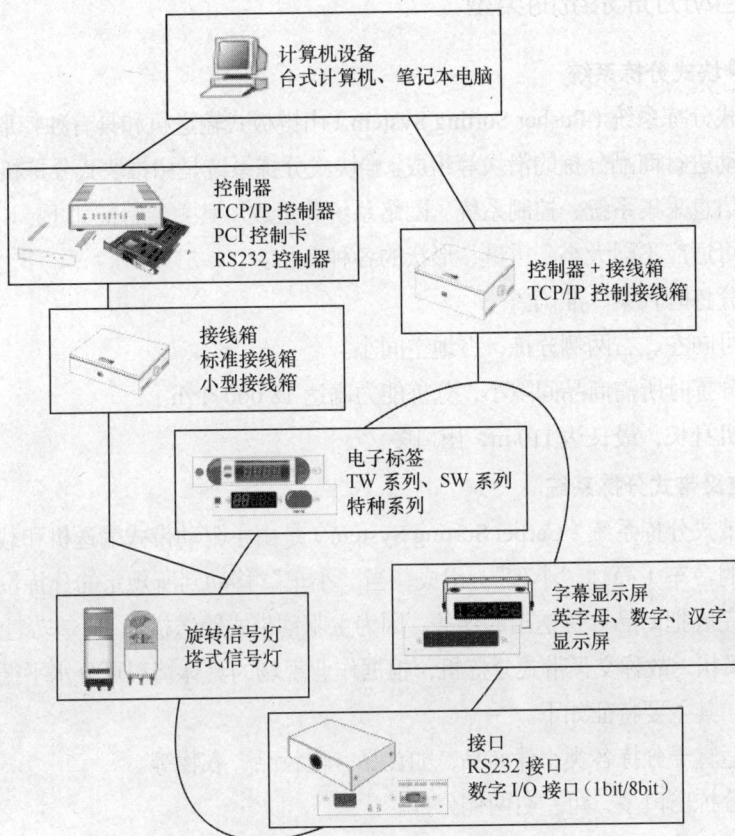

图 5-19 自动分拣系统

（4）一次性投资巨大。自动分拣系统本身需要建设短则 40～50 m，长则 150～200 m 的机械传输线，还有配套的机电一体化控制系统、计算机网络及通信系统等，这一系统不仅占地面积大，动辄 20 000 m² 以上，而且一般自动分拣系统都建在自动主体仓库中，这样就要建 3～4 层楼高的立体仓库，库内需要配备各种自动化的搬运设施，这丝毫不亚于建立一个现代化工厂所需要的硬件投资。这种巨额的先期投入要花 10～20 年才能收回，因此，自动分拣大都由大型生产企业或大型专业物流公司投资，小企业无力进行此项投资。

（5）对商品外包装要求高。自动分拣机只适于分拣底部平坦且具有刚性的包装规则的商品。袋装商品、包装底部柔软且凹凸不平、包装容易变形、易破损、超长、超薄、超重、超高、不能倾覆的商品不能使用普通的自动分拣机进行分拣，因此为了使大部分商品都能用机械进行自动分拣，可以采取两条措施：一是推行标准化包装，使大部分商品的包装符合国家标准；二是根据所分拣的大部分商品的统一的包装特性定制特定的分拣机。但要让所有商品的供应商都执行国家的包装标准是很困难的，定制特定的分拣机又会使硬件成本上升，并且越是特别的其通用性就越差。

5.4.2 自动分拣系统的类型

1. 堆块式分拣系统

堆块式分拣系统（Pusher Sorting System）由链板式输送机和具有独特形状在链板间左右滑动进行商品分拣的滑块等组成。堆块式分拣系统是由推块式分拣机、供件机、分流机、信息采集系统、控制系统、网络系统等组成。其主要特征如下。

（1）可适应不同大小、重量、形状的各种商品。

（2）分拣时轻柔、准确。

（3）可向左、右两侧分拣，占地空间小。

（4）分拣时所需商品间隙小，分拣能力高达 18 000 个/h。

（5）机身长，最长达 110 m，出口多。

2. 交叉带式分拣系统

交叉带式分拣系统（Carbel Sorting System）是由主驱动带式输送机和载有小型带式输送机的台车（简称"小车"）组成，当"小车"移动到所规定的分拣位置时，转动皮带，完成把商品分拣送出的任务。因为主驱动带式输送机与"小车"上的带式输送机呈交叉状，故称交叉带式分拣机，根据作业现场的具体情况可分水平循环式或直行循环式。其主要特征如下。

（1）适宜于分拣各类小件商品，如食品、化妆品、衣物等。

（2）分拣出口多，可左右两侧分拣。

（3）分拣能力一般达 6 000~7 700 个/时。

3. 斜导轮式分拣机

斜导轮式分拣机（Line Shaft Diverter）是通过转动着的斜导轮，在平行排列的主窄幅皮带间隙中上浮、下降时，达到商品的分拣目的。其主要特征如下。

（1）对商品冲击力小，分拣轻柔。

（2）分拣快速、准确。

（3）适应各类商品——只要是硬纸箱、塑料箱等平底面商品。

4. 轨道台车式分拣机

轨道台车式分拣机（Pallet Sorting System）是通过把被分拣的物品放置在沿轨道运行的小车托盘上，当到达分拣口时，台车托盘倾斜 30°，物品被分拣到指定的目的地。其主要特征如下。

（1）可三维立体布局，适应作业工程需要。

（2）可靠耐用，易维修保养。

128

（3）适用于大批量产品的分拣，如报纸捆，米袋等。

5. 摇臂式分拣机

摇臂式分拣机（Swing Arm Diverter）是通过被分拣的物品放置在钢带式或链板式输送机上，当到达分拣口时，摇臂转动，物品沿摇臂杆斜面滑到指定的目的地。其主要特征有结构简单，价格较低。

6. 垂直式拣选系统

垂直式拣选系统（Vertical Picking System，又称折板式垂直连续升降输送系统）是不同楼层间平面输送系统的连接装置。根据用途和结构的不同，有从某楼层分拣输送至某楼层，从某楼层分拣输送至不同的各楼层，从某楼层分拣输送至某楼层的不同出口方向。

5.4.3　自动分拣设备的组成及工作过程

自动分拣系统主要包括各类输送机、各种附加设施和控制系统。自动分拣系统的工作过程包括合流、分拣信号输入、分拣和分流、分送等 4 个部分。

1. 合流

货物在进入分拣系统前，应在货物的外包装上标明货物的品种、规格、数量、货位、货主等，根据标签上的信息，货物在入库时可以找到入库的货位，在输送货物的分叉处正确引导货物的流向，而且堆垛起重机可以按照代码把货物送入指定的货位。当货物出库时，标签可以引导货物流向指定的输送机的分支上，以便集中发送。货物进入分拣系统，经过合流逐步将各条输送线上输入的货物，合并于一条汇集输送机上，同时将货物在输送机的方位进行调整，以适应分拣信号输入和分拣的要求（见图5-20）。

图 5-20　自动分拣系统的合流

2. 分拣信号输入

分拣信号输入就是把分拣的指示信息记忆在货物上或记忆在分拣机上，以达到把货物按要求分拣出来并送到指定地点的要求（见图 5-21）。当货物到达并接受扫描货物信息被输入计算机后，识别到的标签信息会与自动分拣系统计算机内存储的信息进行对比，自动分拣系统在获得正确信息后会发出执行信息，开动分支装置，使其分流。

分拣信息转变成分拣指令的设定方式通常有人工键盘输入、声控输入、利用激光自动阅读物流条码、计算机程序控制等。

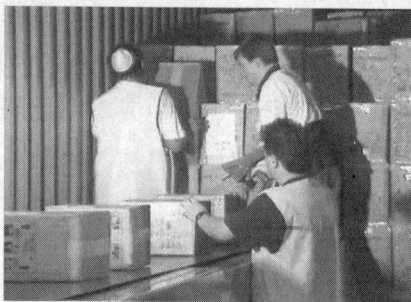

图 5-21　分拣信号输入

（1）人工键盘输入。由操作者依照货物订单——在键盘上将此信息输入。键盘输入方式的操作简单、费用低，但操作员劳动强度大、易出差错（看错、键错）。据国外研究资料可知，差错率为 1/300，而且键入速度与操作员的熟练程度有关。

（2）声控输入。首先需将操作人员的声音预先输入控制电脑中，当经过设定装置时，操作员将包装箱上的标签号码依次读出，计算机将声音接受并转换为分拣信息，发出指令，传送到分拣系统的各执行机构。声音输入法与键盘输入法相比，速度要快，可达 3 000～4 000 件/h，操作人员较省力，双手空出来可自取订单等。但由于需事先储存操作人员的声音，当操作人员偶尔因咳嗽时就会发生差错。据国外物流企业实际使用情况来看，声音输入法效果不理想。

（3）自动识别器扫描物流条码输入。被分拣商品包装上预先贴上或喷上代表物流信息的条形码，激光扫描器自动识别输送带上货物的条形码，传送给控制器。由于激光扫描器的扫描速度极快，达 100～120 次/s，故能将输送机上高速流动货物上的条形码正确读出。激光扫描条形码费用较高，商品需要物流条码配合，但输入速度快，可与输送带的速度同步，差错率极低，规模较大的配送中心都采用这种方式。

（4）计算机程序控制。计算机控制系统是整个分拣系统的指挥中心。由他发出信号，分拣机接受信号，各个执行机构传递指令分拣货物。计算机程序控制是最先进的方式，它借助英特网、局域网与生产企业、经营管理企业以及客户连网，随时指导生产和经营管理。根据客户订单的品种和数量，预先编好程序，把全部分拣信息一次性输入计算机，控制器即按程序执行，它需要与条形码技术、电子标签技术结合使用。一些大型的现代化配送中心把各个客户订单一次输入计算机，在计算机的集中控制下，发出信号，各类分拣机接受信号，按指令工作。货物从货架被自动拣选取下，自动流入输送带上，由条形码喷印机喷印条形码，然后进入分拣系统，全部配货过程实现自动化，全程监控，效率极高，差错率很低。

3. 分拣和分流

货物离开分拣信号输入装置后在分拣输送机上移动时，根据不同货物分拣信号所确定的移动时间，使货物行走到指定的分拣道口，由该处的分拣机构按照移动时间自行启动，将货物排离主输送机，再进入分流滑道（见图5-22）。

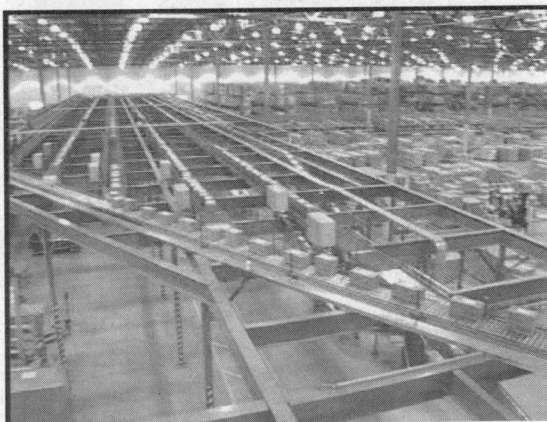

图 5-22 分拣和分流

为了把货物按要求分拣出来，并送到设定地点，一般需要对分拣过程进行控制。通常是把分拣的指示信息记忆在货物上，当货物到达时，将其识别并拣出，使其分流。

其记忆一般有两种形式：一是外部记忆，把分拣指示标签贴在分拣物上或喷涂上电子标记；二是内部记忆，在自动分拣机的货物入口处设置控制盘让操作者下指令。目前比较常用的分拣控制技术是扫描识别技术和条码技术，在货场的固定位置上贴有某种标志，货物到达分拣位置时，扫描仪对标志进行扫描识别，然后按预先设定的程序运行，使货物按指定路线运送到指定的滑道，完成分拣作业。自动分拣机使分拣处理能力大大提高，快速、准确、高效。

4. 分送

分拣出的货物离开主输送机，再经滑道到达分拣系统的终端。

在物流自动分拣设备中，目前，常用的自动分拣设备包括钢带式分拣机、胶带式分拣机、托盘式分拣机、翻板式分拣机、浮出式分拣机、悬挂式分拣机、滚柱式分拣机。钢带式分拣机是利用输送钢带载运货物完成分拣工作的机械设备。胶带式分拣机与钢带式分拣机相似，其不同之处就是用胶带取代钢带。托盘式分拣机主要是由托盘小车、驱动装置、牵引装置等组成。翻板式分拣机主要由一系列相互连接的翻板、导向杆、牵引装置、驱动装置、支撑装置等组成。浮出式分拣机主要由两排旋转的滚轮组成，滚轮设置在传递带下面，每排8～10个滚轮组成。悬挂式分拣机是用牵引链或钢丝绳作牵引件的分拣设备。滚柱式分拣机是对货物进行输送、存储与分路的分拣设备。

5. 自动分拣作业实例

自动分拣作业的步骤如下。

（1）贴有箱号条码的空箱经过条码扫描仪，读出空箱的条码号 ID，并将此数据传送到高速拣选机系统。

（2）高速拣选机通过物流信息系统，接收到需要拣选的订单，并进行拣选作业。

（3）空箱到达后，将拣选出来的货物排放至空箱。

（4）高速拣选机拣出的货物排入空箱后，在拣选货箱中，同时装入拣选的客户订单。

（5）该拣选货箱经过输送机，输送到包装作业区。包装作业区的人员从拣选货箱中取出拣选后的货物，通过扫描货物的条码核对订单。

（6）若货物和订单核对无误后，将货物装入包装箱，并贴上印有送货地址的条码；空的拣选货箱通过输送机送回空货箱存储区。

（7）贴有送货地址条码的包装箱，送入自动分拣系统检验与计量，自动分拣机按地区将货物送至装车出口。

本章小结

连续输送机械是以连续的方式沿着一定的线路从装货点到卸货点均匀输送散料和成件包装货物的机械装置。机械式输送机械是依靠工作构件的机械运动进行输送。按其结构形式不同又可分为有挠性牵引构件的、无挠性牵引构件的和连续装卸机械。连续输送机械在国民经济的各个部门中得到了广泛的应用，已经遍及各行各业。输送机械输送货物的种类和物料的物理性能、机械性能对于机械的选型、设计有重要的影响，所以，我们必须了解货物的物理机械特性。

带式输送机是由电动机作动力，胶带作为输送带，输送带既是承载货物的构件，又是传递牵引力的牵引构件，依靠输送带与滚筒间的摩擦力进行驱动的一种输送设备。带式输送机由金属结构机架，装在头部的驱动滚筒和装在尾部的张紧滚筒，绕过头、尾滚筒和沿输送机全长上安置的上支撑托辊、下支撑托辊的无端输送带，以及包括电动机、减速器等在内的驱动装置、装载装置、卸载装置和清扫装置等所组成。埋刮板式输送机是利用相隔一定间距而固定在牵引链条上的刮板，沿封闭光滑的矩形或"U"形槽刮运散货的机械，通常由机槽、机架、刮板链条、驱动链轮、张紧链轮等组成。气力输送机是利用一定速度和压力的空气，带动粒状物料或相对密度较小的物料在密闭管路内进行输送，其方向可是垂直或水平的。气力输送机按管内空气压力大小分为吸送式、压送式和混合式3种。

自动分拣机是指按照预先设定的计算机指令对物品进行分拣，并将分检出的物品送达指定位置的机械。自动分拣是从货物进入分拣系统到被送到指定分配位置为止，都是按照人们的指令靠分拣装置来完成的，自动分拣系统主要由接受指示信息的控制装置、计算机网络、把到达分拣装置的货物送到别处的搬运装置、在分拣位置对货物进行分送的分支装置、在分拣位置储存货物的储存装置等构成。

本章练习题

一、名词解释

连续输送机械、带式输送机、埋刮板式输送机、气力输送机、自动分拣机

二、填空题

（1）散粒货物物理机械特性有（　　）、（　　）、（　　）、（　　）和（　　）等。

（2）机械式输送机按其结构形式不同可分为（　　）、（　　）和（　　）。

（3）带式输送机是以带条作为（　　）和（　　）的连续输送机械。

（4）托辊按其用途不同可分为（　　）、（　　）和（　　）等。

（5）气力输送机按管内空气压力大小分为（　　）、（　　）和（　　）3 种。

三、选择题（单、多选）

（1）（　　）是以连续的方式沿着一定的线路从装货点到卸货点均匀输送散料和成件包装货物的机械装置。

A. 带式输送机　B. 埋刮板式输送机　　C. 气力输送机　　D. 连续输送机械

（2）（　　）是带式输送机最重要也是最昂贵的部件，输送带的价格约占输送机总投资的 30%左右。

A. 输送带　　B. 气力输送机　　C. 联轴器　　D. 驱动滚筒

（3）张紧装置的结构形式主要有（　　）。

A. 螺旋式　　B. 小车重锤式　　C. 垂直重锤式　　D. 水平重锤式

（4）斗式提升机是一种在垂直方向或大于 70° 倾角的倾斜方向上输送粉粒状物料的输送设备，一般由（　　）等组成。

A. 料斗　　　B. 外壳　　　C. 机身　　　D. 下部

（5）自动分拣系统的工作过程包括（　　）。

A. 合流　　　B. 分拣信号输入　　C. 分拣和分流　　D. 分送

四、简答题

（1）简述连续输送机械的主要类型及其结构。

（2）埋刮板式输送机的主要特征是什么？

（3）带式输送机的主要类型包括哪些？其主要工作原理是什么？

（4）气力输送机主要结构有哪些？

（5）自动分拣机的基本结构与主要工作流程有哪些？

[案例讨论与分析]

北京烟草物流中心卷烟自动分拣系统

卷烟自动化分拣系统于 2005 年 3 月开始方案设计，2006 年 5 月正式投入生产运行。该系统的研制成功，为烟草公司提高卷烟分拣能力、速度、准确率和时效性，降低物流运营成本，改善工人劳动条件，提高对零售客户的服务质量，提供了一个全新有效的自动化技术平台。该系统在流程性、协调性、技术性等方面表现出来的科学内涵和严谨的系统素质，还将有力地带动和促进烟草公司内部管理水平和人员素质的提高。现将该系统基本情况介绍如下。

一、基本工艺参数及流程

1. 基本工艺参数

分拣品种：210 个。

分拣额定能力：1 000 件/小时。

订单结构：整件分拣/拆零分拣=2/8；运用"ABC"分类法将拆零部分分为 A、B、C 3 类，其分拣量比为 A∶B∶C=7.65∶2.2∶0.15；其规格比为 A∶B∶C=30∶100∶80

分拣配送策略：1 天电访、1 天分拣、1 天配送。订单货物送达响应时间 60 小时被分拣商品为非统一标准包装。

2. 各环节的工艺功能

（1）数据优化。分拣计算机信息系统自动从 WMS（仓库管理系统）下载访销数据后，系统自动进行订单优化、备货件烟库优化、补货优化、分拣优化、装箱优化、电子标签优化，优化完成后通过 WMS 向立库发出要货计划。

（2）备货件烟库。备货件烟库是立库和分拣之间的"储水室"，它将立库的盘烟转化为分拣需要的件烟。备货件烟库的主要功能是满足自动分拣系统的补货需求，衔接自动分拣系统与仓储系统，保证货物的及时获取和向分拣系统输送。备货系统的工艺流程如下。

分拣开始后，当在件烟库中缓存量低于最小缓存量时，分拣系统根据件烟库缺货情况按顺序启动补货计划，将补货指令发送给自动化仓储系统，根据补货需求，自动化仓储系统调出相应托盘到拆盘工位，拆盘后自动输送到件烟库入库口，根据 A、B 类卷烟分类将件烟入库缓存。

（3）分拣自动补货。自动补货是分拣与件烟库之间的桥梁，根据分拣系统的分拣计划和完成情况，自动向分拣机烟仓补货。根据系统流程，流向自动分拣区的卷烟通过条码扫描，确定卷烟流向，进入补货输送线后分流，进入自动分拣区。卷烟进入自动分拣区补货线后根据自动分拣线的补货需求再次分流。从件烟库补充过来的件烟，信息管理系统通过条码扫描器读出该件烟的条码信息，从而确定该件烟是去向自动分拣区一（通道分拣处理系统）、自动分拣区二（塔式分拣处理系统）还是自动分拣区三（通道分拣处理系统）。信息管理系统将该件烟的路向信息交给控制系统，由控制系统控制执行机构将该件烟送入对应的补货输送线。分拣自动补货包括通道机自动补货和塔机自动补货。

（4）自动分拣。系统自动对订单进行分解，通道式分拣机与塔式分拣机协同作业，将相应条烟分拣到各自的传送带上，烟条进入装箱系统的缓存带上，由装箱机完成装箱作业，并将装箱完成的周转箱输送到DPS（数据处理）系统拣选工位，此时系统自动判断是否需DPS系统参与拣选，如需DPS系统参与拣选，则DPS系统指示灯亮，同时各货格中的电子标签显示拣选数量，人工按指引拣选，完成后确认。如不需DPS系统参与拣选，周转箱则直接前往分拣出口。将周转箱装到托盘上，并备货到发货暂存区，分拣完成。

（5）自动装箱、自动合单。自动装箱、自动合单负责接收从自动分拣系统（通道分拣机、塔式分拣机）分拣出来的条烟。条烟通过各自的主线皮带送到本系统的自动装箱线，由塔式分拣机分出来的条烟从上层进入，由通道机分拣出来的条烟从下层进入，按订单的先后顺序进行自动装箱。然后判断该周转箱箱所对应的订单是否需要补充C类品牌的烟，如果配送箱需要去C类电子标签拣选区域补充C类品牌的烟，则系统控制停放器落下且升降机构落下，该配送箱直接进入电子标签拣选输送线，完成对C类品牌的烟的补充，并箱过程完成。如果配送箱不需要去C类电子标签拣选区域补充C类品牌的烟，则周转箱按信息的指令有序进入缓存线等待与电子标签合单的周转箱。

二、系统结构及设备

北京烟草物流中心卷烟自动分拣系统设计为4层、9个子系统。4层是设备执行层、工控层、计算机监控层，计算机管理层。9个子系统包括订单优化子系统、自动备货子系统、自动补货子系统、自动分拣子系统、自动合单子系统、自动装箱子系统、自动控制子系统、计算机监控子系统、计算机信息管理子系统。其主要设备功能介绍如下。

1. 件烟库

拆垛后沿输送线输送的件烟按件烟条码的信息能自动到相应的储存道存储，能根据条烟分拣的需要，按时、按量、按规格品种品将件烟自动输送到条烟分拣区。对条码不能识别的件烟自动剔出并进行人工补码，然后重新上线。系统设备由堆积式辊柱输送机、积放式辊柱输送机、90°弯段辊柱输送机、升降转辙机构、停放器、爬坡皮带机、自滑式流利存储滑道等设备组成。3层存储滑道数，每层65道，总计195个道储存能力。每道储存28件烟，总计储存5 460件烟处理能力。

2. Ⅱ型通道分拣机

Ⅱ型通道分拣机是在原通道分拣机基础上的改进型，它将通道分离从单纯的一次分离5条改进为可分离1、2、3、4、5条，其目是增大出烟的组合，实现不同订单对条数的要求，解决对同一品牌需用不同的设备来处理的问题。50条烟自动补入通道后，先进入储存段，过储存段后进入分离段进行前后排的分离，将50条分离成两段25条方式并进入出烟机构，出烟机构在控制的指令下，步进抽板动作，同时出烟皮带机转动,如出 1 条,步进抽板收缩 50 mm,出一条烟。同理,出多条,步进抽板收缩多步,出多条。

3. Ⅱ型塔式分拣机

Ⅱ型塔式分拣机是在塔式分拣机的基础上的改进型,它将直立式的烟仓改为侧卧式,其目的是增大烟仓的容量,减缓补烟的频率,提高烟仓的利用效率和主线的效率。同时将传输线的订单输送改为同步跟踪型,实现订单的虚拟分区,使不同的订单量占用不同长度的虚拟分区,提高了处理效率。

4. 智能补货小车

智能小车能够根据上位机的指令,在件烟储存仓和塔式机条烟仓之间快速进行穿梭,并接取件烟将其补到预定的仓位中,该小车具有运行平稳高效低噪,定位精确等特点。智能小车主要用于烟草配送中心自动化处理设备的补烟环节,可将已脱箱且在储存仓内码垛整齐的 50 条香烟连续推进到指定的塔机仓位中,承载的件烟重量为 17 kg(1 箱),件烟的最大尺寸为 360 mm×540 mm×260 mm。该小车由行走机构、件烟接烟机构、件烟步进移动机构、条烟推进机构(每次推 10 条)和行走轨道以及电控等几部分所组成。

5. 控制系统

本系统中采用集中管理,分散控制的控制方式,将传感器、PLC、实时监控调度计算机、网络、电子拣选等诸多迅速发展的技术结合在一起,用方便灵活的硬件和软件模块进行组合设计,以适应分拣系统特点的工艺控制要求和管理要求,使之成为既满足工艺要求的精确控制又满足管理现代化要求的系统。

本控制系统具有设备控制的准确性、可靠性、易用性的特点,同时也具有物料和设备的完善信息管理的特点。一方面,底层设备控制系统可向上位管理监控系统发送现场设备数据、生产数据和物流信息,接受计划调度信息,另一方面,上位管理监控系统可向下发布计划和调度信息,同时采集生产现场的各种数据,进行多种综合处理。

——资料来源:中国物流与采购网 2007-05-30

【讨论与分析】

(1)北京烟草物流中心卷烟自动分拣系统的结构及主要的设备包括哪些?

(2)北京烟草物流中心卷烟自动分拣系统有何特征?

(3)北京烟草物流中心卷烟自动分拣系统的主要功能包括哪些?

第 6 章

仓储技术与设备

学习目标

（1）了解仓储设备的功能与选择考虑的主要因素；了解仓储安全管理的规章制度与作业要求。

（2）理解仓储设备、货架、指纹自动检测仪、仓储灭火器、自动化立体仓库的概念、基本类型及其主要特征。

（3）掌握货架的基本结构、指纹自动检测仪的工作原理、仓储灭火器的使用方法、自动化立体仓库的结构及其主要功能。

（4）运用本章相关理论分析相应的案例。

案例导读

蒙牛乳业自动化立体仓库

内蒙古蒙牛乳业（集团）股份有限公司（简称蒙牛乳业集团）总部设在中国乳都核心区——内蒙古和林格尔经济开发区，拥有总资产 100 多亿元，职工近 3 万人，乳制品年生产能力达 600 万 t。蒙牛乳业 2009 年主营业务收入 257.105 亿元，净利润为

11.158 亿元，均创历史新高。内蒙古蒙牛乳业泰安有限公司乳制品自动化立体仓库，是蒙牛乳业公司委托太原刚玉物流工程有限公司设计制造的第三座自动化立体仓库。该库后端与泰安公司乳制品生产线相衔接，与出库区相连接，库内主要存放成品纯鲜奶和成品瓶酸奶。库区面积 8 323 m²，货架最大高度 21 m，托盘尺寸1 200 mm×1 000 mm，库内货位总数 19 632 个。其中，常温区货位数 14 964 个，低温区货位 46 687 个。入库能力 150 盘/h，出库能力 300 盘/h。出入库采用联机自动。

一、工艺流程及库区布置

根据用户存储温度的不同要求，该库划分为常温和低温两个区域。常温区保存鲜奶成品，低温区配置制冷设备，恒温 4℃，存储瓶酸奶。按照生产——存储——配送的工艺及奶制品的工艺要求，经方案模拟仿真优化，最终确定库区划分为入库区、储存区、托盘（外调）回流区、出库区、维修区和计算机管理控制室 6 个区域。

二、有轨巷道堆垛机

堆垛机高度：21 000 mm、19 350 mm、17 700 mm、16 050 mm、14 400 mm 和12 750 mm；堆垛机额定载重量：850 kg；载货台宽度：1 200 mm；结构形式：双立柱；运行速度：5～100 m/mim（变频调速）；起升速度：4～40 m/mim（变频调速）；货叉速度：3～30 m/mim（变频调速）；停准精度：超升、运行 ≤ ± 10 mm，货叉 ≤ ±5 mm；控制方式：联机自动、单机自动、手动；通信方式：远红外通信；供电方式：安全滑触线供电；供电容量：20 kW、三相四线制 380 V、50 Hz。

三、计算机管理与控制系统

主要包括仓储物流信息管理系统和仓储物流控制与监控系统两部分。仓储物流信息管理系统实现上层战略信息流、中层管理信息流的管理，自动化立体仓库控制与监控系统实现下层信息流与物流作业的管理。

——资料来源：http://www.china-ao.com 2010-09-21

想一想：蒙牛乳业自动化立体仓库有何特征？

6.1 仓储技术与设备概述

6.1.1 仓储设备概念与特征

1. 仓储设备概念

仓储设备是指仓储业务所需的所有技术装置与机具，即仓库进行生产作业或辅助生产作业以及保证仓库及作业安全所必需的各种机械设备的总称。

2. 仓储设备的特征

仓储设备是仓储与物流技术水平高低的主要标志，现代仓储设备体现了现代仓储与物流技术的发展。我国近年来的仓储设备现代化、自动化程度较高，其特点主要表现在以下几个方面。

（1）设备的社会化程度越来越高，设备结构越来越复杂，并且从研究、设计到生产直至报废的各环节之间相互依赖，相互制约。

（2）设备出现了"四化"趋势，即连续化、大型化、高速化、电子化，提高了生产率。

（3）能源密集型的设备居多，能源消耗大；同时现代设备投资和使用费用十分昂贵，属于资金密集型，因而提高管理的经济效益对物流企业来说非常重要。

6.1.2　仓储设备的分类

1. 根据设备的主要用途和特征分类

根据设备的主要用途和特征，可以分为货架系统、装卸搬运设备、计量检验设备、分拣设备、养护照明设备、消防安全设备、其他用品和工具等。

2. 根据仓储设备的具体功能分类

根据仓储设备的具体功能分类，如表 6-1 所示。

表 6-1　　　　　　　　　　　　　仓储设备的分类

功 能 要 求	设 备 类 型
存货、取货	货架、叉车、堆垛机械、起重运输机械等
分拣、配货	分拣机、托盘、搬运车、传输机械等
验货、养护	检验仪器、工具、养护设施等
防火、防盗	温度监视器、防火报警器、监视器、防盗报警设施等
流通加工	所需的作业机械、工具等
控制、管理	计算机及辅助设备等
配套设施	站台、轨道、道路、场地等

3. 根据仓库规模的大小分类

在仓库设备的具体管理中，应根据仓库规模的大小进行恰当的分类。

（1）装卸搬运设备。装卸搬运设备用于商品的出入库、库内堆码以及翻垛作业（参见第 3 章）。这类设备对改进仓储管理，减轻劳动强度，提高收发货效率具有重要作用。目前，我国仓库中所使用的装卸搬运设备通常用可以分成以下 3 类。

① 装卸堆垛设备。包括桥式起重机、轮胎式起重机、门式起重机、叉车、堆垛机、滑车、跳板以及滑板等。

② 搬运传送设备。包括电瓶搬运车、皮带输送机、电梯以及手推车等。

③ 成组搬运工具。包括托盘、网络等。

（2）保管设备。包管设备是用于保护仓储商品质量的设备。主要可归纳为以下几种。

① 苫垫用品：起遮挡雨水和隔潮、通风等作用。包括：苫布（油布、塑料布等）、苫席、枕木、石条等。苫布、苫席用在露天堆场。

② 存货用具：包括各种类型的货架、货橱。

- 货架：即存放货物的敞开式格架。根据仓库内的布置方式不同。货架可采用组合式或整体焊接式两种，整体式的制造成本较高，不便于货架的组合变化。因此较少采用。货架在批发、零售量大的仓库，特别是立体仓库中起很大的作用。它便于货物的进出，又能提高仓库容积利用率。

- 货橱：即存放货物的封闭式格架。主要用于存放比较贵重的或需要特别养护的商品。

（3）计量设备。计量设备用于商品进出时的计量、点数，以及货存期间的盘点、检查等。如地磅、轨道秤、电子秤、电子记数器、流量仪、皮带秤、天平仪以及较原始的磅秤、卷尺等。随着仓储管理现代化水平的提高，现代化的自动计量设备将会更多地得到应用。

（4）养护检验设备。养护检验设备是指商品进入仓库验收和在库内保管测试、化验以及防止商品变质、失效的机具、仪器。如温度仪、测潮仪、吸潮器、烘干箱、风幕（设在库门处，以隔内外温差）、空气调节器、商品质量化验仪器等。在规模较大的仓库这类设备使用较多。

（5）通风保暖照明设备。通风保暖照明设备根据商品保管和仓储作业的需要而设。

（6）消防安全设备。消防安全设备是仓库必不可少的设备。它包括报警器、消防车、手动抽水器、水枪、消防水源、砂土箱、消防云梯等。

（7）劳动防护用品。劳动保护主要用于确保仓库职工在作业中的人身安全。

（8）其他用品和用具。仓储设备是构成仓储系统的重要组成因素，担负着仓储作业的各项任务，影响着仓储活动的每一个环节，在仓储活动中处于十分重要的地位，离开仓储设备，仓储系统就无法运行或服务水平及运行效率就可能极其低下。

6.1.3　仓储设备的作用

1. 仓储设备是提高仓储系统效率的主要手段

一个完善的仓储系统离不开现代仓储设备的应用。许多新的仓储设备的研制开发，为现代仓储的发展作出了积极的贡献。实践证明，先进的仓储设备和先进的仓储管理是提高仓储能力，推动现代仓储迅速发展的两个车轮，二者缺一不可。

2. 仓储设备是反映仓储系统水平的主要标志

仓储设备与仓储活动密切相关，在整个仓储活动过程中伴随着存储保管、存期控制、数量管理、质量养护等功能作业环节及其他辅助作业，这些作业的高效完成需要不同的仓储设备。因此其水平的高低直接关系到仓储活动各项功能的完善和有效实现，决定着物流系统的技术含量。

3. 仓储设备是构筑仓储系统的主要成本因素

现代仓储设备是资金密集型的社会财富。现代仓储设备购置投资相当可观。同时，为了维持系统的正常运转，发挥设备效能，还需要继续不断地投入大量的资金。仓储设备的费用对系统的投入产出分析有着重要的影响。

6.1.4　仓储设备的选择

仓储设备选择关键看"什么设备最适合我的作业需求？"所以一定要从自身实际出发。此外，要选择有实力的公司。

1. 详细说明设备必须履行的功能服务于作业目标

所选设备是做什么的？这个问题至关重要，这也是所有物流管理者在开始确定设备方案之前必须准确回答的问题。缺乏对设备作业需求的充分说明和设备应该具备的最佳能力的描述，将会导致所选设备不匹配的后果。为了更清楚地描述设备需求，建议采取作业分析工具。在作业结构化分析的基础上，相关作业和各作业模块之间的物流量将更容易描述和计算，也更方便把握各作业中的物流设备需求描述。

2. 准备详细的设备方案来满足已确定的作业要求

在设备规划过程中，其目的不是确定设备方案的详细规格，而是确定设备的一般分类。例如货架设备，首先要制订的设备方案是以托盘货架，或者是悬臂式货架为分类依据；然后，在设备规划与选择过程中的第四和第五个步骤中，再制订更详细的规格形式，如镀锌还是表面喷塑工艺。有一点不得不提醒各位同仁，设备方案制订工作，说起来容易做起来难。我们平时必须注意关于各项物流设备知识的积累。对于比较复杂的系统需求，借助专业的物流规划顾问是世界范围内的通行做法。

3. 定量（经济评估）与定性分析相结合

对于设备方案的经济评估，首先是成本计算。通常，成本分两类：投资成本和年运行成本。最普遍的投资成本是设备的采购费用。年运行成本是使用设备过程中不断发生的费用。典型的年运行成本项目包含物流作业人员的工资、设备维护费用、税和保险费等。一旦设备方案的相应寿命周期成本计算完毕，就应该计算设备方案的现值。折旧、税赋计算和企业所得税是经济分析的重要方面。这里不再详细说明。定性因素确定后，需要将所有因素按重要程序赋予权数。然后，针对不同方案进行打分。

4. 选择仓储设备和供货商

选定后，接下来的工作是说明所需设备的详细规格。通常这个阶段的重要工作是说明设备需求的详细规格，及接触供应商，详细咨询供应商资质及设备的说明。

6.2 货 架

6.2.1 货架的概念与作用

1. 货架的概念

根据国家标准《物流术语 Logistics terms GB/T 18354—2001》，货架是指用支架、隔板或托架组成的立体储存货物的设施。货架由立柱、横梁及卡槽等构件组成，可以任意拆装、组装成各种高度的货架和货格。货架横梁和竖架之间的储存空间称为"货格"。货格尺寸由堆放货物的大小来决定，可按储存的需要选用或定制。货格的位置可用其所在排、列和层的序数来表示。在现代仓储管理中，货格一般都以位置作为编号。

2. 货架的作用

货架在现代物流活动中起着相当重要的作用，仓库管理实现现代化，与货架的种类、功能有直接的关系。

（1）货架是一种固定的结构件，可充分利用仓库空间，提高库容利用率，扩大仓库存货量。

（2）存入货架中的货物，互不挤压，损耗小，可保证货物本身的性能。

（3）货架中的货物存取方便，可做到先进先出。

（4）保证存储货物的质量，采取防火、防潮、通风、防尘、防盗、防破坏等措施，以提高货物存储质量。

（5）很多新型货架的结构功能有利于实现仓库的机械化、自动化、智能化管理。

6.2.2 货架的分类与选择

1. 货架的分类

（1）货架按适用性分为通用货架、专用货架。适用于普通或专用仓库。

（2）货架按制造材料分为钢货架、钢筋混凝土货架、钢与钢筋混凝土混合式货架、木制货架、钢木合制货架等。

（3）货架按结构特点分为整体式和分体式货架。适用于自动化立体仓库和传统仓库及专用仓库。

（4）货架按运动形式分为移动式、旋转式货架（水平式、垂直式、整体式）、组合式货架、固定式货架、可调式货架、流动储存货架等。

（5）货架按载货方式分为悬臂式货架、橱柜式货架、棚板式货架、层架、层格架、橱架、抽屉架、三脚架、栅型架等。悬臂式货架适合存放长料、环型物和不规则物。

橱柜式货架、抽屉架适合存储较小、较短货物或很长的管状、条状物。

（6）货架按承载重量分为重型货架（每层承载重量在 500 kg 以上）、中型货架（每层承载重量在 150～500 kg）、轻型货架（每层承载重量在 150 kg 以下）。

（7）货架按高度分为低层货架（高度在 5 m 以下）、中层货架（高度在 5～15 m）、高层货架（高度在 15 m 以上）。

（8）货架按形式分为贯通式货架、驶入式、驶出式、货位式（托盘式、箱式）、重力式、辊轮式、压入式货架、阁楼式、流动式货架、专用冷弯型材货架、汽车 4S 店货架、自动立体库货架、自动立体车库货架等。

2. 货架的选择依据

在现代仓库的管理中，为了改善仓库的功能，不仅要求货架数量多、功能全，而且要便于仓库作业的机械化和自动化。因此，仓库在选择和配置货架时，必须综合分析库存货物的性质、单元装载和库存量，以及库房结构、配套的装卸搬运设备等因素，如图 6-1 所示。

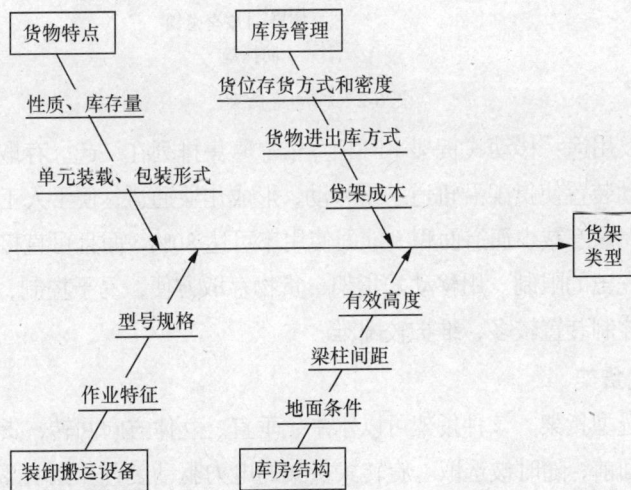

图 6-1　选择货架应综合考虑的因素

6.2.3　典型货架

1. 移动式货架

（1）结构：移动式货架是一种底部带轮且可整体移动的货架（见图 6-2）。在货架下面装滚轮，在仓库地面上装有导轨，通过开启控制装置，货架可通过轮子沿导轨移动。货架结构可以设计成普通层架，也可以设计成托盘货架。控制装置附加有变频控制功能用来控制其缓慢起动、平稳停止，以维持货架的货物稳定，用时配有确定位置的光电传感器及制动电机，以提高牵动或停止时的稳定度和精确度。

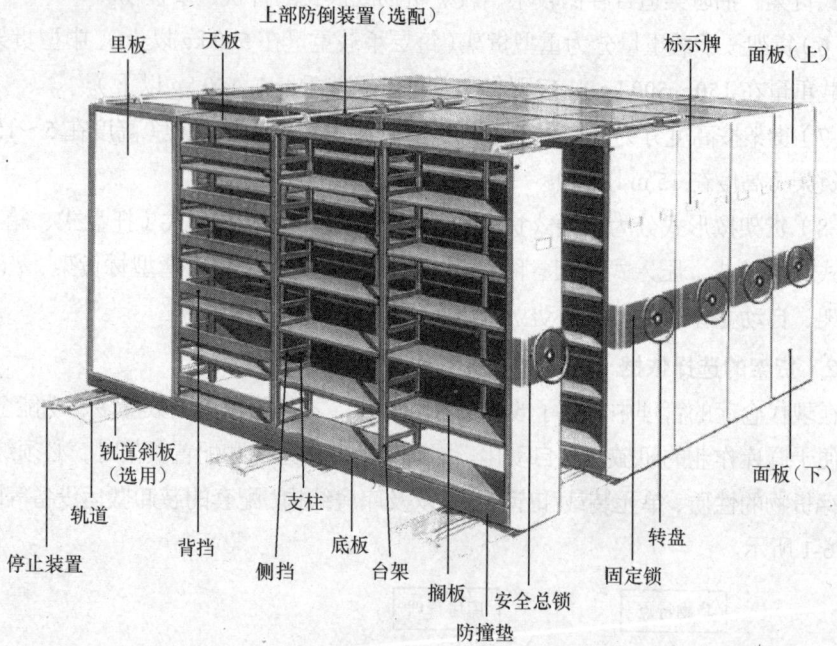

图 6-2 移动式货架

（2）特点及用途：移动式货架平时相互依靠密集排列在一起。存取货物时，通过手动或电力驱动装置使货架沿轨道水平移动，形成作业通道，便于人工或机械存取作业，这样可以大幅度减少通道面积，地面使用率可达 80%，而且可直接存放每一种货物，不受先进先出的限制。用移动式货架，货物存取方便，易于控制，安全性能好。但是，其自动控制装置较多，维护较困难。

2. 旋转式货架

它属于拣选型货架。该种货架可以水平、垂直、立体方向回转，货物随货架移动到拣选货物者面前，随时被选取。旋转式货架的电力驱动装置（驱动部分可安装在货架上部或货架底部），货架沿着已铺设好的环形轨道运行，由控制面板或小型电子计算机操纵。存取货物时，把货物所在货格编号输入到小型电子计算机，该货格自动旋转至拣货点停止，拣货路线短，拣货效率高。旋转式货架存贮密度大，货架间不设通道，和固定式货架比，可节省占地面积 30%～50%。由于货架转动，拣货快捷、效率高、差错少。

旋转式货架按旋转方式的不同，可分为垂直旋转式、水平旋转式和整体旋转式。

（1）垂直旋转式货架。该种货架类似垂直提升机，在提升机的两个分支上悬挂有成排的货格，提升机可正转，也可以反转。货架的高度 2～6 m，正面宽 2 m 左右，10～30 层，单元货位载重 100～400 kg，回转速度每分钟 6 m 左右，如图 6-3 所示。

垂直旋转式货架占地空间小，存放的品种多，最多可达 1 200 种左右。另外，货架货格的小隔板可以拆除，这样可以灵活地存贮各种长度尺寸的货物。在货架的正面及背面均设置拣选台面，可以方便地安排出入库作业。在旋转控制上用编号的开关按键即可以轻松地操作，也可以利用计算机控制操作，形成联动系统，将指令要求的货层经最短的路程送到拣选的位置。垂直旋转式货架主要适用于多品种、拣选频率高的货物，取消货格，改成支架也可用于成卷的货物，如地毯、纸卷、塑料布等的存取。

（2）多层水平旋转式货架。此种货架的高度为 2～4 m，最佳长度为 10～20 m，单元货位载重为 200～250 kg，回转速度每分钟为 30 m 左右。这种货架各层可以独立旋转，每层都有各自的轨道，用计算机控制时，可以同时执行几个命令，使各层货物从近到远，有序地到达拣选点，拣选效率很高。此外，这种货架存贮货物品种多达 2 000 种以上。主要用于出入库频率高、多品种拣选的配送中心，如图 6-4 所示。

图 6-3　垂直旋转式货架

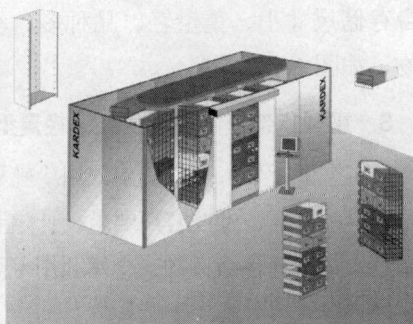

图 6-4　多层水平旋转式货架

（3）整体水平旋转货架。这种货架由多层货架联结而成，每排货架又有若干层货格，货架作整体水平式旋转，每旋转一次，便有一排架到达拣货面，可对这一排的各层进行拣货，其结构如图 6-5 所示。整体水平旋转货架每排上部可放置小包装，下部货格放置大包装，拣选时不再计数，只取一个需要数的包装即可，一次拣选可在一排上将相关物品拣出。因此，整体水平旋转货架主要是拣选型，也可看成是拣选、分货一体化的货架。这种货架旋转时动力消耗大，不太适于拣选频度太高的作业，所放置货物主要是

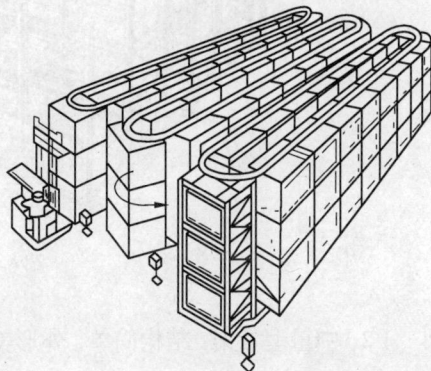

图 6-5　整体水平旋转式货架

各种包装单位的货物，货物的种类受货架长度的限制，而相对垂直旋转式、水平旋转式少。

整体水平旋转式货架也可制成长度很长的货架，以增大存储容量，但由于动力消耗大，拣选等待时间长，不适于随机拣选，在需要成组拣选或可按顺序拣选时可以采用。这类货架规模越大、长度越长，则其拣选功能便逐渐向分货功能转化，适用于小型仓储的分货式货架。

（4）组合式货架。有些仓库储存的货物品种、规格、形式、大小经常变化，或者把某些建筑物临时作为仓库，这都需要组合式货架，使货格可根据货物的大小而随时调整尺寸。临时性仓库可根据需要装配和拆掉货架，这样，就可以采用组合式货架。组合式货架可组成通用性很强的各种货架。它的主要特点是安装和拆卸快速和简便。特点及用途：有驱动装置，适合存储尺寸小、重量轻、品种多、小批量的货物，如图6-6所示。

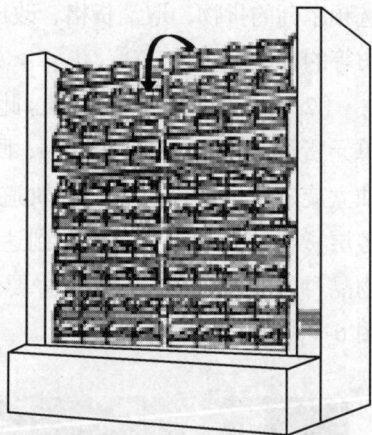

图6-6 组合式货架

3. 重型货架、中量型货架、轻量型货架

（1）重型货架：重型货架采用冷轧异形钢制作，充分利用空间面积，提高仓储能力，安全系数高，可按客户要求设计定制。适合存储大批量、品种少的货物，叉车可直接进入货道内存储货物，仓库利用率高，如图6-7所示。

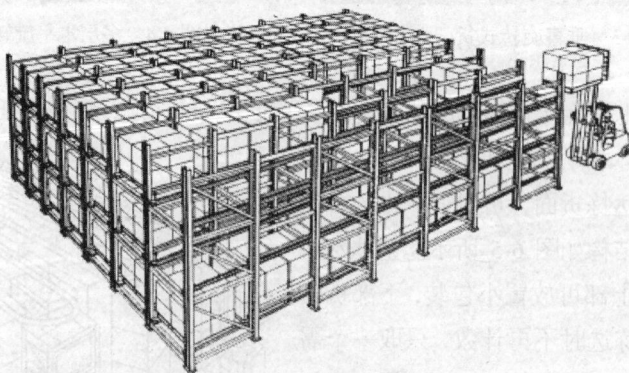

图6-7 重型货架

（2）中量型货架：结构简单、外形美观，不用任何螺栓，安装拆卸方便。以50 mm为节距任意调整。

（3）轻量型货架：插接方式组装，安装拆卸方便，钢层板上任意调节，满足多种使用要求。

4. 贯通式货架

贯通式货架有驶入式货架和驶出式货架两种类型。

（1）驶入式货架。其结构如图 6-8 所示，采用钢质结构，钢柱上一定位置上有向外伸出的水平突出构件或悬轨，当叉车将托盘送入时，突出的构件或悬轨可托住托盘及货物。货架上无托盘货物时，货架正面便成了无横梁状态，形成了若干通道可方便叉车出入。驶入式货架只有一端可以出入叉车。

图 6-8　驶入式货架

（2）驶出式货架。驶出式货架的结构和驶入式货架类似，只是驶出式货架两端均可出入叉车。驶入式货架和驶出式货架能起到保管场所及叉车通道的双重作用，属高密度配置。驶入、驶出式货架的高度可达 10 m，库容利用率可高达 90%以上，适用于大批量、少品种配送中心使用，但不适合太长或太重物品。驶入式货架存取货时受先后顺序的限制，难以作到先进先出。而驶出式货架则可将出入库作业分设在两端，可以作到货物先进先出。

5. 托盘货架

（1）结构：如图 6-9 所示。托盘货架是专门存放堆码在托盘上货物的货架，其承载能力和每层空间适合于存放整托盘货物。托盘货架结构多采用杆件组合，不仅拆迁容易，层间距还可依码货高度调整。通常总高度在 6 m 以下，架底撑脚需要装叉车防撞装置。

（2）特点：托盘货架结构简单，可调整组合，安装简易，费用经济；出入库不受先后顺序的限制；托盘装载不同货物时可立体

图 6-9　托盘货架

存放，库容率较高。原则上，每一个托盘占一个货位。存取作业时，较高的托盘货架使用堆垛起重机存取，较低的托盘货架可用叉车存取。这样，可实现机械化存取作业，提高劳动生产率，同时易于实现计算机的管理和控制。

6. 阁楼式货架

阁楼式货架是用货架作楼面支撑，可设计成多层楼层（通常2～3层），设置有楼梯和货物提升电梯等，适用于库房较高、货物轻小、人工存取、存储货量大的情况。提升机有电葫芦型和液压升降平台型，如图6-10所示。

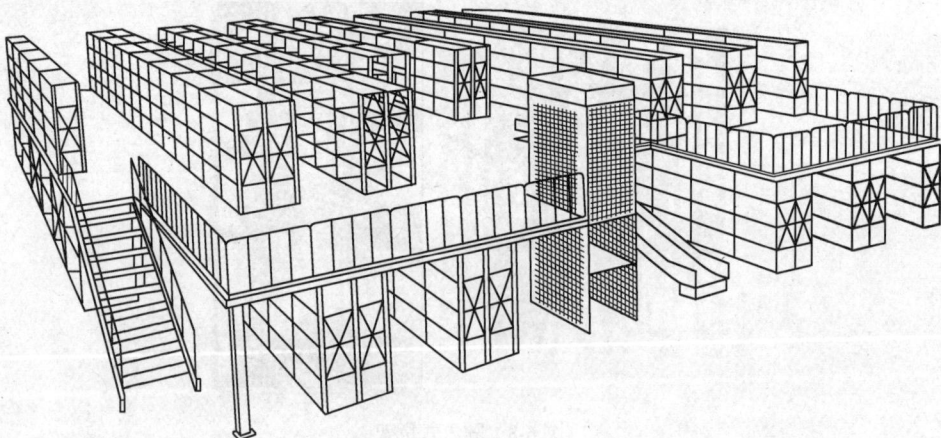

图6-10　阁楼式货架

7. 悬臂式长形料架（悬臂架）

（1）结构：悬臂式长形料架由3～4个塔形悬臂的纵梁相连而成，如图6-11所示。

图6-11　悬臂式长形料架

（2）特点及用途：边开式货架，可两边存放货物，但不便于机械化作业，存取货作业强度大；存放轻质长条形材料，可人力存取操作。重型悬臂架用于存放长条形金属材料。

8. 橱柜式货架

橱柜式货架是一种封闭式货架，与抽屉式类似，主要用于存放贵重文物、文件及精密配件等，如图6-12所示。

图 6-12　橱柜式货架

9. 箱式货架

箱式货架与阁楼式货架使用情形相类似，也是适用于库房较高，货物较小，储存量较大的情况，但可用拣选车人随车升高取货物，如图 6-13 所示。

图 6-13　箱式货架

10. 倍深式货架

倍深式货架将两排托盘货架结合起来增加储位，提高储存的位密度，但存取性和出入库方便性差，必须采用倍深式叉车，如图 6-14 所示。

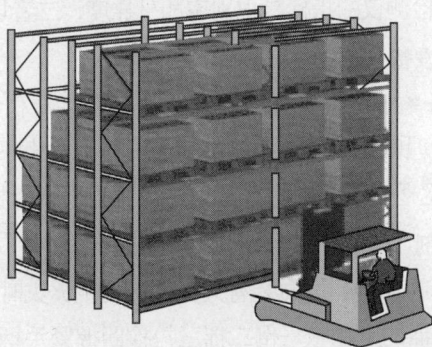

图 6-14　倍深式货架

6.3　仓储安全设备

6.3.1　仓储常用的安全设备简介

仓储治安保卫和技术安全工作，不仅要有专职保安员承担（如门卫管理、治安、技术巡查、安全值班等），还有大量的安全工作可由在岗的员工负责（办公室防火防盗、财务防骗、商务保密、仓库员工防火、技术巡查、锁门关窗等），同时还要配备安全设备，人机配合是最佳的仓储安全管理。仓储常用的安全设备主要包括以下几个方面。

1. 指纹自动检测仪

（1）指纹自动检测仪的作用。指纹自动检测仪（或身份读卡器）安装在大门和要害部门，验证工作人员的身份，未被识别系统认可者免进仓库，如图6-15所示。它是高性能的身份识别装置，必须基于人的属性。除语音和签字外，指纹是判别人身份的更强有力的手段。每个人每个手指均有100个左右的细节。识别一个人使用12个细节，则一百亿人中无重复这一手指者。由于指纹具有终生的稳定性和惊人的特殊性，很早以来在身份识别方面就得到了应用，尤其在我国公安系统中，建国以来就建有指纹制度并存有大量的指纹档案卡。

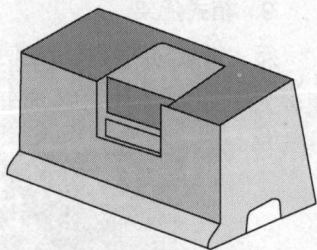

图 6-15　指纹自动检测仪

（2）指纹自动检测仪的工作过程。指纹自动检测仪工作过程如下：指纹输入仪器，经过预处理和特征提取，然后与以前得到的指纹样进行比较。如果比较的结果是满意的，输入指纹就被识别了。指纹自动检测仪由指纹输入系统、I/O接口和微型计算机三部分组成。指纹输入系统包括照明装置和摄像机；I/O接口把指纹图像量化成二维的数定点阵；微型计算机对量化指纹图像进行预处理和识别。为了进行识别还需在计算机中建立指纹库。衡量指纹自动检测仪的指标是识别率和可靠度，二者均可达到99%以上。

2. 仓储安全巡检设备

仓储安全巡检设备系统由巡更巡检管理软件、巡检器和各种巡更点构成，如图6-16所示。其基本的原理就是在巡逻线路上安装一系列代表不同点的巡更点（又称感应卡），巡逻到各点时巡逻人员用手持式巡检器（相当于刷卡机）刷卡。

3. 灭火器和灭火剂

灭火器是一些轻便的容器，里面装有灭火剂。发生火灾时，使用灭火器内的灭火剂扑灭火源。使用灭火器的方法：一倒二摇三拉拴四握紧手柄放完灭火剂再松手。特别注意：找准火的根部喷灭火剂。灭火器应布置在仓库的各个出口附近指定位置，是应急灭火的最重要的灭火器材。必须针对性地使用灭火器,才能起到有效灭火的目的。灭火器可分为如下几种。

(1)泡沫灭火器。由于泡沫较轻,在可燃物的表面覆盖,起着阻隔空气的作用,使燃烧因此而停止。泡沫主要用于油类火灾,也可以用于普通火灾的灭火,如图 6-17 所示。

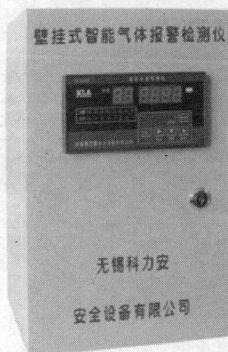

图 6-16　仓储安全巡检设备系统

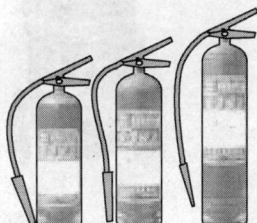

图 6-17　泡沫灭火器

(2)二氧化碳灭火器。二氧化碳,又称为干冰灭火器,利用液态的二氧化碳在此时大量吸热,造成降温冷却,同时二氧化碳本身具有窒息作用,如图 6-17 所示。二氧化碳最适用于电气设备、气体燃烧引发的火灾,以及办公地点、封闭仓室发生火灾的灭火。二氧化碳灭火的优点是它可以及时气化,不留痕迹,不会损坏未燃烧的物品。但二氧化碳对人体同样具有窒息作用,在使用时要注意防止对人体造成的伤害。

(3)干粉灭火器。干粉,如碳酸氢钠粉等,干燥、易流动、不燃、不结块,主要起着覆盖窒息的作用,还能阻止燃着的液体的流动,如图 6-17 所示。

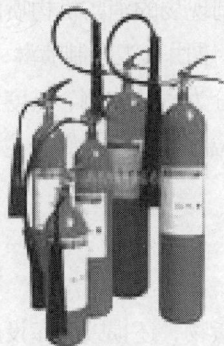

图 6-18　二氧化碳灭火器

图 6-19　干粉灭火器

(4)“1211”和沙土灭火。“1211”即二氟一氯一溴甲烷,是一种无色透明的不燃绝缘液体,如图 6-17 所示。“1211”通过高压液化存储在高压钢瓶内,灭火时对着着火物释放,通过降温、隔绝空气、形成不燃覆盖层灭火。其灭火的效率,比二氧化碳高 3~4 倍,适合于油类火灾、电气火灾的扑灭。沙土,对于小面积火灾,使用沙土覆盖灭火是一种有效的手段，由于沙土本身具有惰性、不燃，并且重量较大，具有较好的覆盖镇压能力，适合于氧化剂、酸碱性物质、遇水燃烧物质的灭火，同时沙土能吸收液体，阻止流动，也是扑灭液体火灾的主要材料。发生火情时，应通过有效手段及早消除隐患于萌芽状态。

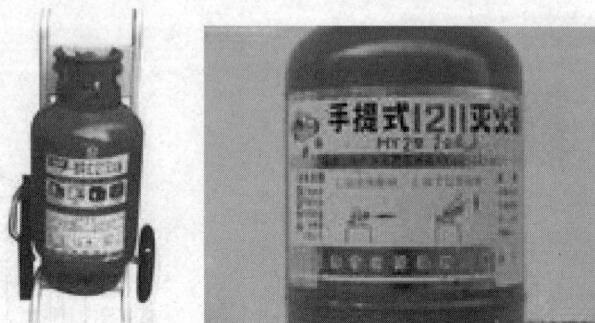

图 6-20　二氟一氯一溴甲烷灭火器

4. 摄像头自动视频监控装置、自动报警设备、自动消防设备及安全防护装置与计算机联网监控

计算机程序指令安全防护装置，可实现自动监测、自动报警、自动切断电源、自动喷淋，防患于未然。

（1）摄像头自动视频监控盗贼，自动报警。

（2）自动消防设备。由于仓库库房一般都比较大，货物和设备比较多而且密度大，又由于仓库的管理和操作人员较少，自动化仓库的消防系统大都采用自动消防系统。它由传感器（温度、流量、烟雾传感器等）不断检测现场温度、湿度等信息，当超过危险值时，自动消防系统发出报警信号，并控制现场的消防机构喷出水或二氧化碳粉末等，从而达到灭火的目的。这种消防系统也可以由人工强制喷淋，即手动控制。

（3）仓储机械设备的安全监测与控制设备。可分为气体监测、温度监测、水分监测、跑偏监测、行程监测、速度监测、虚实监测、位移监测及报警、控制设备。

6.3.2　仓库防火知识

1. 火灾的危害

仓库火灾是仓库的灾难性事故，不仅损害仓储货物，还损毁仓库设施设备，燃烧和燃烧产生的有毒气体直接危及人的生命安全。

2. 燃烧三要素

着火是一种剧烈的氧化反应。着火具有发光、放热和生成新物质的 3 个特征。火的发生必须具备三要素：具有可燃物、助燃物氧气或空气及火源。我们必须想尽一切办法隔离三要素，杜绝火灾。

3. 仓库火灾的火源类型

（1）明火与明火星。包括生产与生活产生的明火，生产中使用的灯火，气焊气割的乙炔火，内燃车辆的排烟管火星，以及飘落的未熄灭的烟火火星等。

（2）自燃。自燃是指物质自身的温度升高，在到达一定条件下，即使没有外界火源也能发生燃烧的现象。容易发生自燃的物质有粮食、谷物、煤炭、化纤、棉花、鱼粉、部分化肥、油污的棉纱等。

（3）雷电与静电。雷电是带有不同电荷的云团接近地面时瞬间发生的放电现象而形成的电弧，电弧的高能量能造成易燃物的燃烧。静电则是因为感应、摩擦使物体表面集结大量电子，向外以电弧的方式传导的现象，同样也能使易燃物燃烧。液体容器、传输液体的管道、工作的电器、高压电气、运转的输送带、强无线电波等都会发生静电现象。

（4）电火。电超负荷，电线短路、漏电引起的电路电火花，电气设备的电火花，电气设备升温也会引起燃烧。

（5）化学火灾和爆炸性火灾。一些化学反应会释放较多的热，有时甚至直接燃烧，从而引起火灾，如活泼轻金属遇水的反应和燃烧，硫化亚铁氧化燃烧，高锰酸钾与甘油混合燃烧等引起的火灾；如爆炸性的物品在遇到冲击、撞击而引起的火灾；一定浓度的易燃物的粉尘遇到火源也有可能引发爆炸。

（6）聚光。太阳光的直接照射会使物体表面温度升高，如果将太阳光聚合，形成强烈的光束会导致温度升高而引起易燃物燃烧。镜面的反射、玻璃的折射光都可能造成聚光现象。

（7）撞击和摩擦。金属或者其他坚硬的非金属，在撞击时会引发火花，引起易燃物品的燃烧。物体长时间摩擦也可能升温导致燃烧。

（8）人为破坏。人为恶意或无意将火源引入仓库而引起火灾。人为故意引火是一种犯罪行为，纵火人要受到刑事惩罚。无意引起火灾也要受到刑事惩罚。严禁抽烟。

6.3.3 以灭火的方法对仓库火灾进行分类

对火灾进行分类是为了有效地防止火灾和灭火。火源的分类对防火工作非常重要，将火源分为直接火源和间接火源两种，如明火源、化学火源、电火源、自燃等。也可从灭火的方法角度对火灾进行分类。

1. 普通火灾

普通可燃固体所发生的火灾，如木料、化纤、棉花、煤炭等。普通火虽然说燃烧扩散较慢，但会深入燃烧物内部，灭火后重燃的可能性极高。普通火应使用水进行灭火。

153

2. 电气火灾

电器、供电系统漏电所引起的火灾，其特征是在火场中还有供电存在，有可能使员工触电；另外，由于供电系统的传导，还会在电路的其他地方产生电火源。因此在发生火灾时，要迅速地切断供电，采用其他安全方式照明。

3. 油类火灾

各种油类、油脂发生燃烧引起的火灾。油类属于易燃品，且具有流动性，烧着的油，会迅速扩大着火范围。油类轻于水，会漂浮在水面，随水流动，因此不能用水灭火，只能采用干粉、泡沫等灭火手段。矿物提取油应存放在专用油库中，不得存在普通油库中，但普通仓库中可存放食用油类。

4. 爆炸性火灾

容易引发爆炸的货物，或者火场内有爆炸性物品，如化学爆炸的危险品、物理爆炸的密闭容器等都可造成爆炸性火灾。发生这类火灾首要的工作是保证人身安全，迅速撤离人员。

【链接】　　大连新港"7·16"爆炸现场罐体拆除时引发火情

[新华网大连2010年10月24日电]大连新港码头油库"7·16"爆炸事故现场24日下午再次发生火情，记者在现场看到浓烟滚滚，不时有明火闪现。目前初步判断，是现场在拆除"7·16"爆炸事故中发生着火的油罐时，引燃罐体内残留原油，事故没有造成人员伤亡。

中石油辽河油田建设集团副总指挥李明辉在接受采访时表示，24日16时10分左右，该集团施工人员对位于大连新港原油储备基地103号罐体（即原"7·16"爆炸事故着火油罐）进行拆除作业时，不慎引燃罐体内残留原油发生燃烧。他说，目前罐体已经拆除到最后一层，罐体内还有500毫米左右的水，同时也有原油残渣，拆除中可能切割的火花造成复燃。李明辉认为，罐体内的残留物很少，现场火情是可控的。同时他认为，由于排污渠等已经进行了清理，这次复燃不会造成新的原油汇漏入海。但记者在现场看到，现场的火势并不小，且不止一个着火点，消防队员通过水枪和泡沫等在控制火情，目前尚不会危及旁边的其他罐体。

事故发生后，大连市出动370余名消防官兵、70余辆消防车实施救援灭火工作，大连市主要领导立即赶赴一线指挥部署灭火工作，辽宁省、大连市安全生产专家也到现场指导。指挥部认为，目前火势已经得到完全控制，由于出火通道完全封闭，不会造成环境污染。大火扑灭后，辽宁省事故调查组旋即开展调查取证工作，国家安监总局局长骆琳公开表示，初步判断这起特大事故祸起明显的违规违章，虽没有造成人员伤亡，但教训非常惨痛。

大孤山油库现有6座10万立方米储罐，库内消防设施世界一流，然而，一个小小的闪爆却无情地撕碎了库区消防"固若金汤"的神话。从现有信源看，库区消防设施并未成为摆设，其之所以关键时刻派不上用场，关键是库区储油罐分布过于密集，储油罐-输油管线-油码头之间的距离过短，输油管廊扎堆排布，以至于管线到油罐之间因安全空间距离不够，只能设置一道防火安全阀门，当唯一的安全阀门被大火吞噬，最后的安全屏障顷刻间丧失……

　　同样的情形当年曾在山东黄岛上演。黄岛油库1984年投产，1987年起，公安部消防总局多次上岛检查，指出库区储油罐排布过于密集，一旦发生意外后果不堪设想。消防总局三番五次敦促黄岛整改期间，该油库已连续发生7次小规模火灾，随行记者将黄岛消防隐忧写成报道，遭到青岛市强烈反弹，被斥责为"严重失实"，逼迫报社处分记者。可未等笔墨官司了断，1989年8月12日大祸终于临头，导火索无非是大型油库常见的"滚地雷"，导致19名消防官兵牺牲，半个库区报废，直接经济损失数千万元（当年的物价水平）。

6.3.4　防火与灭火方法

　　燃烧三要素中的可燃物、助燃物、火源（温度）共同作用才能燃烧，缺少一个要素都不会发生燃烧。防火工作就是使三者分离。灭火的方法也是围绕着这个原理进行，分离其中的一种或两种要素。

1. 灭火方法

　　灭火是指终止可燃物已经发生的燃烧。

　　（1）冷却法。将燃烧物的温度降低到燃点以下，阻止其气化，从而阻止燃烧。常用的冷却法是用大量冷水、干冰等降温。

　　（2）窒息法。减少周围的氧气含量，使燃烧不能继续。窒息法有封闭窒息法（将燃烧间密闭）、充注不可燃气体窒息法（水蒸气、二氧化碳等）、遮盖易燃物窒息法（用黄沙、湿棉被、惰性泡沫等覆盖着火物灭火）。

　　（3）隔绝法。减少或隔离可燃物灭火的方法。当发生燃烧时，先搬离未燃烧的物品，从而避免火势扩大。隔绝法是灭火的基本原则，一方面减少受损货物，另一方面能起到控制火势的作用。当发生火灾时，首要的工作就是将火场附近的可燃物搬离或者用不易燃的材料将其遮盖隔离。

　　（4）化学抑制法。通过多种化学物质在燃烧时产生的化学反应，产生绝氧、降温等效果抑止燃烧。

　　（5）综合灭火法。火灾的危害性极大，而且当火势迅猛时，很难加以控制。发生火灾时，使用多种方法共同灭火，才能迅速阻止火势蔓延，不能依赖单一的方法。

　　注意不能使采取的方法之间相互产生影响，降低灭火效果。例如，采用泡沫灭火时，不能用水冲；酸性灭火剂不能与碱性灭火剂共同使用。

2. 防火方法

（1）控制可燃物。

（2）隔绝助燃物。

（3）杜绝火源。

由于仓库不能避免储藏可燃物，而隔绝空气的操作需要较高的成本，因此仓库防火的核心就是消除着火源，消除着火源是防火的基本方法。

6.4 自动化立体仓库

6.4.1 自动化立体仓库概述

1. 自动立体仓库概念

自动立体仓库（Automated Storage & Retrieval System，AS/RS）是指由高层货架、巷道堆垛起重机、入出库输送机系统、自动化控制系统、计算机仓库管理系统及其周边设备组成，可对集装单元货物实现自动化保管和计算机管理的仓库，如图 1-3 所示。

2. 自动化立体仓库的组成

自动化立体仓库一般由高层货架系统、有轨巷道堆垛机系统、入出库输送机系统、托盘及料箱、自动化控制系统、计算机仓库管理系统及其他周边设备组成，可对集装单元货物实现储取和计算机管理的仓储作业系统，如图 6-21 所示。

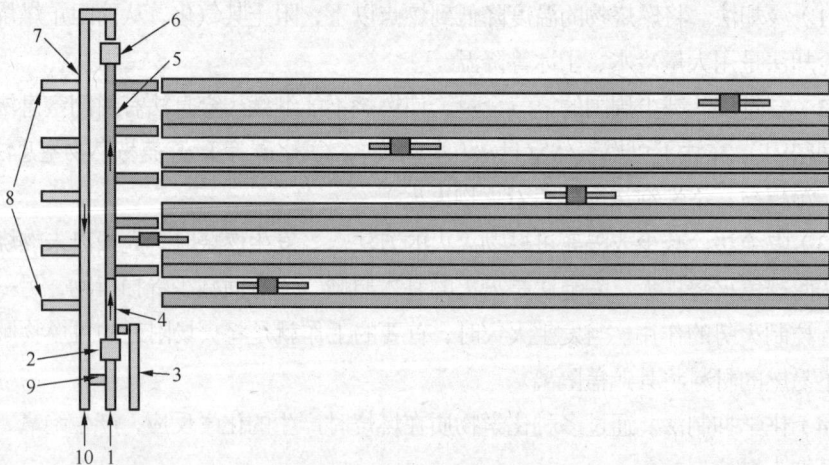

图 6-21　自动化立体仓库的组成

1—入库输送设备；2—入库端激光扫描站；3—退货输送机；4—低频货输送机；

5—高频货输送机；6—出库端激光扫描站；7—主输送线；8—拣选出货口；

9—重入库输送带；10—整托盘（箱）出货口

3．自动化立体仓库货架的强度、刚度和稳定性、精度要求

货架必须具有足够的精度、强度、刚度、稳定性，在正常工作条件下和在特殊的非工作条件下，都不至于变形或破坏，但允许其弹性变形而非塑性变形。支腿的垂直度、位置精度和横梁的水平度等都必须满足自动化和半自动控制的立体仓库对货架的精度要求，强度、刚度、稳定性、精度是自动化立体仓库成败的决定因素。

4．自动化立体仓库的特点

历史和现实已充分证明，使用自动化立体仓库能够产生巨大的社会效益和经济效益。自动化立体仓库具有如下主要优点。

（1）大幅度提高仓库的面积和空间利用率，节约建设用地。

（2）提高仓库存取作业的机械化和自动化程度，提高劳动效率，减轻劳动强度。

（3）提高仓库管理水平，有效利用仓库的储存能力，加速周转，减少库存，节约库存费用，提高效益。

（4）提高仓库作业水平和储存的安全可靠性。自动化和机械化作业可以防止货损和货差。

（5）能适应特殊环境下的工作条件。自动化仓库可以较好地适应黑暗、低温、污染、有毒和易爆等特殊场合的物品存取需要。例如，国内的冷冻物品自动化仓库和存储胶片的自动化仓库，在低温和完全黑暗的环境下，较好地完成了物品的出入库作业。

（6）实现计算机控制管理。主要表现在：能够有效地减少货物处理和信息处理过程中的差错；可以合理分配货位，有效地利用仓库存储的能力；便于清点和盘库；加快存储占用资金的周转，节约流动资金等。自动化仓库的计算机信息管理系统可以与企业的生产信息系统集成，实现企业信息管理的自动化。便于企业领导随时掌握库存情况，正确及时决策，提高生产应变能力和决策能力。

自动化立体仓库也有以下缺点。

（1）基建和设备投资高。自动化立体仓库结构复杂，配套设备多，货架安装精度要求高，一次性资金投入大。

（2）自动化立体仓库的操作和管理、维护和保养要求高。自动化立体仓库的操作要求高，必须对仓库管理和技术人员进行专业培训才能上岗。自动化仓库的高架吊车、自动控制系统等都是先进、技术含量高的设备，维护要求高，系统出现故障时常依赖于供应商的技术支援。

（3）作业流程要求严格，弹性小，柔性差，整体配套要求高。自动化立体仓库储存货物的品种受到一定限制，对长大笨重货物以及要求特殊保管的货物，必须单独设立储存系统。作业流程工艺要求高，弹性较小，难以应付储存高峰的需求。流

通业务在实际运作时，常常会有淡旺季及高峰期以及顾客紧急的需求，而自动化设备数目固定，运行速度可调整范围不大，因此，作业弹性不大，而对于传统设备只要采用人海战术就可以应付这种紧急需求。自动化仓库要充分发挥其经济效益，就必须与采购管理系统、配送管理系统、销售管理系统等相结合，但是这些系统的建设需要大量投资。

因此，自动化立体仓库的一次性投资较大，对建筑、材料、设备、原件、安装的环境条件的技术要求较高，需要较多的配套设施，建设和改造成自动化立体仓库需要进行科学的论证和评估，不能盲目上马，应该有巨量的仓储周转量来分摊投资成本，保证投资资本的顺利回收。

6.4.2 自动化立体仓库的分类

自动化立体仓库可以按照控制方式、储存物品的特性、功能、建筑形式及设备形式等进行分类。

1. 按控制方式分类

可分为手动控制、半自动控制、遥控、全自动控制及 CIMS（现代集成制造系统）控制方式。

2. 按储存物品的特性进行分类

主要包括常温自动化立体仓库系统、低温自动化立体仓库系统、防爆型自动化立体仓库系统。防爆型自动化立体仓库系统主要以存放具有挥发性或易于燃烧和爆炸的物品为主，所以其系统中使用的电气、电控和照明等设备必须按照不同的防爆等级来设计。

3. 按建筑形式进行分类

可以划为分体式和整体式。分体式是指在现有的厂房或新建筑物内，独立安装仓储系统，仓库的货架与原有建筑物是各自分离的结构体；整体式是指货架与建筑物结构是一体的，货架除了储存货物以外，还可以作为库房屋顶的支撑架。

4. 按货架形式进行分类

可以分为单元式货架自动化立体仓库、重力式货架自动化立体仓库、循环货架自动化立体仓库等。

5. 按仓储功能分类

（1）物流中心仓储。物流中心仓储是为了实现有效的物流管理，对物流的过程、数量、方向进行控制的仓储。物流中心仓储的目的是实现物流效果的有效管理，因此，物流中心仓储一般选在特定经济地区的中心，水、陆交通便利，储存成本较低。物流中心仓储具有品种较少，一次进库批量较大，小批量分批出库，整体上吞吐能力强的特点。

（2）配送中心仓储。配送中心仓储是商品在配送交付商店或超市之前所进行的短期仓储。配送中心仓储的目的是为了支持销售，因此，配送仓储一般在商品的销售区间内进行，能迅速地送达商店或超市。配送中心仓储注重对物品存量的控制，具有物品品种繁多、批量小、分批少量出库的特点。

（3）现代生产物流仓储。现代生产物流仓储一般都采取计算机技术、网络技术、通信技术而实现网络生产管理方式。实现了生产与管理、监控及调度、销售与财务信息通畅、高效、便捷、信息资源共享。易于统一规划、统一部属、统一协调、统一管理。易于实现生产过程自动控制。

6. 按库存容量分类

库存容量在 2 000 个托盘（货箱）以下的为小型立体仓库；2 000～5 000 个托盘的为中型立体仓库；5 000 个以上托盘的为大型立体仓库。

6.4.3　自动化立体仓库的基本设施

自动化立体仓库基本设施包括土建及公用工程设施、电气与电子设施和高层货架。它们互相制约，在使用、维护和管理中应该分别采取相应的措施。

1. 土建及公用工程设施

（1）库房。自动化立体仓库，所有设备和仓库中存放的货物都安放在库房规定的范围内，库存容量、货架规格是库房设计的主要依据。在我国的南方和北方，地质地貌情况不同，厂房的土建要根据实际情况因地制宜，以免造成不必要的人力、财力和时间的浪费。库房的建设同时还要遵守国家和国际的有关规定，依据物流模数设计、建造，实现标准化。

（2）消防系统。我国的《建筑设计防火规范》是消防系统设计的主要依据，再根据所存物品的性质确定具体的消防方案和措施。

（3）照明系统。为了使仓库内的管理、操作和维护人员能正常地进行生产活动，在立体库外围的工作区和辅助区必须有一套良好的照明系统。自动化仓库的照明应有日常照明、维修照明和应急照明。对存储感光材料的黑暗库来说，由于不允许储存物品见光，因此照明系统应特殊考虑。

（4）通风及采暖系统。通风和采暖的要求是根据所存物品的条件提出的。对设备而言，自动化仓库内部的环境温度一般在 5℃～45℃即可。其措施通常有厂房屋顶及侧面的风机、顶部和侧面的通风窗、中央空调、暖气等。对散发有害气体的仓库，应安装离心通风机将有害气体排到室外。

（5）动力系统。自动化立体仓库一般需要动力配电系统，多采用三相四线制供电，中性点可直接接地，动力电压为交流 380 V，民用电压为交流 220 V，根据所有设备用电量的总和确定用电容量。配电系统中的主要设备有动力配电箱、电力电缆、控制电缆和电缆桥架等。

（6）其他设施。其他设施包括给排水设施、避雷接地设施和环境保护设施等。给水主要指消防水系统和工作用水。排水是指工作废水、清洁废水及雨水系统。立体仓库属于高层建筑，应设置避雷网防止雷击，其地线不应少于 2 根，间距不应大于 30 m。电气设备不带电的金属外壳及穿线用的钢管、电缆桥架等均应可靠接零；工作零线、保护零线均应与变压器中性点有可靠的连接；为了防止静电积累，所有金属管道应可靠接地。根据《中华人民共和国环境保护法》等有关法规，必须对生产过程中产生的污物及噪声采取必要的措施，安装消声器、防火罩等。

2. 电气与电子设施

自动化仓库中的电器与电子设施主要包括电脑、检测装置、信息识别装置、控制装置、计算机管理设备，数据通信设备、大屏幕显示设备、监控及调度系统、图像监视设备等。

（1）电脑、检测装置、通信技术组成了自动检测和自动控制系统。

（2）信息识别装置。信息识别设备是自动化仓库中必不可少的，它完成对货物品名、类别、货号、数量、等级、目的地、生产厂乃至货位地址的识别。在自动化仓库中，为了完成物流信息的采集，采用条形码、磁条、光学字符、无线射频自动识别技术和 PFID（无线射频识别技术）智能电子标签技术等识别技术。RFID 智能电子标签技术将取代条形码识别技术，成为货物信息标签，实现货物信息的自动读取、传递和处理，极大地提高信息处理效率。RFID 智能电子标签技术为货物的跟踪、管理及监控提供了快捷、准确、自动化的手段。如一辆满载货物的卡车从仓库大门（安装了无线射频自动识别器）经过，车上装载的各种货物信息（电子标签）就会自动进入仓库的信息系统。仓储管理的各种的单据、账目可以自动生成，省去了大量手工录入的工作量。客户可以随时查询货物运到了什么位置，存放在哪个库房、哪个货位。RFID 在供应链上的每个环节都能发挥作用，贯穿货物供应、生产、储存、包装以及物流、零售、防伪等各个环节，将极大地提高物流效率。

（3）控制装置。控制系统是自动化仓库运行成功的关键。没有好的控制，系统运行的成本就会很高，而效率很低。为了实现自动运行，自动化仓库内所用的各种存取设备和输送设备本身必须配备各种控制装置及接收信号的装置。这些控制装置种类较多，从普通开关和继电器，到微处理器、单片机和可编程序控制器（PLC），根据各自的设定功能，它们都能完成一定的控制任务。如巷道式堆垛机的控制要求就包括了位置控制、速度控制、货叉控制以及方向控制等。所有这些控制都必须先接收设定信号，再通过各种控制装置去实现。

（4）监控及调度系统。监控及与调度系统是自动化仓库的信息枢纽，它在整个系统中起着举足轻重的作用，它负责协调系统中各个部分的运行及调度。

（5）计算机管理设备。计算机管理系统（主机系统）是自动化仓库的指挥中心，相当于人的大脑，由应用管理软件支持。包括仓储生产管理系统、计费管理系统、现货市场客户管理系统、客户（质押银行）远程信息查询管理系统 4 大模块。仓储生产管理系统以流程化对货物的到达、验收入库、出库调拨（自提、转让、开平等）、存储、现场堆码、倒垛等各个环节、各种状况进行管理；计费管理系统对进、出、存收费活动进行管理，包括缴费、机打发票等；现货市场客户管理系统包括局域网客户查询、在线验收通知、在线开单、服务评审等；客户（质押银行）远程信息查询管理系统使用互联网作为查询平台，以网页形式提供客户（质押银行）进行货物库存及各类报表的实时查询，包括时点和时段信息查询。

（6）数据通信设备。自动化立体仓库是一个复杂的自动化系统，它是由众多子系统组成的，在自动化仓库中，为了完成规定的任务，各系统之间、各设备之间要进行大量的信息交换，例如自动化仓库中的主机与监控系统、监控系统与控制系统之间的通信以及仓库管理计算机通过厂级计算机网络与其他信息系统的通信，信息传递的媒介有电缆、远红外线、光纤和电磁波、超声波等。

（7）大屏幕显示设备。自动化仓库中的各种显示设备是为了使人们操作方便、易于观察设备情况而设置的。在操作现场，操作人员可以通过显示设备的指示进行各种搬运、拣选；在中控室或机房，人们可以通过屏幕或模拟屏显示，观察现场的操作及设备运行情况。

（8）图像监视设备。工业电视监视系统是通过高分辨率、低照度变焦摄像装置对自动化仓库中人身及设备安全进行观察，对主要操作点进行集中监视的现代化装置，是提高企业管理水平，创造无人化作业环境的重要手段。

此外，还有一些特殊要求的自动化仓库。例如，储存冷冻食品的立体仓库，需要对仓库中的环境温度进行检测和控制；储存感光材料的立体仓库，需要使整个仓库内部完全黑暗，以免感光材料失效而造成产品报废；储存某些药品的立体仓库，对仓库的温度、气压等均有一定要求，因此需要特殊处理。

3. 高层货架

高层货架是自动化仓库（AS/RS）主要组成部分，是保管物料的场所。随着单元货物重量和仓库高度的提高，要求货架立柱、横梁的刚度和强度提高；随着仓库自动化程度的提高，要求货架制造和安装精度也相应提高。高层货架的高精度是自动化仓库的主要保证之一，如图 6-22 所示。

高层货架有钢货架和钢筋混凝土货架两种，自动化立体仓库中多用钢货架。在库存量一定时，仓库的初投资主要取决于货架的高度（高度越大，基础费和轨道费越少，设备费越大）。

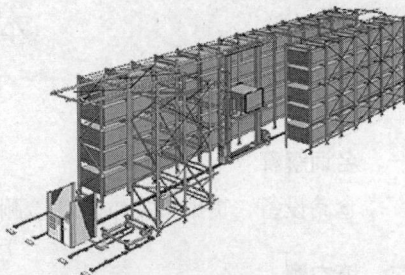

图 6-22　高层货架

161

本章小结

　　仓储设备是指仓储业务所需的所有技术装置与机具，即仓库进行生产作业或辅助生产作业以及保证仓库及作业安全所必需的各种机械设备的总称。仓储设备是仓储与物流技术水平高低的主要标志，现代仓储设备体现了现代仓储与物流技术的发展。根据仓储设备的主要用途和特征，可以分为货架系统、装卸搬运设备、计量检验设备、分拣设备、养护照明设备、安全设备、其他用品和工具等。

　　货架是指用支架、隔板或托架组成的立体储存货物的设施，其种类繁多，按不同的分类标志可以把货架分成不同的类型。货架由立柱、横梁及卡槽等构件组成，可以任意拆装，组装成各种高度的货架和货格。在现代仓库的管理中，为了改善仓库的功能，不仅要求货架数量多、功能全，而且要便于仓库作业的机械化和自动化。因此，仓库在选择和配置货架时，必须综合分析库存货物的性质、单元装载和库存量，以及库房结构、配套的装卸搬运设备等因素。

　　仓储治安保卫和技术安全工作，对仓储管理来说意义特别重大。仓储安全管理不仅要有专职保安员承担，还有大量的安全工作可由在岗的员工负责，同时还要配备安全设备，人机配合是最佳的仓储安全管理。仓储安全管理设备主要包括指纹自动检测仪、仓储安全巡检设备、灭火器、摄像头自动视频监控装置、自动报警设备、自动消防设备及安全防护装置与计算机连网监控等。

　　自动化立体仓库是指由高层货架、巷道堆垛起重机、入出库输送机系统、自动化控制系统、计算机仓库管理系统及其周边设备组成，可对集装单元货物实现自动化保管和计算机管理的仓库，一般由高层货架系统、有轨巷道堆垛机系统、入出库输送机系统、托盘及料箱、自动化控制系统、计算机仓库管理系统及其他周边设备组成，可对集装单元货物实现储取和计算机管理的仓储作业系统。自动化立体仓库基本设施包括土建及公用工程设施、高层货架和电气与电子设施。自动化立体仓库具有比普通仓库更加突出的功能。

本章练习题

一、名词解释

　　仓储设备、货架、指纹自动检测仪、二氧化碳灭火器、自动化立体仓库

二、填空题

　　（1）根据仓储设备的主要用途和特征，可以分为（　　）、（　　）、（　　）、（　　）、

（　　）、安全设备、其他用品和工具等。

（2）货架由（　　）、（　　）、（　　）等构件组成，可以任意拆装，组装成各种高度的货架和货格。

（3）（　　）是一种底部带轮且可整体移动的货架，在货架下面装滚轮，在仓库地面上装有导轨，通过开启控制装置，货架可通过轮子沿导轨移动。

（4）仓储安全巡检设备系统由（　　）、（　　）和（　　）构成。

（5）燃烧三要素中的（　　）、（　　）和（　　）共同作用才能燃烧，缺少一个要素都不会发生燃烧。

（6）自动化立体仓库按控制方式可分为（　　）、（　　）、（　　）、全自动控制及 CIMS 控制方式。

三、选择题（单、多选）

（1）按货架的制造材料分类，货架包括（　　）。

　　A．钢货架　　B．钢筋混凝土货架　　C．木制货架　D．旋转式货架

（2）重型货架每层一般承载重量在（　　）以上。

　　A．500 kg　　　　B．5 000 kg　　　　C．50 kg　　　D．1 000 kg

（3）（　　）是一种封闭式货架，与抽屉式类似，主要用于存放贵重文物、文件及精密配件等。

　　A．旋转式货架　　B．橱柜式货架　　C．托盘货架　D．倍深式货架

（4）灭火器是一些轻便的容器，其的主要类型有（　　）。

　　A．泡沫灭火器　　　　　　　　B．二氧化碳灭火器

　　C．干粉灭火器　　　　　　　　D．二氟一氯一溴甲烷灭火器

（5）库存容量在（　　）个托盘（货箱）以上的为大型立体仓库。

　　A．10 000　　　　B．500 000　　　　C．500　　　D．5 000

（6）自动化立体仓库基本设施包括（　　）。

　　A．土建及公用工程设施　　　　B．机械设施

　　C．电气设施　　　　　　　　　D．高层货架

四、简答题

（1）仓储设备的主要功能是什么？仓储设备选择主要考虑哪些因素？

（2）货架的结构及其主要类型有哪些？货架的选择主要考虑的因素有哪些？

（3）仓储安全设备与设施主要类型包括哪些？

（4）仓储灭火器的主要类型及其使用方法是什么？

（5）自动化立体仓库的基本结构包括哪些？自动化立体仓库主要类型及其特征是什么？

[案例讨论与分析]

正泰集团采用自动化立体仓库提高物流速度

温州正泰集团股份有限公司始创于 1984 年 7 月，现辖 8 大专业公司、2 000 多家国内销售中心和特约经销处，并在国外设有 40 多家销售机构。产品覆盖高低压电器、输配电设备、仪器仪表、建筑电器、汽车电器、工业自动化和光伏电池及组件系统等几大产业，产品畅销世界 70 多个国家和地区，是中国工业电器行业产销量最大的企业之一，中国产销量最大的低压电器生产企业。综合实力连续多年名列中国民营企业500 强前十位，2009 年销售额为 48.02 亿。"正泰"商标被认定为中国驰名商标，四大系列产品跻身"中国名牌"，部分产品被列入"国家免检产品"。

一、立体仓库的功能

正泰集团公司自动化立体仓库是公司物流系统中的一个重要部分。它在计算机管理系统的精确指挥下，高效、合理地储存各种型号的低压电器成品，准确、实时、灵活地向各销售部门提供所需产成品，并为物资采购、生产调度、计划制订、产销衔接提供了准确信息。同时，它还具有节省用地、减轻劳动强度、提高物流效率、降低储运损耗、减少流动资金积压等功能。

二、立体仓库的工作流程

正泰立体库占地面积达 1 600 m²（入库小车通道不占用库房面积），高度近 18 m，3 个巷道（6 排货架）。作业方式为整盘入库，库外拣选。其基本工作流程如下。

（1）入库流程。仓库二、三、四层两端六个入库区各设一台入库终端，每个巷道口各设两个成品入库台。需入库的成品经入库终端操作员键入产品名称、规格型号和数量。控制系统通过人机界面接收入库数据，按照均匀分配、先下后上、下重上轻、就近入库、"ABC"分类和原则，管理计算器自动分配一个货位，并提示入库巷道。搬运工可依据提示，将装在标准托盘上的货物由小电瓶车送至该巷道的入库台上。监控机指令堆垛将货盘存放于指定货位。库存数据入库处理分两种类型：一种是需操作员在产品入库之后，将已入库托盘上的产品名称（或代码）、型号、规格、数量、入库日期、生产单位等信息在入库客户机上通过人机界面而输入；另一种是托盘入库。

（2）出库流程。底层两端为成品出库区，中央控制室和终端各设一台出库终端，在每一个巷道口设有 LED 显示屏幕以提示本盘货物要送至装配平台的出门号。需出库的成品，经操作人员键入产品名称、规格、型号和数量后，控制系统按照先进先出、就近出库、出库优先等原则，查出满足出库条件且数量相当或略多的货盘，修改相应账目数据，自动地将需出库的各类成品货盘送至各个巷道口的出库台上，经电瓶车将之取出并送至汽车上。同时，出库系统在完成出库作业后，在客户机上形成出库单。

（3）回库空盘处理流程。底层出库后的部分空托盘经人工叠盘后，操作员键入空托盘回库作业命令，搬运工依据提示用电瓶车送至底层某个巷道口，堆垛机自动将空托盘送回立体库二、三、四层的原入口处，再由各车间将空托盘拉走，形成一定的周转量。

三、立体库主要设施

（1）托盘。所有货物均采用统一规格的钢制托盘，以提高互换性，降低备用量。此种托盘既能满足堆垛机、叉车等设备装卸，又可满足在输送机上下平衡运行。

（2）高层货架。采用特制的组合式货架，横梁结构。该货架结构美观大方，省料实用，易安装施工，是一种优化的设计结构。

（3）巷道式堆垛机。根据本仓库的特点，堆垛机采用下部支撑、下部驱动、双方柱型式的结构。该机在高层货架的巷道内按 X、Y、Z 三个坐标方向运行，将位于各巷道口入库台的产品存入指定的货格，或将货格内产品运出送到巷道口出库台。该堆垛机设计与制造严格按照国家标准进行，并对结构强度和刚性进行精密地计算，以保证机构运行平稳、灵活、安全。堆垛机配备有安全运行机构，以杜绝偶发事故。其运行速度为 4～80 mm/min（变频调速），升降速度为 3/16 mm/min（双速电机），货叉速度为 2～15 mm/min（变频调速），通信方式为红外线，供电方式为滑触导线方式。

四、计算机管理及监控调度系统

该系统不仅对信息流进行管理，同时也对物流进行管理和控制，集信息与物流于一体。同时，还对立体库所有出入库作业进行最佳分配及登录控制，并对数据进行统计分析，以便对物流实现宏观调控，最大限度地降低库存量及资金的占用，加速资金周转。

在日常存取活动中，尤其库外拣选作业，难免会出现产品存取差错，因而必须定期进行盘库。盘库处理通过对每种产品的实际清点来核实库存产品数据的准确性，并及时修正库存账目，达到账、物统一。盘库期间堆垛机将不做其他类型的作业。在操作时，即对某一巷道的堆垛机发出完全盘库指令，堆垛机按顺序将本巷道内的货物逐次运送到巷道外，产品不下堆垛机，待得到回库的命令后，再将本盘货物送回原位并取出下一盘产品，依此类推，直到本巷道所有托盘产品全部盘点完毕，或接收到管理系统下达的盘库暂停的命令进入正常工作状态。若本巷道未盘库完毕便接收到盘库暂停命令，待接到新的指令后，继续完成盘库作业。

正泰集团公司高效的供应链、销售链大大降低了物资库存周期，提高了资金的周转速度，减少了物流成本和管理费用。自动化立体仓库作为现代化的物流设施，对提高该公司的仓储自动化水平无疑具有重要的作用。

【讨论与分析】

（1）结合案例分析自动化立体仓库对提高仓储自动化水平具有怎样现实意义。

（2）正泰集团公司自动化立体仓库在公司物流系统中所占的位置是什么，功能如何？

（3）正泰集团公司自动化立体仓库都有那些设施？

（4）正泰集团公司怎样对立体仓库所有出入库作业进行最佳分配及登录控制？

——资料来源：http://www.youth.cn 2010-06-23

第7章

包装加工技术与设备

➡ 学习目标

（1）了解流通包装加工在现代物流中的地位与作用，了解流通包装加工设备应用的现状及发展趋势。

（2）理解包装机械、包装标志、包装自动生产线、计算机检测系统、传感器等的概念，掌握包装机械、包装标志、包装自动生产线、计算机检测系统、传感器等设备的主要类型及其特征。

（3）领会包装机械、包装标志、包装自动生产线、计算机检测系统、传感器等设备的主要结构及其配置选择的基本要求。

（4）运用本章相关理论分析相应的案例。

➡ 案例导读

沃尔玛"环保360"从包装上省下百亿美元

沃尔玛"环保360"项目是2007年2月1日的时候，由首/节执行官李·斯科特宣布的。沃尔玛寄希望于通过该项目将环保从简单地减少公司本身对环境的损害扩展为员工、供应商、社区和顾客的共同参与及分享利益。"'环保360'涉及全公司，无论是顾客、供应商、员工，还是我们货架上的商品，或我们所服务的社区。"李·斯科特在演讲中表示。这不仅是一个独立的环保政策，它与以往的环境政策完全不同，沃尔玛一方面通过该计划节约了自身的营运成本，另一方面也通过供应商的持续改进降低了从供应商那里采购产品的费用，从而在总体上让环保政策为公司创造了利润。

据沃尔玛的一项预测，仅通过在 2013 年前减少 5%的包装材料，就能为沃尔玛自身的供应链节省 34 亿美元，而对于其全球供应链而言，节约的金额将高达 110 亿美元。沃尔玛全球采办中国纺织品总监陈洁表示：在具体的实施中，"环保 360"主要包含了包装、物流、供应商及店铺设计 4 大方面。在沃尔玛已经进行的工作中，包装是成效最为明显的一环。按照李·斯科特的计划，沃尔玛将与供应商一起努力以求达到目标：在 2013 年前减少 5%的包装用料，相当于每年从道路上减少 21.3 万辆卡车，节省 32.4 万 t 煤和 6 700 万加仑（约合 30 459 L）柴油，但对于沃尔玛及其伙伴来说，更重要的还在于这样做所能够获得的商业利益：据沃尔玛测算，此举能为全球供应链节约 110 亿美元，仅沃尔玛自身的供应链就能节省 34 亿美元。

沃尔玛的绿色包装倡议实施措施很多，其中比较重要的包括：每吨包装材料的温室效应气体排放量平均减少 15%；通过精简产品包装，节约产品运输成本 10%；包装材料回收量提高 10%；节约能源提高 5%；此外，沃尔玛还规定，凡是产品包装材料超过 300 美元的须报沃尔玛分管部门核准，超过 500 美元的须获得沃尔玛总部的批准，而对于超过 900 美元的，则必须由行业组织专家委员会审核批准。

沃尔玛为供应商设定了包装计分卡，在计分卡里，沃尔玛可以根据 9 个可持续度量的标准，包括立体利用、可再生成分比例、每吨产品的二氧化碳释放量以及回收价值来对产品进行评估。超过 6 万家沃尔玛的供应商都被要求在 2007 年的 12 个月份使用该计分卡，以便弄清同类似的供应商相比，他们在包装创新、环境标准、能源效率以及材料利用率方面的情况；从 2008 年起，与沃尔玛交易的制造商和供应商必须全面达到绿色包装规范标准，否则一律按违约处理。

此外，沃尔玛在包装环节操作中坚持"五个 R"：第一个是 Remove，即去掉不需要的包装；第二个是 Reduce，即去掉不必要的包装，使包装达到正确的尺寸；第三是 Reuse，即重复使用，重复利用一些包装材料，如包装箱和托盘，"过去托盘都是木质的，现在沃尔玛已经逐步开始改用塑料托盘，这样就可以反复使用。"陈洁解释道；第四个是 Renewable，即采用可回收利用、可降解的包装材料；第五个是 Recyclable，即可循环利用。根据沃尔玛方面的统计，"五个 R"项目自 2005 年实施以来，截至 2007 年底，仅在沃尔玛的 16 个自有品牌的包装上就一共节省了 212 600 m^3 的纸，相当于减少砍伐 475 200 棵树；此外，因为包装减少在物流环节节省了 102 350 桶油、84 000 个集装箱和 26 400 t 柴油，还有成千上万吨的聚氯乙烯。

——资料来源：第一财经日报 2009-05-09

想一想：沃尔玛"环保 360"从包装上省下百亿美元给我们怎样的启示？

7.1 包装设备

7.1.1 流通加工概述

1. 流通加工概念

所谓流通加工，是相对于生产加工而言的，是指在物品从生产领域向消费领域流通的过程中，以促进消费、维护产品质量、提高流通效率为目的，对物品进行的加工。与一般的生产加工相比，有较大的差别，主要表现在如下几方面。

（1）加工对象不同。流通加工的加工对象是商品，而一般的生产加工的加工对象是原材料或半成品。

（2）加工程度不同。流通加工所进行的一般都是简单加工，是对生产加工的辅助和补充，不能替代生产加工。生产加工是复杂加工，商品的加工大部分过程由生产加工完成。

（3）创造的价值不同。商品的价值大部分由生产过程创造，流通加工只是对其进行完善。

2. 流通加工的作用

物流领域中的流通加工，主要着眼于满足客户的需求，提高服务功能。

（1）提高产品档次，增加经济效益。有一些产品，如工艺美术品、洋娃娃等，在流通过程中对它们进行简单的包装，改变其外观，从而提高其销售价格。

（2）使各种运输方式达到最佳组合。在流通过程中，产品的运输路线基本上是生产厂家—流通加工—用户，流通加工一般都设在与用户距离较近的仓库内或包装自动生产线上。

（3）适应多样化的顾客需求，促进商品的销售，促使物流系统各种运输方式的合理组合，提高物流效率，降低物流成本。

（4）提高材料利用率，增加商品的附加值，减少设备的重复设置。

3. 流通加工设备的种类

流通加工大都是对物品进行浅层次的初级加工，如将钢板按用户要求切割成小块，将散装的食用油灌装成小桶装，散装的大米装成小袋，并将货物贴上商标，所有这些，除部分手工操作外，大部分都要借助于机械加工设备。

按照加工的方式不同，我们可以将流通加工设备大致分为包装机械（见图7-1）、切割机械（见图7-2）、贴标记条形码设备（见图7-3）、封箱设备（见图7-4）、称重设备（见图7-5）等。本节重点介绍包装机械。

图 7-1　包装机械　　　　　图 7-2　切割机械　　　　　图 7-3　贴标记条形码设备

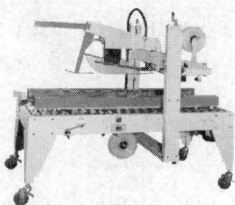

图 7-4　封箱设备　　　　　　　　　图 7-5　称重设备

7.1.2　包装机械的特点及作用

1. 包装机械特点

通常将完成全部或部分包装过程的机器称为包装机械。包装过程包括计量充填、裹包、成形、封口等主要包装工序以及与其相关的前后工序，如清洗、堆码和卫生检测、质量检测等。包装机械主要特征如下。

（1）包装机械一般结构复杂，动作精度高。

（2）包装机械一般设计成自动包装机，能连续自动包装。

（3）包装机械应符合标准卫生标准，不污染产品。

（4）进行包装作业的功率较小，电动机的功率一般都比较小，一般采取无级变速装置，以调节生产能力，实际工作中的包装机械以机械传动为主要形式。

2. 包装机械的作用

包装工业是保证国民经济顺利发展的重要环节，其发展水平在一定程度上反映了商品经济及科学技术的发展水平。现代商品生产中，作为流通生产与消费的重要环节——产品包装正日益向高度机械化、自动化、智能化方向发展，包装机械的作用主要体现在以下几个方面。

（1）劳动生产率大大提高。由于包装机械综合了计算机技术、通讯技术、传感器技术的技术成果，可实现自动包装、自动称重、自动测控，从而使包装效率几倍乃至几十倍地提高，其中不少机械包装是手工所不能实现的。

（2）产品质量稳定、卫生。机械化、自动化、智能化包装有效地摆脱了人为因素的影响，产品的包装自动化，自动卫生检测、质量检测及控制能使产品稳定、卫生、可靠。

（3）劳动条件改善。实现包装机械化后，对于有害、危险、易污染物品的包装，

169

可使操作者免于直接接触，防止污染；同时也可使操作者摆脱紧张重复的手工操作以及繁重的体力劳动，使劳动条件大为改善。

（4）综合效益提高。由于包装作业的机械化、自动化、智能化提高了生产效率和产品质量，在美化商品、保护商品、促进销售、提高质量等方面实现了标准化，减少了物料损耗，降低了包装成本，提高了包装的综合效益。

包装机械应用范围很广，涉及食品、医药、化工、邮电、出版、机械、电子、纺织、钢铁、冶金以及军工等各个领域，其中以食品行业应用最多，约占50%。

7.1.3 包装机械与包装材料的分类

1. 包装机械的分类

（1）按包装材料和容器分：可分为塑料包装机、纸袋包装机、玻璃瓶包装机及马口铁罐头包装机等。

（2）按被包装物物理性能分：可分为液体、粉料及颗粒料包装机，黏稠体包装机等。

（3）按应用行业分：可分为食品包装机、医药包装机、粮食包装机等。

（4）按包装工艺方法分：可分为真空包装机、收缩包装机、拉伸包装机等。

（5）按功能分：可分为充填机，封口机，裹包机，清洗、干燥、杀菌机，标签机，集装、拆卸机等。

（6）按包装设备的控制方式分：可分为手动、机械化、自动化、智能化的包装设备。

（7）按辅助包装设备分：可分为多功能包装机、充填—封口机、灌装—封口机、箱成型—充填—封口机、袋成型—充填—封口机、热成型—充填—封口机、开箱—充填—封口机、开袋—充填—封口机、真空包装机、泡罩包装机等。

2. 包装材料的分类

可分为纸质包装、木材包装、塑料包装和金属包装材料。纸质包装由于成本低、质量轻、回收容易、环保，应用广泛；木材包装通常为运输包装，其形式主要有各种箱、桶、托盘等；塑料包装由于易于成型密封也应用广泛，但不环保；金属包装材料的机械性能优良、强度高、加工性能优良，加工工艺成熟，能连续化、自动化生产，具有极优良的综合防护性能。

7.1.4 常见包装充填设备

1. 常见容积式充填机

容积式充填机的主要作用是将产品按预定量的多少充填到包装容器内的机器，计量充填是产品包装的一个重要工序。充填机械一般由物料供送装置、计量装置、下料装置等组成。它可以作为一种单机单独使用，也可与各种包装机组成机组联合工作。

（1）固定式量杯充填机。固定式量杯充填机采用定量的量杯将物料充填到包装容器内，如图 7-6 所示。

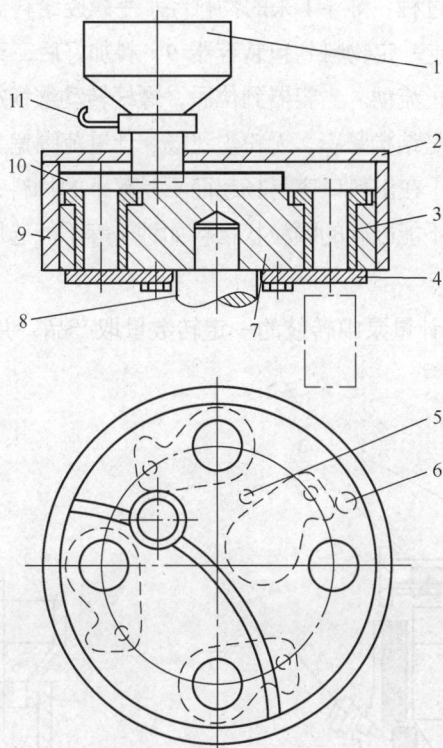

图 7-6　固定式量杯充填机

1—供料斗；2—外罩；3—量杯；4—活门底盖；5—闭合圆销

6—开启圆销；7—圆盘；8—转盘主轴；

9—壳体；10—刮板；11—下料闸门

固定式量杯充填机工作过程（见图 7-6）：物料经供料斗（1）自由落入计量杯内，圆盘口上装有 4 个量杯和对应的活门底盖（4），当转盘主轴（8）带动圆盘（7）旋转时，刮板（10）将量杯（3）上面多余的物料刮去。当量杯转到卸料工位时，顶杆推开量杯的活门底盖（4），量杯中的物料在自重作用下充填到下方的容器中。

（2）可调式量杯充填机。可调式量杯充填机定量装置由上、下两部分组成，通过用手或自动微调，可以改变上、下量杯的相对位置，实现容积的微调。其特点是工作速度高、计量精度低、结构简单。适用于颗粒较小且均匀的物料，计量范围一般在 200 mL 以下为宜。若机器的运转速度过快，料斗落下物料的速度过快则会引起物料重复循环装料；量杯伸缩机构调节不当常会造成过量回流；如果容器与进料管不同心，节拍不准，容器太小或物料粘在料管中使送料滞后，就会引起物料的溢损。

2. 螺杆充填机

螺杆充填机利用螺杆的螺旋槽的容积来计量物料，通过控制螺杆旋转的速度或时间量取产品，并将其充填到包装容器内，如图7-7所示。

螺杆充填机的工作过程：料斗1来的物料经水平螺旋给料器3送到垂直螺旋给料器6，其螺杆以恒速送走一定物料到包装容器9，料加好后，离合器脱开，制动器使螺杆停止转动，物料停止流动。当容器到位后，螺杆转动继续加料。

螺杆充填机的特点是结构紧凑、无粉尘飞扬、计量范围宽。主要用于粉料计量或小颗粒计量。特别适合于在出料口容易扬起而不易落下的物料，如咖啡粉、蛋糕混合料、面粉等物料。对于不能破碎的颗粒状物料如种子等不能选用该机器。

3. 计量泵充填机

计量泵充填机利用计量泵中转鼓的一定转数量取产品，并将其充填到包装容器内，如图7-8所示。

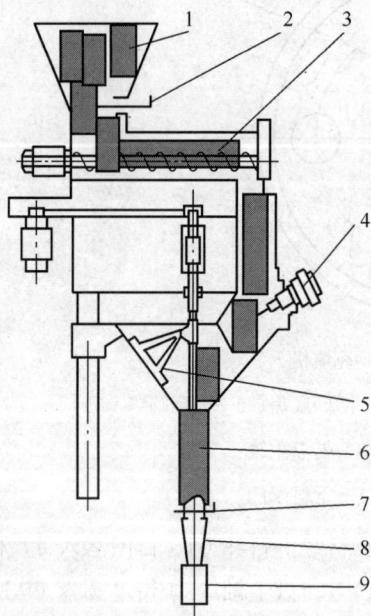

图 7-7　螺杆充填机

1—料斗；2—插板；3—水平螺旋给料器

4—料位检测器；5—搅拌器；6—垂直螺旋给料器；

7—闸门；8—输出导管；9—包装容器

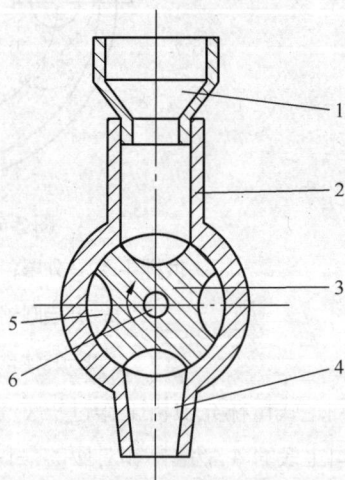

图 7-8　计量泵充填机

1—进料品；2—机壳；3—转鼓

4—排料口；5—计量腔；6—转鼓轴

计量泵充填机的工作过程：转鼓3与机壳2之间形成4计量腔5，转鼓按设定的速度绕转鼓轴6旋转，当计量腔5经进料口1下部时，料斗中的物料快速填满计量腔随转鼓转动；当转到排料口4时，在重力的作用下排出，经导管装入包装容器中，完成包装的计量。转鼓的形状有圆柱形、菱形及齿轮形等。计量腔的形状有槽形、扇形和叶轮形等多种。计量分为定容积型和可调容积型两种。

计量泵充填机的特点是结构紧凑、计量速度高。适用于流动性好，液状、颗粒状、粉状物料的计量，如茶叶末、精盐等小定量值的包装计量。

4. 气流充填机

气流充填机采用真空吸附的原理量取定量容积的产品，并采用净化压缩空气将产品充填到包装容器内，如图 7-9 所示。

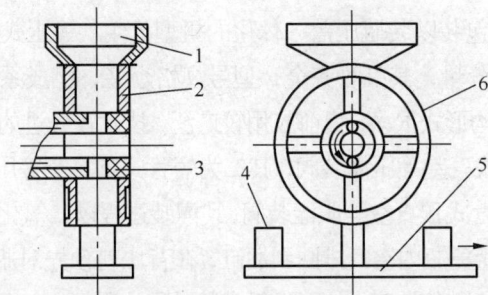

图 7-9　气流充填机

1—料斗；2—抽气座；3—密封垫；4—容器；5—托瓶盒；6—充填轮

气流充填机的工作过程：充填轮 6 作间歇转动，当轮中量杯口与料斗 1 接合时，配气阀与托瓶盒 5 接通，物料被吸入量杯。当量杯转到包装容器上方时，量杯中的物料被经过配气阀送来的压缩空气吹入包装容器。

气流充填机的特点是计量精度高，可减少物料氧化。主要用于医药行业、化工行业粉料计量。

5. 定时充填机

定时充填机通过控制物料流动的时间或调节进料管的流量来量取产品。其结构简单，计量精度低，主要用于液体的充填。

7.1.5　常见灌装设备

在自动化的食品包装生产线上，灌装与封盖通常作为一体机型设计，而且洗瓶、灌装、封盖三合一机型也得到开发应用，使包装工序紧凑，可以降低食品在传输过程受二次污染的可能性。旋转型灌装机一般设计有多个灌装头，以提高生产率。灌装头数至少 6 头，多至 60 头以上。随着灌装头数的增加，灌装能力不断提高，一些机型已超过 30 000 瓶/h 的生产率。

虽然同类型灌装机的灌装头数有多有少，但其工作原理基本上是一样的。这里以旋转型灌装机为主，介绍几种常用的灌装机。

1. 等压式自动灌装机

液体等压自动灌装机主要用于啤酒、汽水、汽酒等含有碳酸气饮料的灌注作业。这一类饮料需要在一定的温度和压力之下，通入二氧化碳气体，因此，在进行溶气饮料包装过程中，不但要保证严格的卫生要求，而且在灌装封口过程中，要最大限度地避免气体的溢出损失。因而，采用常压式的重力灌注是不适宜的，真空灌注也不能满足要求，为此，必须采用等压灌注。所谓等压灌注，就是在待灌装瓶中预加压力，首先建立起贮液箱和装料瓶间的等压，即相应于溶气饮料中气体溶解的饱和压力，然后，在此等压状态下实现装料灌注，如图 7-10 所示。

溶气饮料的灌注包装以装瓶压盖一体化的机型为主。等压式的装瓶压盖机在食品工业领域占据很大的分量，其品种齐全，型号规格众多，已成系列化。

等压灌装阀的结构形式很多，目前应用较广泛、技术较先进的等压灌装阀主要有两种形式，其一为长管式三室等压灌装阀，其二为短管式预真空等压灌装阀。国内外生产的灌装机广泛采用短管式预真空等压灌装阀，其灌装过程以二氧化碳气体作为酒缸内啤酒的背压气体，为了避免瓶内空气排回到酒缸，在背压前预先对瓶子抽真空，同时尽量提高酒缸内背压二氧化碳的浓度，从而降低灌装过程的吸氧量。短管式预真空等压灌装阀的结构简单，可满足高效率生产，以啤酒装瓶为例，灌装时间仅需 4 s 左右。

2. 真空式自动灌装机

真空式自动装填灌注，是利用灌装机中配置的真空系统，使待灌容器处于一定的真空度，从而使贮液箱的液料在一定的压差或真空状态下注入待灌容器。这种灌装方法分为两种形式：一是待灌装容器和贮液箱处于同一真空度，液料实际是在真空等压状态下以重力流动方式完成灌注；二是待灌装容器和贮液箱真空度不相同，前者大，于是液料在压差状态下完成灌注。第二种形式可以大大提高灌注效率。

真空式自动灌装机应用范围很广，适用于含维生素的果、蔬汁饮料灌注，以及各类罐头的加注糖水、盐水、清汤等。由于灌装中伴随有抽真空的过程，因此其结构原理与常压或等压式灌装机不同。真空式自动灌装机有多种结构形式，按其贮液箱和真空室的配置不同可分为单室式、双室式、三室式几种，如图 7-11 所示。

图 7-10　等压式自动灌装机　　　　图 7-11　真空式自动灌装机

7.1.6　常见的封口机

封口机的主要作用是在包装容器内充填产品后，为了使产品得以密封保存，保持产品质量，避免产品污染变质，对容器进行封口。

按照封口方式的不同，封口机（见图 7-12）可分为热压式、熔焊式、缝合式、卷边式、滚压式、旋合式 6 大类。

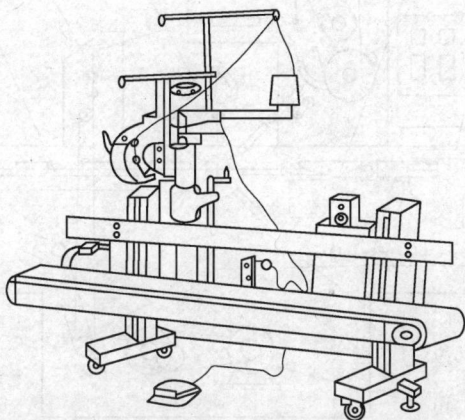

图 7-12　封口机

7.1.7　常见的裹包设备

用挠性包装材料进行全部或局部裹包货物的包装设备称为裹包设备。裹包设备是包装设备中最重要的组成部分之一，其共同特点是用薄型挠性包装材料，如玻璃纸、塑料膜、粘膜、各类复合膜、拉伸膜、收缩膜等，将一个或多个固态货物进行裹包，广泛用于食品、烟草、药品、日用化工品、音像制品等领域。

裹包设备种类繁多、功能各异且结构较为复杂，常用的设备有如下几种。

1. 折叠式裹包机

折叠式裹包机（见图 7-13）是采用挠性包装材料，如玻璃纸、塑料薄膜、拉伸膜、收缩膜等，围绕被包货物并进行折叠裹包的包装设备。折叠式裹包机普遍用于食品、药品、轻工产品及音像制品等多个领域，常用来包装糖果、巧克力以及卷烟和小盒茶叶等外包装。按折叠的部位不同可分为端面折叠和底面折叠两种。

2. 接缝式裹包机

接缝式裹包机是以玻璃纸、塑料薄膜、拉伸膜、收缩膜等热塑性薄膜作为包装材料裹包货物，并对伸出的包装材料进行热压的包装设备，可自动连续完成物品和包装材料的供送、裹包、封口、切断、成品排出等工序，有的还具有自动打印、计数、抽真空等附加功能。接缝式裹包机工作效率高，主要用于对成形块状货物（如方便面、面包、月饼、饼干、轴承、日用工业品等）进行包装，如果采用浅盘亦可包装零散物品，如草莓的包装。

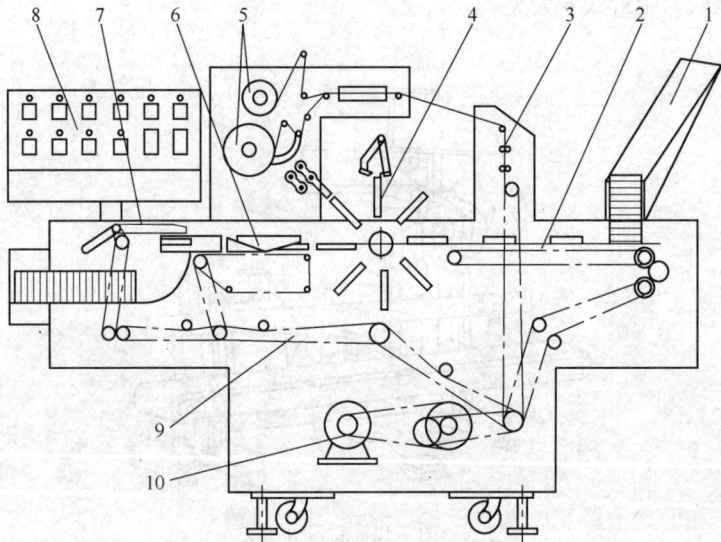

图 7-13　折叠式裹包机

1—装料机构；2—推出机构；3—包装材料进给机构；4—间隙回转机构；

5—包装材料；6—端侧面折叠机构；7—整列排除机构；

8—电器控制箱；9—传动装置；10—电机

3. 覆盖式裹包机

覆盖式裹包机是用两张挠性包装材料覆盖产品两个相对表面，采用热封或粘合的方法封口的裹包设备。

4. 缠绕式裹包机

缠绕式裹包机是用成卷的挠件包装材料，对产品进行多圈缠绕裹包的裹包设备。

7.1.8　常见的捆扎机

捆扎机是利用带绳类材料将一个或若干个小包件捆扎在一起，属于外包装设备（见图 7-14）。捆扎机应用非常广泛，不仅在制造业，而且在运输、通信、出版、商业和服务业等非生产制造业都大量使用。捆扎材料以钢带和塑料带的应用最为普遍，塑料带因其具有较低的使用成本和较强的机械适应性、强度适中、手感柔软、制造方便、无锈蚀污染，正逐渐替代其他捆扎材料。生产中基本上采用塑料带作为捆扎材料，利用热熔搭接的方法使其紧贴包装件表面，塑料带两端加压粘合捆紧包件。

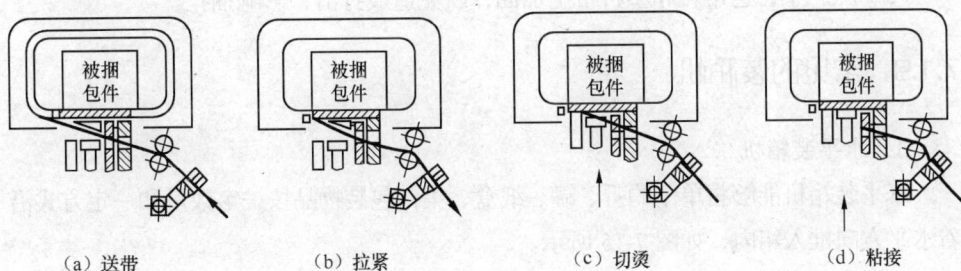

（a）送带　　　　　（b）拉紧　　　　　（c）切烫　　　　　（d）粘接

图 7-14　捆扎机

1. 捆扎机的分类

按捆扎材料、自动化程度、传动形式、包件性质、接头接合方式及接头位置的不同，捆扎机有多种不同的形式。

（1）按捆扎材料，可分为塑料带、钢带、聚酯带、纸带和尼龙绳捆扎机。

（2）按自动化程度，可分为全自动、自动、半自动和手提式捆扎机。

（3）按接合形式，可分为人为热熔搭接式、高频振动式、超声波式、热钉式、打节式和摩擦焊接式捆扎机。

（4）按接合位置，可分为底封式、侧封式、顶封式、轨道开闭式和水平轨道式捆扎机。

2. 自动捆扎机

自动捆扎机采用电测控技术控制捆扎机，无需手工穿带，可连续或单次自动完成捆扎。适用于纸箱、木箱、铁箱及包裹、书刊等多种包件的捆扎。自动捆扎机的工作过程由送带（塑料带或钢带）、拉紧、切烫、粘结或锁紧4个环节组成。

3. 捆扎机的选用

捆扎机品种是多样的，选用捆扎机时，一方面考虑捆扎机的捆扎速度和包装件的捆扎量要匹配，另外要根据包装件大小确定选用捆扎机的规格。对于包装件所需的捆扎材料品种和设备维护是否方便也要综合考虑。沉重大件可用钢带捆扎，钢带自动捆扎机较少，多用手提式钢带捆扎机。

4. 捆扎机的维护保养及故障排除

在使用捆扎机的过程中，除需要按产品使用维护说明书进行日常保养外，还要注意以下几点。

（1）每天工作结束后，必须及时退出轨道和储带箱内的捆扎带，以避免捆扎带长期滞留在箱体里造成弯曲变形，致使下次捆扎时送带不畅。

（2）在捆扎过程中，塑料带因与机件摩擦而产生很多带屑，必须及时清除。否则保留在切刀、张紧器、烫头和送带轨道表面上，会影响正常的捆扎效果。

（3）应严禁在送带轮和塑料带上加油，以免造成打滑，影响捆扎。

7.1.9 常见的装箱机

1. 水平装箱机

水平装箱机能够将单个的听、罐、纸盒、集合包装物品按一定数量和一定方式沿着水平方向推入箱内，如图 7-15 所示。

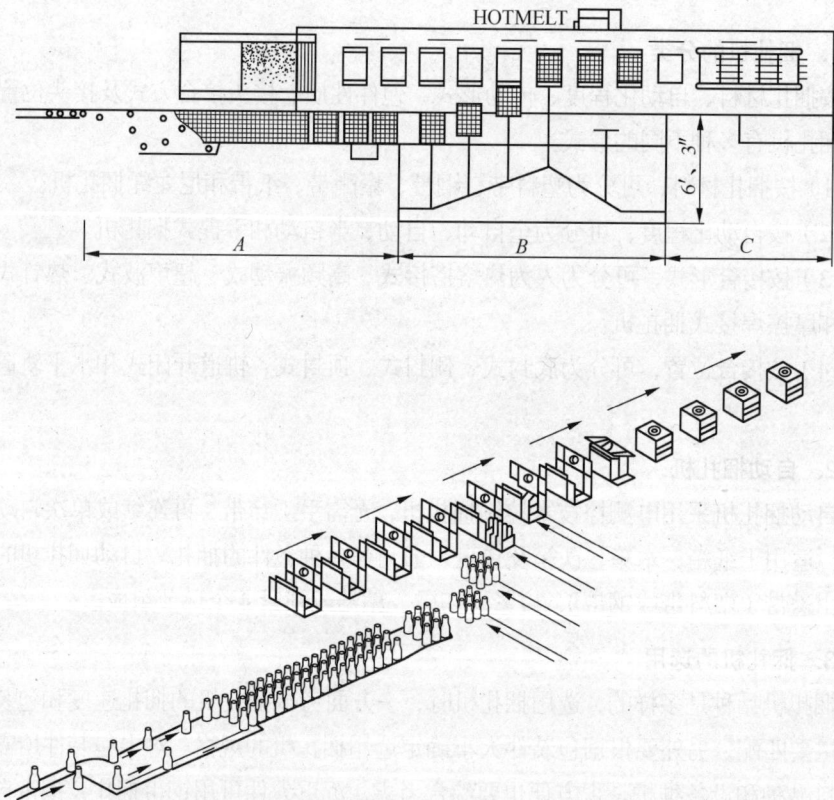

图 7-15　水平装箱机

2. 垂直装箱机

垂直装箱机将物品沿垂直方向装入瓦楞纸板箱或木箱，适用于瓶装物品和软袋物品的装箱，如图 7-16 所示。

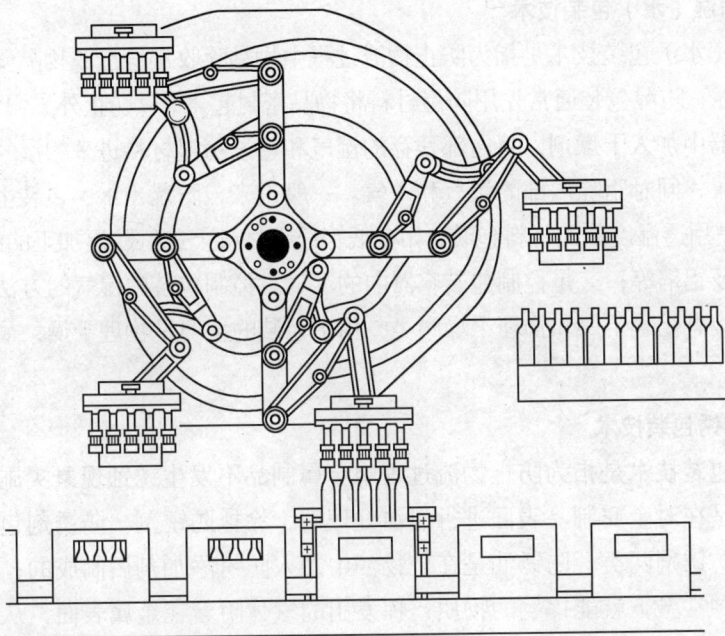

图 7-16　垂直装箱机

7.2　包装技术与标志

7.2.1　包装技术

商品包装技术随着包装材料和包装机械的进步也在不断发展，各个领域包装的专业化程度在不断提高。工业包装要在包装设计的基础上，使用适当的包装材料对物流对象进行合理包装。在包装技术上应该注意重视以下几个问题：一是保证内容物品质量的完好，二是方便顾客和促进销售，三是使用适当的包装材料进行合理包装，四是与生产线作业的顺畅连接。

1. 缓冲包装技术（防震包装技术）

运输和装卸过程中为防止由于冲击、振动、重压以及在装卸作业过程中的跌落等外力作用对内容物品造成的物理性破坏，需要将物品固定在容器或货台上，以缓冲外力，使外力对物品的作用限制在毁坏限度之内，实施这种包装方法的技术称为缓冲包装技术（防震包装技术）。在实施这项技术时，要考虑物品的特征、流通线路的状态、包装材料的缓冲性能等因素，同时还要考虑包装材料的成本。目前一般选用原料来源丰富、性能好、清洁美观、价格便宜的合成防震材料，其中应用较多的是泡沫塑料。

2. 防湿（水）包装技术

防湿（水）包装技术是指为防止物流过程中物品吸收湿气造成物品受损而采用的包装技术。防湿包装通常先用防湿材料将物品密封起来，以防止外界湿气的侵入，而后在容器中加入干燥剂，将内部残存的湿气和透过防湿材料进来的湿气吸收，造成减压效果，同时驱除内部的湿气和空气。一般说来，防湿（水）包装主要有两种方法：一是用透湿度低的材料包装，如在纸等纤维材料上进行防湿加工的纸系材料、塑料薄膜及铝箔等；二是控制包装容器内的湿气。控制包装内湿气的方法主要是使用干燥剂，有化学干燥和物理干燥两类，用于包装的主要是物理干燥，最常见的是硅胶。

3. 防锈包装技术

防锈包装技术是指为防止物流过程中金属制品不发生锈蚀现象实施的包装技术。通常是在对金属制品表面进行清洁处理后，涂抹防锈剂。防锈剂包括防锈油和汽化性防锈剂两类。防锈油是在矿物油中加入防锈添加剂后制成的；汽化性防锈剂是一种常温下就能挥发的物质，挥发出的气体附着在金属表面，从而防止金属生锈。

4. 防虫及防鼠包装技术

为了防止包装后的物品被昆虫损害，一般使用经杀虫剂处理过的包装材料，大多选用有机磷酸醋系杀虫剂。为了防止鼠害，使用药物处理过的涂布或混入毒药的纸、塑料薄膜等做包装材料，但药剂有可能直接与内部物品接触，很不安全，所以包装时需要注意这些问题。

5. 其他技术

除了以上主要包装技术外，还有为防止外部的水进入而使用防水包装材料进行密封的防水包装技术；为防止包装材料的劣化、剥落、开口等现象发生，保证粘着性的封口包装技术；为使包装物品的捆扎更为结实而实施的强化捆绑技术以及为便于物品分拣识别的标志技术等。

7.2.2 包装标志

包装标志是为了便于货物交接、防止错发错运，便于识别、运输、仓储和海关等有关部门进行查验等工作，也便于收货人提取货物，在进出口货物的外包装上标明的记号。包装标志有以下类型。

1. 运输标志（Shipping Mark）

运输标志，即唛头，是贸易合同、发货单据中有关标志事项的基本部分。它一般由一个简单的几何图形以及字母、数字等组成。唛头的内容包括：目的地名称或代号，收货人或发货人的代用简字或代号、件号（即每件标明该批货物的总件数），体积（长×宽×高），重量（毛重、净重、皮重）以及生产国家或地区等。

鉴于运输标志的内容差异较大，有的过于繁杂，不适应货运量增加、运输方式变革和电子计算机在运输与单据流转方面应用的需要。因此，联合国欧洲经济委员会简化国际贸易程序工作组在国际标准化组织和国际货物装卸协调协会的支持下，制定了一项运输标志向各国推荐使用。该标准化运输标志包括：收货人或买方名称的英文缩写字母或简称；参考号，如运单号、订单号或发票号；目的地；件号。至于根据某种需要而需在运输包装上刷写的其他内容，如许可证号等，则不作为运输标志必要的组成部分。现列举标准化运输标志实例如表 7-1、图 7-17 所示。

表 7-1　　　　　　　　　　　标准化运输标志

ABCCO	收货人名称
SC9750	合同号码
LONDON	目的港
No.4—20	件号（顺序号和总件数）

图 7-17　标准化运输标志

2. 指示性标志（Indicative Mark）

按商品的特点，对于易碎、需防湿、防颠倒等商品，在包装上用醒目图形或文字，标明"小心轻放"、"防潮湿"、"此端向上"等。国际标准化组织（ISO）核准的几个统一的指示性标志为小心搬运、此端向上、保持干燥、防潮等（见图 7-18）。

3. 警告性标志（Warning Mark）

对于危险物品，例如易燃品、有毒品或易爆炸物品等，在外包装上必须醒目标明，以示警告（见表7-2）。

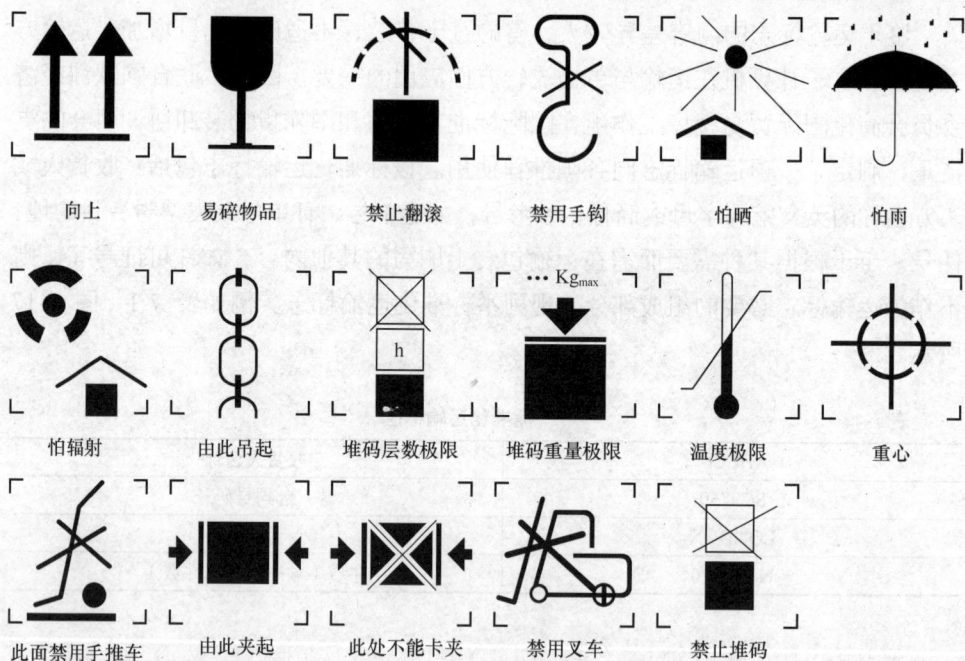

| 向上 | 易碎物品 | 禁止翻滚 | 禁用手钩 | 怕晒 | 怕雨 |

| 怕辐射 | 由此吊起 | 堆码层数极限 | 堆码重量极限 | 温度极限 | 重心 |

| 此面禁用手推车 | 由此夹起 | 此处不能卡夹 | 禁用叉车 | 禁止堆码 |

图 7-18　指示性标志

表 7-2　　　　　　　　　　　　警告性标志

标志号	标志名称	标志图形	对应的危险货物类项号	标志号	标志名称	标志图形	对应的危险货物类项号
标志1	爆炸品	（符号：黑色；底色：橙红色）	1.1 1.2 1.3	标志3	爆炸品	（符号：黑色；底色：橙红色）	1.5
标志2	爆炸品	（符号：黑色；底色：橙红色）	1.4	标志4	易燃气体	（符号：黑色或白色；底色：正红色）	2.1

续表

标志号	标志名称	标志图形	对应的危险货物类项号	标志号	标志名称	标志图形	对应的危险货物类项号
标志5	不燃气体	不燃气体 2 （符号：黑色或白色；底色：绿色）	2.2	标志11	氧化剂	氧化剂 5.1 （符号：黑色；底色：柠檬黄色）	5.1
标志6	有毒气体	有毒气体 2 （符号：黑色；底色：白色）	2.3	标志12	有机过氧化物	有机过氧化物 5.2 （符号：黑色；底色：柠檬黄色）	5.2
标志7	易燃液体	易燃液体 3 （符号：黑色或白色；底色：正红色）	3	标志13	剧毒品	剧毒品 6 （符号：黑色；底色：白色）	6.1
标志8	易燃固体	易燃固体 4 （符号：黑色；底色：白色红条）	4.1	标志14	有毒品	有毒品 6 （符号：黑色；底色：白色）	6.1
标志9	自燃物品	自燃物品 4 （符号：黑色；底色：上白下红）	4.2	标志15	有毒品（远离食品）	有毒品（远离食品）6 （符号：黑色；底色：白色）	6.1
标志10	遇湿易燃物品	遇湿易燃物品 4 （符号：黑色或白色；底色：蓝色）	4.3	标志16	感染性物品	感染性物品 6 （符号：黑色；底色：白色）	6.2

183

续表

标志号	标志名称	标 志 图 形	对应的危险货物类项号	标志号	标志名称	标 志 图 形	对应的危险货物类项号
标志17	一级放射性物品	 一级放射性物品 I 7 （符号：黑色；底色：白色，附一条红竖条）	7	标志20	腐蚀品	 腐蚀品 8 （符号：上黑下白；底色：上白下黑）	8
标志18	二级放射性物品	 二级放射性物品 II 7 （符号：黑色；底色：上黄下白，附两条红竖条）	7	标志21	杂类	 杂类 9 （符号：黑色；底色：白色）	9
标志19	三级放射性物品	 三级放射性物品 III 7 （符号：黑色；底色：上黄下白，附三条红竖条）	7				

7.3　包装自动生产线

7.3.1　包装自动生产线概念

包装自动生产线就是由数台智能控制的自动包装机连续组成的包装系统，在自动包装线上还要设置自动扫描、自动计量、自动检测、自动包装、自动分拣、自动运输储存装置、调整补偿装置及自动供送料装置，如图 7-19 所示。

工人直接操作指令开关，可编程控制（Programmable Logic Controller）系统按设定好的工序自动完成供料、输送、自动计量、自动包装、自动分拣、自动控制等生产的全过程，这种工作系统就叫包装自动生产线。自动生产线除了具有生产线的一般特征外，还具有更严格的生产匹配性。因此，包装机械以联机的形式居多，特别是具有一定规模的产品加工厂，如食品厂，包装机单独使用的情况很少。多数情况包装均需要多个工序实现，而且不但需要单件的包装，还要终端以一个销售单位为包装单位进行集合包装。于是，利用输送装置将各工序的包装设备连接起来，配套自动供给装置，构成一条包装生产线，实现物品包装的全过程（单件包装—内包装—外包装）。

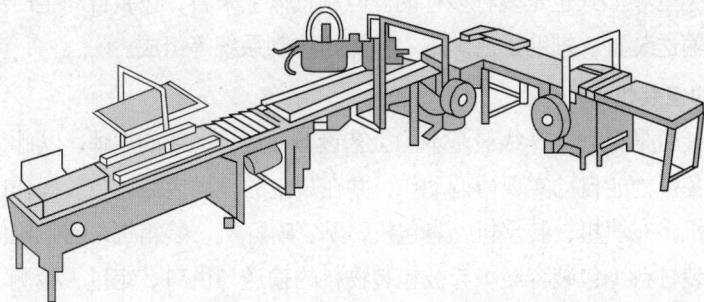

图 7-19　包装自动生产线

7.3.2　包装自动生产线的分类

随着商品流通的增加，物质的不断丰富，包装工业得以快速发展。在现代化生产中，包装自动生产线是包装工业发展的方向，它可以提高劳动生产率，改善工作环境，降低劳动强度，减少占地面积，降低包装产品成本，减少被包装物品及环境污染，提高包装产品的质量和档次，增加附加值，提高效益。

1. 按包装机排列形式分类

（1）串联自动包装线。各包装机按工艺流程单台顺序连接，各单机生产率匹配。

（2）并联自动包装线。为提高生产能力，将相同包装机分成组共同完成同一包装操作。在此类自动生产线中间一般需设置一些换向或合流装置。

（3）混联自动包装线。在一条自动包装线上，同时采用串联和并联两种连接形式，主要是实现各包装机的生产率匹配，一般该自动包装线较长，机器数量较多，因此输送机上需装备与之匹配的换向分流合流装置。

2. 按包装机之间的联系特征分类

（1）刚性自动包装线。各包装机间用输送装置直接连接起来，以一定的生产速度运行。但如果其中一台设备发生故障停车，将引起全线停车。

（2）半柔性自动包装线。将自动线分成若干区段，对不易出现故障的工序不设储料器，提高其刚性；对经常出现故障的工序设置储料器，提高其柔性。因此，既保证了生产效率高，投资又不过大。

（3）柔性自动包装线。各包装机之间均连有储料器，由储料器对后续包装机供料。如果某台设备发生故障，不会因此而影响其他机器的工作，故生产效率高，但投资较大。

7.3.3　包装自动生产线的组成

不同行业、不同的产品、不同规模的生产包装，其包装的要求是不同的，包装自动生产线的类型和形式也是多种多样的。但从总体上来看，包装自动生产线主要由自动包装机，输送装置、辅助工艺装置、检测与控制系统等组成。

1.　自动包装机

自动包装机是自动生产线最基本的工艺设备，是自动线的主体。以此为中心配置其余部分，各机构能自动实现协调动作，并在规定的时间内完成包装操作的机器。例如各种灌装机，充填机，装盒机，裹包机，贴、喷标机，装箱机，捆扎机等。其动作主要包括包装材料（包装容器）与被包装物料的输送与供料、定量、检测、充填、包封、贴标或喷标等。

2.　辅助工艺装置

为满足自动生产线工艺上的要求，使自动线能协调地工作，正常发挥自动包装机的运行效率，在包装自动生产线中，尚需配置一些辅助工艺装置，如转向装置、分流装置、合流装置等。

（1）转向装置。主要用于改变被包装物品的输送方向或改变被包装物品的输送状态。其结构形式很多，根据不同物品、不同形状选择。

（2）分流装置。用于前道工序与后道之间，将其分流给几台包装机继续来进行包装加工，起到了前后生产效率匹配的作用。常用的分流装置有挡壁式、直角式、活门式、转向滚轮式、摇摆式、导轨滑板式等。

（3）合流装置。用于在前道多台包装机完成包装加工后，将其合流供一台包装机继续进行包装加工。常用的合流装置有推板式、导板式、回转圆盘式等。

3.　输送装置

输送装置是将各台自动包装机连接起来，使之成为一条自动线的重要装置。它不仅担负包装工序间的传送任务而且使包装材料（或包装容器）、被包装物品进入自动线，以及成品离开自动线。一般用带式输送机和辊子式输送机联合使用，拐弯处用辊子式输送机。

4.　检测与控制系统

在包装自动线中，所有的设备联结成一个有机的整体。控制系统起着类似人的大脑通过神经系统传输信号指令使手脚完成各种动作的作用。它主要包括工作循环控制系统、信号处理装置及检测装置。控制系统为微机或 PLC（可编程控制），相当于人的大脑，各类传感器相当于人的视觉、触觉、温觉收集信息并转换成数字信息由神经系统反馈给大脑，大脑按原计划整理判断后发出命令，各类包装设备相当于人的四肢，去执行大脑发出的命令，完成工作任务。通讯系统在大屏幕上显示包装设备的工作情况，供人们观察。

7.3.4　包装自动生产线上设备的选用

包装自动生产线上设备的选用要考虑以下几个方面。

1. 必须清楚包装物的物理、化学性质及物料特性

必须事先对包装的形状、特性、包装材料、物品的物理、化学性能、大小形状、流动性等进行充分的研究。包装自动线上包装机的各项技术性能参数要与之匹配。

2. 机器之间设置缓冲区

从理论上讲自动生产线总运行率与其组成各个包装机的运行率有关，连接的台数越多，运行率越低。在机器之间连接部位设置缓冲区是必要的，即使下道工序的机器短时间内因故障而停机，从前道工序排出的制品则进入缓冲单元贮存起来，等机器正常工作后在顺次进行包装，防止运行率降低。

3. 匹配性

输送机的速度要与各工序的包装效率匹配，投入与产出匹配，包装机与外包装机要匹配。外包装一般是把数个到数十个经过内包装的商品集成一个外包装。所以自动包装线上一般有数台内包装机与一台外包装机的包装效率匹配。后道工序与前道工序相比其包装能力留有 5%～15%的余量。还可再大一些，为日后提高自动生产线的生产能力留有余地。

4. 重维护保养

严格按使用维护说明书的技术要求保养。提高设备的无故障率。

7.4　检验与计量设备

7.4.1　计算机检测系统概述

1. 计算机检测系统概念

所谓计算机检测系统，是将传感器采集的温度、压力、流量、位移等模拟量转换成数字量后，再由计算机系统进行存储、处理、显示或打印的过程，如图 7-20 所示。

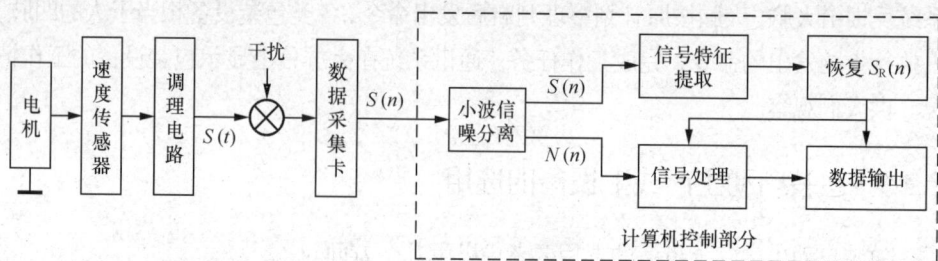

图 7-20　计算机检测系统

2. 计算机检测系统的应用

在实际的智能化检测和过程控制中，被测量和被控制量主要是各种模拟信号。虽然已经有许多能够输出数字信号的传感器，但在多数测量过程仍然采用的是输出模拟信号的传感器。为了实现计算机对被测信号的分析与数据处理，首先就要解决模拟测量信号的数据采集问题，同时，经计算机处理后的测量结果也用于控制模拟元件或执行机构。计算机检测系统的任务，就是对传感器输出的模拟信号进行采集，并将其转换成计算机能够识别的数字信号，然后送入计算机，根据不同的需要由计算机进行相应的计算和处理，得到所需的数据。与此同时，将计算机得到的数据进行显示或打印，以便实现对某些物理量的监视，其中一部分数据还将被生产过程中的计算机控制系统用来控制某些物理量。

由于计算机对信号采集和处理具有速度快、储存方便、信息量大、成本低等传统检测方法不能达到的优点，所以计算机检测系统得到了迅速的发展与应用。在物流生产过程中，应用这一系统可对自动生产线的工艺参数进行采集、监视和记录，从而提高产品质量、降低成本；计算机检测系统的测量和分析速度高，可用于生产过程的在线测量和控制，计算机既是检测过程的自动控制装置，又是信号的实时分析装置；当然，计算机检测系统也可以用于离线测量，先将现场的测量信号记录下来，然后再输入计算机检测系统中，此时计算机作为信号的处理与分析装置，如图 7-21 所示。总之，不论在哪个应用领域中，计算机检测与计量越及时、精确，工作效率越高，产品质量和安全性越好，取得的经济效益就越大。

3. 计算机检测系统的结构

随着计算机技术和传感器技术的发展，计算机检测技术融合了许多领域的新技术、新器件、新方法，计算机检测系统也有许多的类型。但就其共性来说，一般包括硬件及软件两大部分。软件部分除了具有必要的计算机操作系统软件外，主要包含信号的采集、处理与分析等功能模块软件；一般检验系统菜单与功能有系统主菜单：系统、检规、注册、检验、监察、报表、日志、邮件；系统有用户管理、改变口令、单位科室设置、模块权限设置、业务参数设置、数据删除、打印设置；检规有检规项目维护、技术要求维护、检规查询等。形成更加科学、先进、集成化的生产系统；并对材料加工制造、仓储与销售实现动态管理与调控，为管理调度决策提供数据，为生产指挥和决策提供有力的依据，降低消耗、降低物流成本，提高安全性和生产应变、市场竞争能力，使产品质量和服务质量大大地提高，增加客户满意度。

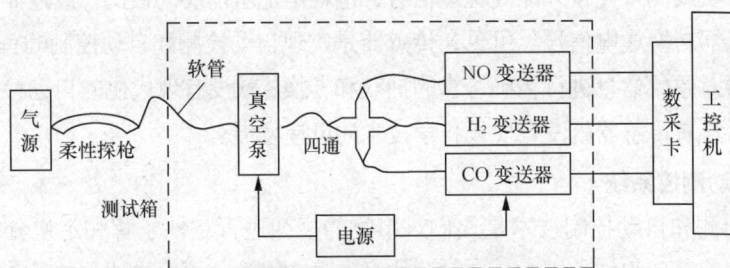

图 7-21　计算机检测系统的应用

硬件部分主要由信号调理、采样/保持、模/数转换、数/模转换、定时/计数器、总线接口电路等部分组成，如图 7-22 所示。

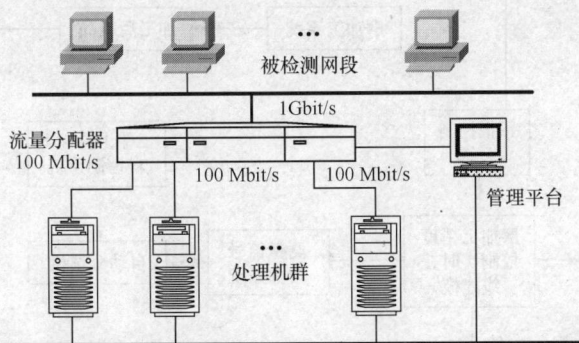

图 7-22　计算机检测系统的构成

7.4.2　传感器技术基础

世界上表征物质特性或其运动形式的参数很多，根据物质的电特性，可分为电量和非电量两类。电量一般是指物理学中的电学量，如电压、电流、电阻、电容及电感等；非电量则是指除电量之外的一些参数，如压力、流量、尺寸、位移量、重量、力、速度、加速度、转速、温度、浓度及酸碱度等。人类要认识物质及事物的本质，并驾驭它、随心所欲地控制它，需要对物质或运动特性进行测量，其中大多数是对非电量的测量。电量的测量不能直接使用一般电工仪表和电子仪器测量，因为一般电工仪表和电子仪器要求输入的信号为电信号，只能测量电量。非电量需要转换成与非电量有一定关系的电量，再进行测量。实现这种转换技术的器件叫传感器。采用传感器技术的非电量电测方法，就是目前应用最广泛的测量技术。随着科学技术的发展，现在也出现了光通量、化学量等作为可测量的传感器。

而计算机或测量设备只能处理电信号，也就是把所需要的被测、被控非电量的信息通过传感器转换成电信号。可见，传感器是实现自动检测和自动控制的首要环节。没有传感器对原始信息进行精确可靠的捕获和转换，就没有现代化的自动检测和自动控制系统；没有传感器就没有现代科学技术的迅速发展。

1. 自动测控系统

自动检测和自动控制技术是人们对事物的规律进行定性了解和定量分析预期效果所从事的一系列的技术措施。自动测控系统是完成这一系列技术措施的装置之一，它是检测控制器与研究对象的总和，如图 7-23 所示。

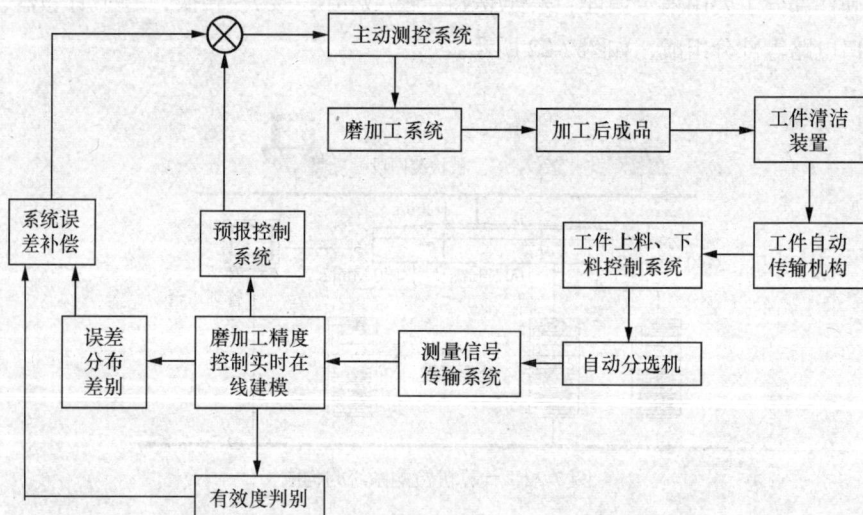

图 7-23　自动测控系统

2. 传感器

（1）传感器定义。传感器是信息检测的必要工具，是生产自动化、科学测试、计量核算、监测诊断等系统中必不可少的基础环节。通常是检测系统与被测量对象之间的接口，处于检测系统的输入端，其性能直接影响着整个检测系统，对检测精确度起着主要作用。一般来讲，自动检测装置中最初感受被测量并将它转换为可用信号输出的器件叫传感器，在工程上也称为探测器、换能器、测量头，如图 7-24 所示。

（2）传感器的基本组成。传感器由敏感元件、转换元件和其他辅助部件组成，如图 7-25 所示。敏感元件指传感器中能直接感受（或响应）与检测出被测对象的待测信息（非电量）的元件，如机械类传感

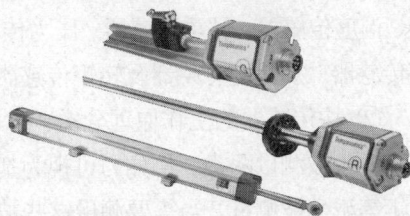

图 7-24　传感器

器当中的弹性元件。转换元件指传感器中能将敏感元件所感受（或响应）的信息直接转换成电信号的部分。如应变式压力传感器由弹性膜片和电阻应变片组成，其中电阻应变片就是转换元件。辅助器件通常包括电源，如交流、直流供电系统。值得注意的是，有一些传感器的敏感元件和转换元件是二者合一的，如热电偶、压电晶体，光电器件。

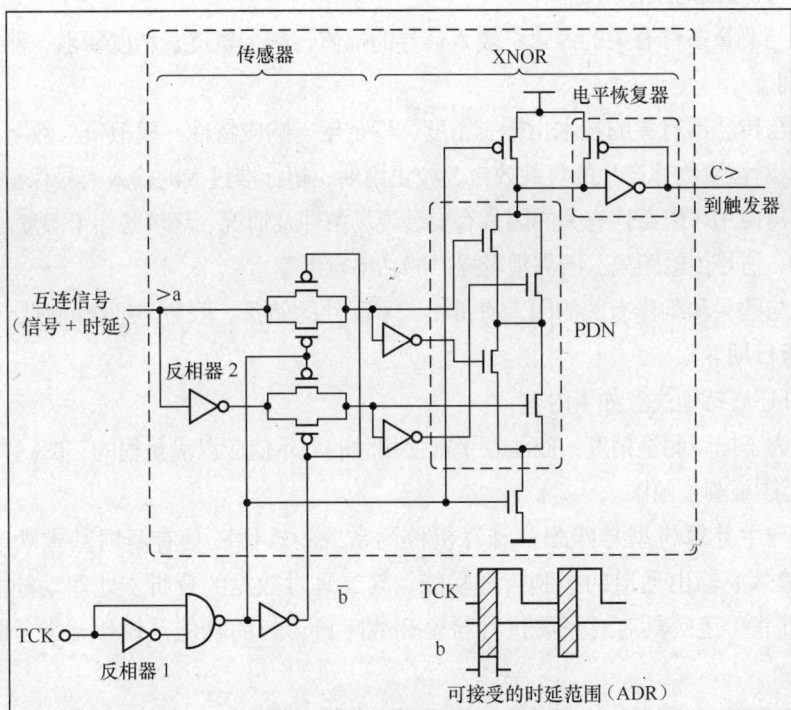

图 7-25　传感器的基本组成

（3）传感器的分类。由某一原理设计的传感器可以同时测量多种非电物理量，而有时一种非电物理量又可以用几种不同传感器测量。因此传感器有许多分类方法，但常用的分类方法有两种，一种是按被测侧物量来分，另一种是按传感器的工作原理来分。

① 按被测物理量分类：这一种方法是根据被测量的性质进行分类，如温度传感器、湿度传感器、秤重传感器、压力传感器、位移传感器、流量传感器、液位传感器、力传感器、加速度传感器及转矩传感器等。

② 按传感器的工作原理分类：这种分类方法把种类繁多的被测量分为基本被测量和派生被测量两类。例如力可视为基本被测量，从力可派生出压力、重量、应力和力矩等派生被测量。当需要测量这些被测量时，只要采用力传感器就可以了。了解基本被测量和派生被测量的关系，对于系统使用何种传感器是很有帮助的。

（4）传感器的选用。由于传感器技术的研制和发展非常迅速，各种各样的传感器应运而生，为选用传感器带来了很大的灵活性。对于同一被测量，可以采用不同的传感器，为了选择最适合于测量目的的传感器，应注意传感器的基本选用准则。虽然传感器选择时应考虑的事项很多，但根据传感器实际使用的目的、指标、环境条件和成本等限制条件，从不同的侧重点，优先考虑几个重要的条件就可以了。选择传感器时应从以下几方面的条件考虑。

① 与测量条件有关的因素：输入信号的幅值，频带宽度、精度要求、测量所需要的时间。

② 与传感器有关的技术指标有精度、稳定度、响应特性、模拟量与数字量、输出幅值、对被测物体产生的负载效应、校正周期、超标准过大的输入信号保护等。

③ 与使用环境条件有关的因素有安装现场条件及情况、环境条件（湿度、温度、振动等）、信号传输距离、所需现场提供的功率容量等。

④ 与购买和维修有关的因素有价格、零配件的储备、服务与维修制度、保修时间、交货日期等。

另外还应特别注意如下内容。

① 为了提高测量精度，应注意平常使用时的显示值应以满量程的 50%左右来选择测量范围或刻度范围。

② 与主计算机型号匹配，计算机检测系统的软件应具有两项基本功能，其一是对输入、输出通道的控制管理功能，其二是对数据的分析、处理功能。对高级系统而言，还应具有对系统进行自检和故障自诊断的功能及软件开发、调试功能等。

③ Internet 与测试技术相结合，形成了一种具有强大生命力和广阔应用前景的开放式的远程测试体系结构，能够实现多专家和多系统的协同测试与诊断，成为当今测试技术中的热门研究课题。它在原有的测试系统的基础上，增加了用于远程测试分析的服务器。并与在该技术领域力量较强的科研院所或供应商建立的测试诊断中心进行网络互连，共同为系统提供远程测试和故障诊断服务，可以在较短时间调用网上的所有技术资源，实现对设备的测试和分析。打破了地域障碍，通过多系统、多专家对系

统进行会诊，提高了测试和分析的准确性和可靠性，同时也扩大了系统的测试分析知识和数据共享。

本章小结

流通加工大都是对物品进行浅层次的初级加工，如将钢板按用户要求切割成小块，将散装的食用油灌装成小桶装，将散装的大米装成小袋，并将货物贴上商标，所有这些，除部分手工操作外，大部分都要借助于机械加工设备。按照加工的方式不同，我们可以将流通加工设备大致分为包装机械、切割机械、贴标记条形码设备、封箱设备、称重设备等。

通常将完成全部或部分包装过程的机器称为包装机械，它具有结构复杂、动作精度高、能连续自动包装、不污染产品等特征。包装机械种类较多，常见的有灌装设备、捆扎机等。商品包装技术随着包装材料和包装机械的进步也在不断发展，各个领域包装的专业化程度在不断提高。包装标志是为了便于货物交接、防止错发错运，便于识别、运输、仓储和海关等有关部门进行查验等工作，也便于收货人提取货物，在进出口货物的外包装上标明的记号。商品包装管理的目的是通过实现包装合理化使商品流通有秩序地、协调地、富有成效地进行，并创造良好的经济效益。

包装自动生产线就是由数台智能控制的自动包装机连续组成的包装系统，在自动包装线上还要设置自动扫描、自动计量、自动检测、自动包装、自动分拣、自动运输储存装置、调整补偿装置及自动供送料装置，同行业、不同的产品、不同规模的生产包装，其包装的要求是不同的，包装自动生产线的类型和形式也是多种多样的。但从总体上来看，包装自动生产线主要由自动包装机，输送装置、辅助工艺装置、检测与控制系统等组成。

所谓计算机检测系统，是将传感器采集的温度、压力、流量、位移等模拟量转换成数字量后，再由计算机系统进行存储、处理、显示或打印的过程。自动检测装置中最初感受被测量并将它转换为可用信号输出的器件叫传感器，传感器由敏感元件、转换元件和其他辅助部件组成。

本章练习题

一、名词解释

包装机械、运输标志、包装自动生产线、计算机检测系统、传感器

二、填空题

（1）按照加工的方式不同，我们可以将流通加工设备大致分为（   ）、（   ）、（   ）、（   ）和（   ）等。

（2）按包装材料和容器分：可将包装机械分为（   ）、（   ）、（   ）、（   ）等。

（3）容积式充填机主要类型有（   ）、（   ）、（   ）和（   ）等。

（4）裹包设备主要类型有（   ）、（   ）、（   ）和（   ）等。

（5）运输标志，即唛头，是贸易合同、发货单据中有关标志事项的基本部分。它一般由一个简单的（   ）、（   ）、（   ）等组成。

（6）包装生产线运行的技术经济指标主要包括（   ）、（   ）、（   ）、（   ）、包装材料损耗、动力能源损耗、劳动生产率等 7 项指标。

三、选择题（单、多选）

（1）按包装（   ）工艺方法分：包装机械可分为真空包装机、收缩包装机、拉伸包装机等。

  A．功能　　　　　　　　　B．工艺方法

  C．被包装物物理性能　　　D．包装设备的控制方式

（2）（   ）能够完成将单个的听、罐、纸盒、集合包装物品按一定数量和一定方式沿着水平方向推入箱内。

  A．水平装箱机　　　　　　B．垂直装箱机

  C．混合装箱机　　　　　　D．自动装箱机

（3）（   ），即唛头，是贸易合同、发货单据中有关标志事项的基本部分。它一般由一个简单的几何图形以及字母、数字等组成。

  A．仓储标志　　　　　　　B．包装标志

  C．警告标志　　　　　　　D．运输标志

（4）包装自动生产线主要由（   ）等组成。

  A．自动包装机　　　　　　B．输送装置

  C．辅助工艺装置　　　　　D．检测与控制系统

（5）传感器由敏感元件、和组成（   ）。

  A．敏感元件　　　　　　　B．条形码

  C．其他辅助部件　　　　　D．转换元件

（6）（   ）是将传感器采集的温度、压力、流量、位移等模拟量转换成数字量后，再由计算机系统进行存储、处理、显示或打印的过程。

  A．自动包装机　　　　　　B．传感器

C. 计算机检测系统　　　　D. 检测与控制系统

四、简答题

（1）流通加工设备的主要类型包括哪些？流通加工设备的主要特征是什么？

（2）商品包装技术的主要类型有哪些？

（3）商品包装合理化的趋势有哪些？

（4）包装生产线运行的技术经济指标主要包括哪些？

（5）传感器的基本组成有哪些？其工作原理是什么？

（6）计算机检测系统的主要结构及其功能是什么？

[案例讨论与分析]

联华生鲜食品加工配送中心

已连续第十三年蝉联中国快速消费品连锁企业百强第一称号的联华超市 2010 年发布 2009 年度业绩公告，实现销售约 240.81 亿元人民币，经营赢利达 6.48 亿元人民币。联华生鲜食品加工配送中心是我国国内目前设备最先进、规模最大的生鲜食品加工配送中心，总投资 6 000 万元，建筑面积 35 000 m²，年生产能力 20 000 t，其中肉制品 15 000 t，生鲜蔬菜、调理半成品 3 000 t，两式熟食品 2 000 吨。在生产加工的同时，配送中心还从事水果、冷冻品以及南北货的配送任务。连锁经营的利润源重点在物流，物流系统好坏的评判标准主要有两点：物流服务水平和物流成本。

生鲜商品按其称重包装属性可分为定量商品、称重商品和散装商品，按物流类型分为储存型、中转型、加工型和直送型；按储存运输属性分为常温品、低温品和冷冻品；按商品的用途可分为原料、辅料、半成品、产成品和通常商品。生鲜商品大部分需要冷藏，所以其物流转周期必须很短，以节约成本；生鲜商品保值期很短，客户对其色泽等要求很高，所以在物流过程中需要快速流转。两个评判标准在生鲜配送中心通俗地归结起来就是"快"和"准确"。

一、订单管理

门店的要货订单通过联华数据通信平台，实时地传输到生鲜配送中心，在订单上制定各商品的数量和相应的到货日期。生鲜配送中心接收到门店的要货数据后，立即生成在到系统中然后汇总各门店要货订单，按不同的商品物流类型进行不同的处理。

（1）储存型的商品：系统计算当前的有效库存，比对门店的要货需求以及日均配货量和相应的供应商送货周期自动生成各储存型商品的建议补货订单，采购员根据此订单再根据实际的情况作一些修改即可形成正式的供应商订单。

（2）中转型商品：此种商品没有库存，直进直出，系统根据门店的需求汇总按到货日期直接生成供应商的订单。

（3）直送型商品：根据到货日期，分配各门店直送经营的供应商，直接生成供应商直送订单，并通过 EDI（电子数据交换技术）系统直接发送到供应商。

（4）加工型商品：系统按日期汇总门店要货，根据各产成品/半成品的 BOM（物料清单）计算物料耗用，比对当前有效的库存，系统生成加工原料的建议订单，生产计划员根据实际需求作调整，发送采购部生成供应商原料订单。各种不同的订单在生成完成或手工创建后，通过系统中的供应商服务系统自动发送给各供应商，时间间隔在 10 分钟内。

二、物流计划

在得到门店的订单并汇总后，物流计划部根据第二天的收货、配送和生产任务制订物流计划。

（1）线路计划：根据各线路上门店的订货数量和品种，作线路的调整，保证运输效率。

（2）批次计划：根据总量和车辆售货员情况设定加工和配送的批次，实现循环使用资源，提高效率；在批次计划中，将各线路分别分配到各批次中。

（3）生产计划：根据批次计划，制订生产计划，将量大的商品分批投料加工，设定各线路的加工顺序，保证和配送、运输协调。

（4）配货计划：根据批次计划，结合场地及物流设备的情况，作配货的安排。

三、储存型物流运作

商品进货时先要接受订单品种和数量的预检，预检通过方可验货，验货时需进行不同要求的品质检验，终端系统检验商品条码和记录数量。在商品进货数量上，定量的商品的进货数量不允许大于订单的数量，不定量的商品提供一个超值范围。对于需要重量计量的进货，系统和电子秤系统连接，自动去皮取值。

捡货采用播种方式，根据汇总取货，汇总单标志从各个仓位取货的数量，取货数量为本批配货的总量，取货完成后系统预扣库存，被取商品从仓库仓间拉到待发区。在待发区配货分配售货员根据各路线各门店配货数量对各门店进行播种配货，并检查总量是否正确，如不正确向上校核，如果商品的数量不足或其他原因造成门店的实配量小于应配量，配货售货员通过手持终端调整实发数量，配货检验无误后使用手持终端确认配货数据。在配货时，冷藏和常温商品被分置在不同的待发区。

四、中转型的物流运作

供应商送货同储存型物流，先预检，预检通过后方可进行验货配货；供应商把中转商品卸货到中转配货区，中转商品配货员使用中转配货系统，按商品流向顺序分配商品，数量按系统配货指令执行，贴物流标签。将配完的商品采用播种的方式放到指定的路线门店位置上，配货完成统计单个商品的总数量/总重量，根据配货的总数量生成进货单。

中转商品以发定进，没有库存，多余的部分由供应商带回，如果不足在门店间进行调剂。三种不同类型的中转商品的物流处理方式如下。

1. 不定量需秤重的商品

设定包装物皮重；由供应商将单件商品上秤，配货售货员负责系统分配及其他控制性的操作；电子秤秤重，每箱商品上贴物流标签。

2. 定量的大件商品

设定门店配货的总件数，汇总打印一张标签，贴于其中一件商品上。

3. 定量的小件商品

在供应商送货之前先进行虚拟配货，将标签贴于周转箱上；供应商送货时，取自己的周转箱，按箱标签上的数量装入相应的商品；如果发生缺货，将未配到的门店（标签）作废。

五、加工型物流运作

生鲜食品的加工按原料和成品的对应关系可分为两种类型：组合和分割，两种类型在 BOM（物料清单）设置和原料计算以及成本核算方面都存在着很大的差异。在 BOM 中每个产品设定一个加工车间，只属于唯一的车间，在产品上区分最终产品、半成品和配送产品。商品的包装分为定量和不定量的加工，对于秤重的产品/半成品需要设定加工产品的换算率（单位产品和标准重量），原料的类型区分为最终原料和中间原料，设定各原料相对于单位成品的耗用量。

生产计划/任务中需要对多级产品链计算嵌套的生产计划/任务，并生成各种包装生产设备的加工指令。对于生产管理，在计划完成后，系统按计划内容出标准领料清单，指导生产人员从仓库领取原料以及生产时的投料。在生产计划中考虑产品链中前道与后道的衔接，各种加工指令、商品资料、门店资料、成分资料等下发到各生产自动化设备。加工车间人员根据加工批次加工调度，协调不同量商品间的加工关系，满足配送要求。

六、配送运作

商品分拣完成后，都堆放在待发库区，按正常的配送计划，这些商品在晚上送到各门店，门店第二天早上将新鲜的商品上架。在装车时按计划依路线门店顺序进行，同时抽样检查准确性。在货物装车的同时，系统能够自动算出包装物（笼车、周转箱）的各门店使用清单，装货人员也据此来核对差异。在发车之前，系统根据各个配载情况出各运输的车辆随车商品清单、各门店的交接签收单和发货单。

商品到门店后，由于数量的高度准确性，在门店验货时只要清点总的包装数量，退回上次配送带来得包装物，完成交接手续即可，一般一个门店的配送商品交接只需要 5 分钟。

——资料来源：上海证券报 2010-03-31

【讨论与分析】

（1）联华生鲜食品加工配送中心食品加工主要的设备与设施包括哪些？

（2）联华生鲜食品加工配送中心对食品是怎样进行包装的？

（3）加工型生鲜食品物流运作有何特征？

第 8 章

物流信息技术与设备

学习目标

（1）了解物流信息技术与设备在现代物流中的地位与作用，了解我国物流信息技术的现状及发展趋势。

（2）理解条码技术、POS 系统、RFID 技术、GPS 的概念、特征类型及其主要结构。

（3）领会条码技术、POS 系统、RFID 技术、GPS 基本工作原理及其在物流领域中的具体应用。

（4）运用本章相关理论分析相应的案例。

案例导读

基于 RFID 的全程电子追溯的安全放心食品

只要将猪肉销售小票上面的 18 位数字追溯条码输入专卖店的专用查询机或登录网站查询平台，就会显现出这块猪肉从养殖场到摆上销售窗口的所有信息，包括出自哪个养殖场，用过什么饲料，采用何种饲养工艺，经过哪些生产加工人员的处理……这是 2010 年 11 月 30 日，记者在大庆市让胡路区"食为安 e 家专卖店"里看到的"神

奇"一幕。11 月 27 日，大庆首个电子追溯产品——高尚追溯冷鲜肉正式落户我市"食
为安 e 家专卖店"。

这种电子追溯产品将物联网 RFID（无线射频技术）电子追溯技术应用到生猪
产品领域，实现对生猪产品全程监控，由高新技术产业园区所属企业食为安科技
有限公司研发。在刚刚闭幕的上海世博会上，与之相类似的食品安全追溯系统被
广泛应用。

"食为安 e 家专卖店"总经理姜雪辉指着鲜肉包装上的追溯条码说："这些数字背
后发挥作用的是食为安构建的食品产业链。我们已经实现了每个环节的无缝隙对接，
真正做到了从农田到餐桌的全程可追溯性，有力保障了食品的安全性。"家住让胡路
区的刘阿姨说："以前吃肉，就怕碰上病猪肉、毒猪肉。现在咱这儿也有了这种产品，
根据这个条码就能查询到这块肉的来源，以后吃肉就放心多了。"

记者在采访中了解到，这种带有电子追溯标志的产品，比普通产品价格要高一些。
店里的售货员表示，这种追溯冷鲜肉的谷氨酸含量接近普通猪肉的两倍，菌落总数却
只有普通猪肉的十万分之二十三。虽然价格相对较高，但销量却很好。除专卖店有售
外，这种"放心肉"将陆续登陆我市各大超市。

——资料来源：大庆网 2010-12-03

想一想："食为安 e 家专卖店"为什么能够提供"放心肉"？

8.1　条码印刷与识读设备

8.1.1　条码基础知识

1. 条码的概念

条码是由一组粗细不同、相间排列的条、空及其对应字符组成的表示一定信息的
符号。条码中的条、空分别由深浅不同且满足一定光学对比度要求的两种颜色（通常
为黑、白色）表示，条为深色，空呈浅色。这组条、空和相应的字符代表相同的信息，
前者用于机器识读，后者供人直接识读或通过键盘向计算机输入数据使用。这种由条、
空组成的数据表达一定的信息，并能够用特定的设备识读，转换成与计算机兼容的二
进制和十进制信息。

2. 条码技术

条码技术是在计算机技术与信息技术基础上发展起来的一门集编码、印刷、
识别、数据采集和处理于一身的新兴技术。条码技术的核心内容是利用光电扫描
设备识读条码符号，从而实现机器的自动识别，并快速准确地将信息录入到计算
机进行数据处理，以达到自动化管理的目的。条码技术与其他自动识别技术相比
具有突出优势。

条码技术由于具有快速、准确、成本低、可靠性高等优点，因此发展速度很快，已经在商业零售、流通服务、仓储运输、物流配送、旅游交通、生产线、零部件、图书资料、财务票据，甚至军事战争等领域被广泛使用。条码作为重要的符号技术，将在 EDI、供应链等跨行业的信息流过程中起着十分重要的作用。

3. 条码的结构

条码是由一组宽度不同、平行相间的"条"和"空"，按照预先规定的编码规则而组合起来，用以表示一组数据的符号，这组数据可以是数字、字母或特殊符号。一个完整的条码的结构组成次序依次为：静空区（前）、起始符、数据符（中间分割符，主要用于 EAN 码）、校验符、终止符、静空区（后），如图 8-1 所示。

图 8-1　条码结构组成

商品条码标签由左侧静空区、起始符、左侧数据符、中间分隔符、右侧数据符、校验符、终止符、右侧静空区构成。

4. 条码的识读原理

条码是一种要印制的计算机语言，条码的识读和数据的采集主要是由条码扫描器来完成的。光电转换器是扫描器的主要部分，它的主要作用是将光信号转换成电信号。当扫描器对条码符号进行扫描时，由扫描器光源发出的光通过光系统照射到条码符号上；条码符号反射的光经光学系统成像在光电转换器上，光电转换器接收光信号后，产生一个与扫描点处光强度成正比的模拟电压，模拟电压通过整形，转换成矩形波，如图 8-2 所示；矩形波信号是一个二进制脉冲信号，再由译码器将二进制的脉冲信号解译成可直接采集的数字信号。这就是条码可被条码扫描识读的基本原理。

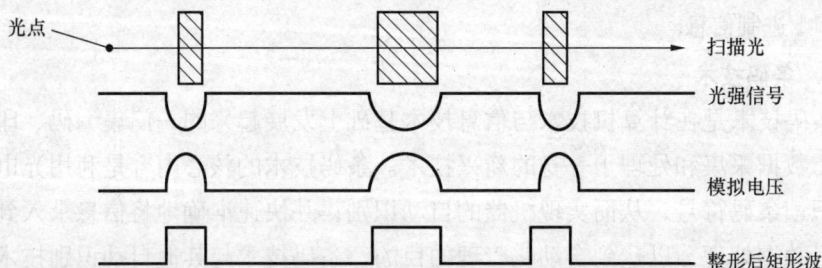

图 8-2　条码符号的扫描过程

8.1.2　条码印制设备的类型

条码是实现电子计算机数据自动输入的一种现代化手段，条码印刷品的质量是确保条码被正确识读的关键因素，是整个条码应用系统的重要组成部分。不合格的条码印制品不仅不能给用户带来很好的效益，反而会造成一定的混乱和麻烦。轻者会因为首读率降低或设备拒读而增加劳动强度，降低工作效率；重者则会造成信息输入错误，给用户造成经济损失。因而条码的印制质量，将直接影响到条码的识读、信息接收与整个条码应用系统的工作性能。目前条码印制设备有以下三种：普通打印机、专用条码打印机和胶板印刷设备。这几种印制条码的技术设备在质量等方面有很大区别。如何根据自己的情况选用合适的技术和设备，使条码符合标准是建立条码系统必须考虑的问题。根据国内外经验看，选用条码印制方式主要从三个方面考虑，即印制质量（包括精度、尺标）、打印介质、打印速度。

1. 普通打印机

普通打印机又分为击打式机械打印机、喷墨打印机和激光打印机。击打式机械打印机是通过打印针击打色带将条码字符号打印在标签上，此种方式打印精度低、速度慢、一般不采用。喷墨打印机的打印精度可以达到 0.11 mm，打印速度快且可打印彩色条码，但是易产生污点和脱墨现象，此外喷墨打印机对打印介质要求较高。激光打印机的打印精度可以达到 0.08～0.13 mm，图形表现能力强，且可打印彩色标签，但是打印的速度比较慢，对介质也有较高要求。

2. 专用条码打印机

专用条码打印机是专门为打印条码而设计的打印机，如图 8-3 所示。打印方式一般有两种：热敏方式和热转印方式。有些打印机可以支持两种打印类型，打印介质可以选择成卷、单张的、连续的或折叠的标签或票据，质地为直接热敏或热转移材料。热敏方式打印精度可达 0.13 mm，打印速度高，可达 152.4 mm/s；打印噪声低，可满足一些特殊的要求，如防潮、防油污等。但热敏方式打印的标签不能长期保存，对光热比较敏感，要避开阳光直射。此外对打印纸的要求比较高，要有对打印头的保护层。热转印方式打印精度可以达到 0.08 mm，甚至更高；打印速度快，可以达 203.2 mm/s，噪声低，对打印纸的要求低，但是色带会有浪费且不能重复使用。

3. 胶版印刷设备

胶版印刷印制精度高，速度快，适合大批量包装的条码印制，但是制版一定要经过专业印刷厂，并要经过标准局的认可。

201

SATO MB200/400 条码打印机　　SATO DR300 条码打印机　　ZEBRA Z4M 条码打印机

图 8-3　常见热转印/热敏方式条码打印机

8.1.3　识读设备的种类

目前，条码识读设备虽然种类繁多，但大体上可分为两大类，即在线式阅读器和便携式阅读器。在线式阅读器按其功能和用途，又可分为多功能阅读器和各类在线阅读器。这类阅读器一般直接由交流电源供电，在阅读器与或通信装置之间由电缆连接传输数据。多功能阅读器具有识别多种常用码制的功能外，根据不同需要还可增加编程功能、可显示功能以及多机连网通信功能等。而便携式阅读器则配有数据储存器，通常由电池供电，当数据收集后，先把数据存储起来，然后转储主机，适用于脱机使用的场合。目前在国际市场上已推出能储存上万个条码信息的便携式阅读器，广泛应用于仓库管理、商品盘点以及各种野外作业。

扫描器作为阅读器的输入装置发展较快，大体上可分为接触式、非接触式、手持式和固定式扫描器等。目前常用的有笔式、CCD 式（Change Coupled Device，光耦合装置）和激光式等。

1. 光笔条码扫描器

光笔条码扫描器是一种轻便的条码读入装置。在光笔内部有扫描光束发生器及反射光接收器。扫描方式为在条码符号上从左到右，或从右到左移动笔式扫描器进行读取。扫描器需要操作人员手持，以一定的速度移动。数据的读取是一次扫描决定的，当光笔通过斑点或缺损位置时无法读取。这种扫描器对于有弯曲面的商品条码的读取有困难。对于没有经验的操作者来说，也容易造成首次读取失败。

这种方式的扫描，光笔必须与被扫描阅读的条码接触，才能达到读取数据的目的。光笔扫描的优点是成本低、耗电低、耐用，适合数据采集，可读较长的条码符号；其缺点是光笔对条码有一定的破坏性，随着条码应用的推广，目前已逐渐被 CCD 取代。

2. 手持式条码扫描器

手持式条码扫描器具有小型、方便使用的特点。阅读时只需将读取头（光源）接近或轻触条码即可进行自动读取。手持式条码扫描器具有以下优点。

（1）不需移动即可进行自动扫描，读取条码信息。

（2）条码符号缺损对扫描器识读影响很小。

（3）弯曲面（30°以内）商品的条码也能读取。

（4）扫描速度 30～100 次/s，读取速度快。

手持式条码扫描器所使用的光源有激光（氦-氖激光、半导体激光）和可见光 LED（发光二级管）。LED 类扫描器又称 CCD 条码扫描器，如图 8-4 所示。CCD 扫描器是将发光二级管所发出的光照射到被阅读的条码上，通过光的反射，达到读取数据的目的。CCD 扫描器方便，易于使用，只要在有效景深范围内，光源照射到条码符号即可自动完成扫描，对于表面不平的物品、软质的物品也能方便地进行识读。由于无任何运动部件，因此性能可靠，使用寿命长。与其他条码扫描设备比较，具有耗电省、体积小、价格便宜等优点。但其阅读条码符号的长度受扫描的元件尺寸限制，扫描景深长度也不如激光扫描器。目前，已有厂家针对 CCD 的不足，开发出长距离 CCD，扫描距离可达 20 cm。

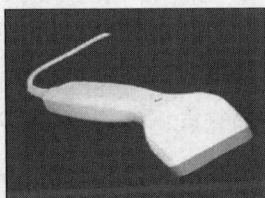

（a）Acan CCD 红光条码扫描器　　（b）AS8110 工商用手持近距红光条码扫描器

图 8-4　CCD 条码扫描器

激光手持式条码扫描又称激光枪，如图 8-5 所示。

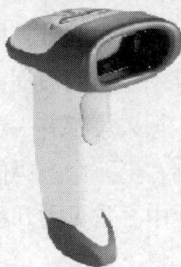

（a）SYMBOL—LS2208　　（b）LS4804 手持激光二维条码扫描器

图 8-5　激光条码扫描器

3. 台式条码自动扫描器

台式条码自动扫描器适合于不便使用手持式扫描方式阅读条码信息的场合。由于台式激光扫描具有稳定、扫描速度快等优点，目前超级市场 POS 系统（销售时点信息系统）应用最为普遍。为方便在不同场合的使用，现在台式扫描的形状也多样化，有台灯式扫描及其他各种形状的扫描器。如果工作环境不允许操作者一只手处理标附有条码信息的物体，而另一只手操纵手持条码扫描器进行操作，就可以选用台式条码扫描器自动扫描。这种扫描器大都固定安装在某一位置上，用来识读在某一范围内出现或通过的条码符号，是用于超级市场 POS 系统不同类型的台式激光扫描器，这种扫描器对条码的方向没有要求，又称全方位的扫描器，读取距离为几厘米至几十厘米，如图 8-6 所示。

<table>
<tr><td>（a）LS9208
台式条码扫描器</td><td>（b）MS860
全向激光条码扫描器</td><td>（c）LS5800
平台式激光条码扫描器</td></tr>
</table>

图 8-6　台式激光条码扫描器

4. 卡式条码阅读器

卡式条码阅读器可以用于医院病案管理、身份验证、考勤和生产管理等领域。这种阅读器内部的机械结构能保证标有条形代码的卡式证件或文件在插入滑槽后自动沿轨道作直线运动，在卡片前进过程中，扫描光点将条码信息读入。卡式条码阅读器一般都具有与计算机传送数据的能力，同时具有声光提示以证明识别正确与否。

5. 便携式数据采集器

便携式数据采集是为适应卡槽式扫描器一些现场数据采集，如扫描笨重物体的条码符号而设计的，适合于脱机使用。它是将扫描器带到物体前对其条码符号进行扫描，因此又称为手持终端机、盘点机。它由电池供电，与计算机之间的通信不和扫描同时进行。它有自己的内部存储器，可以储存一定量的数据，并可在适当的时候将这些数据传输给计算机。几乎所有的便携式数据采集都有一定的编程能力，可以满足不同场合的应用需求。目前已经推出了能储存上万个条码信息的便携式数据采集器，并广泛应用于仓库管理、商品盘存等作业中。常见的几种便携式数据采集器如图 8-7 所示。

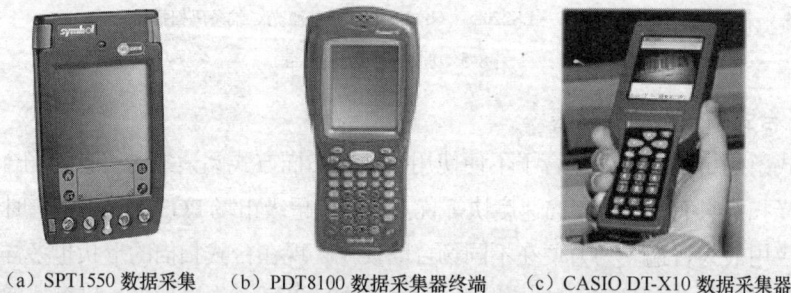

<table>
<tr><td>（a）SPT1550 数据采集</td><td>（b）PDT8100 数据采集器终端</td><td>（c）CASIO DT-X10 数据采集器</td></tr>
</table>

图 8-7　便携数据采集器

8.1.4　POS系统

1. POS系统概念

POS（Point Of Sale）系统称为销售时点信息系统，在超级市场中被广泛应用，它具有直接的实时处理能力，它是一种全新的商业销售管理系统。

POS 系统最早应用于零售业，以后逐渐应用于金融、旅馆等服务性行业，利用POS 系统的范围也从企业内部延伸到整个供应链。现代 POS 系统已不局限于电子收款技术，它还将计算机网络、电子数据交换技术、条形码技术、电子监控技术、电子收款技术、电子信息处理技术、远程通信、电子广告、自动仓储配送技术、自动售货、备货技术等一系列科技手段融为一体，从而形成了一个综合性的信息资源管理系统。

2. POS系统的组成

POS 系统包含前台 POS 系统和后台 MIS 系统两大部分。MIS（Management Information System）系统是 POS 系统网络的后台管理部分。这样，在商品销售的任何过程中的任一时刻，商品经营者都可以通过 MIS 了解、掌握 POS 系统的经营情况，实现商场库存商品的动态管理，使商品的存储量保持在一个合理的水平上，减少了不必要的库存。

（1）前台 POS 系统。前台 POS 系统是指通过自动读取设备（主要是指扫描仪），在销售商品时直接读取商品销售信息，以实现前后销售业务的自动化，对商品交易进行实时服务和管理，并通过通信网络和计算机系统传送至后台，通过 MIS 系统的计算、分析和汇总等掌握商品销售的各项信息，为企业管理者分析经营成果、测定经营方针提供依据，以提高经营效率的系统。

（2）后台 MIS 系统。后台 MIS 系统又称管理信息系统，它负责整个商场进、销、调、存系统的管理以及财务管理、库存管理、考勤管理等。它可根据商品进货信息对厂商进行管理，也根据前台 POS 系统提供的销售数据，控制进货量，合理周转资金，还可以分析统计各种销售报表，快速准确地计算成本与毛利，也可以对员工业绩进行考核，是员工分配工资、奖金的客观依据。

因此，商场现代化管理系统中前台 POS 系统和后台 MIS 系统是密不可分的，两者缺一不可。

（3）POS 系统的硬件构成。POS 系统硬件主要包括收款机、扫描器、显示器、打印机、微机和硬件平台等，如图 8-8 所示。

① 前台收款机。前台收款机即 POS 机，可采用具有顾客显示屏和票据打印机、条码扫描仪的 XPOS，PROPOS，PCBASE 机型。共享网上商品库存信息，保证了对商品库存的实时处理，有利于后台随时查询销售情况和进行商品的销售、管理。条码

扫描仪可根据商品的特点选用手持式或台式以提高数据录入的速度和可靠性。

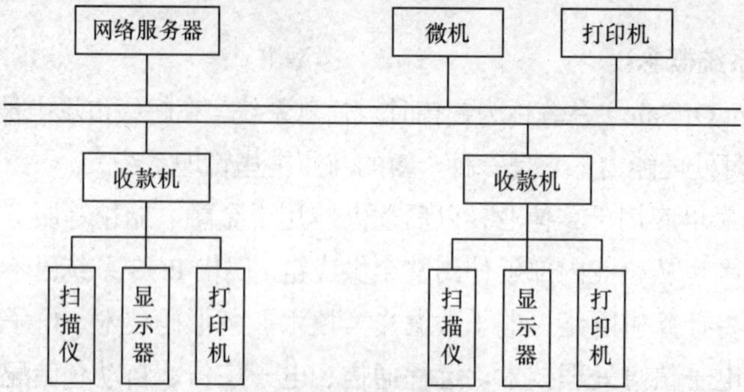

图 8-8　POS 系统硬件结构

② 网络。商场信息交流一般内部信息的交换量大，因此，计算机网络系统应采用高速局域网为主、电信系统提供的广域网为辅的整体网络系统。考虑到系统的开放性及标准化的要求，选择 TCP/IP 协议较为适合，操作系统选用开放式标准操作系统。

③ 硬件平台。大型商业企业的商品进、存、调、销的管理复杂，账目数据量大，且须频繁地进行文字处理和检索，选择较先进的客户/服务器结构，可大大提高工作效率，并保证数据的安全性、实时性和准确性。

（4）POS 系统软件构成如图 8-9 所示。

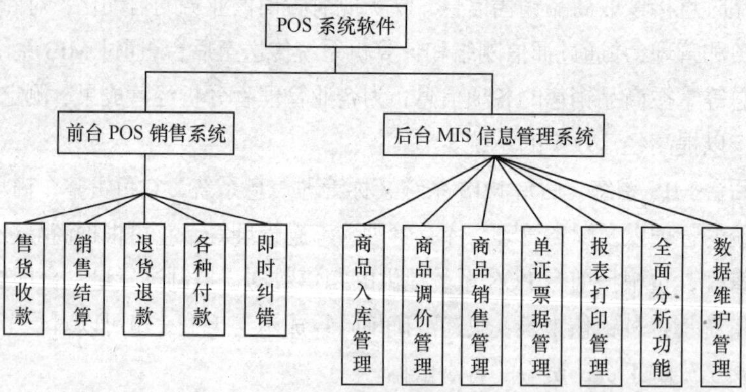

图 8-9　POS 系统软件结构

8.2　射频识别技术

8.2.1　RFID概述

自动识别技术是一系列技术的总称。它包括条码技术、智能卡技术、语音识别技术、生物识别技术、射频识别技术（RFID）等。射频识别技术是利用无线电波对带有信息数据的媒体进行读写，并自动输入计算机的一种当今最先进的自动识别技术。

1. RFID概念

射频识别技术RFID（Radio Frequency Identification Technology）是一种非接触式的自动识别技术，它通过射频信号自动识别目标对象并获取相关数据。识别工作无须人工干预，可工作于各种恶劣环境。短距离射频产品不怕油渍、灰尘污染等恶劣的环境，可以替代条码，例如用在工厂的流水线上跟踪物体。长距射频产品多用于交通上，识别距离可达几十米，如自动收费或识别车辆身份等。

2. RFID系统的组成

射频识别系统在具体的应用过程中，根据不同的应用目的和应用环境，系统的组成会有所不同，但从射频识别系统的工作原理来看，系统一般都由信号发射机、信号接收机、发射接收天线几部分组成。

（1）信号发射机。在射频识别系统中，信号发射机为了不同的应用目的，会以不同的形式存在，典型的形式是标签（Tag）。标签相当于条码技术中的条码符号，用来存储需要识别传输的信息，另外，与条码不同的是，标签必须能够自动或在外力的作用下，把存储的信息主动发射出去。标签一般是带有线圈、天线、存储器与控制系统的低电平集成电路，如图 8-10 所示。

（2）信号接收机。在射频识别系统中，信号接收机一般叫做阅读器。根据支持的标签类型不同与完成的功能不同，阅读器的复杂程度是显著不同的。阅读器基本的

图 8-10　标签卡内部结构

功能就是提供标签进行数据传输的途径。另外，阅读器还提供相当复杂的信号状态控制、奇偶错误校验和更正功能等。标签中除了存储需要传输的信息外，还必须含有一定的附加信息，如错误校验信息等。识别数据信息和附加信息按照一定的结构编制在一起，并按照特定的顺序向外发送。阅读器通过接收到的附加信息来控制数据流的发送。一旦到达阅读器的信息被正确地接收和解译，阅读器通过特定的算法决定是否需要发射机对发送的信号重发一次，或者指导发射器停止发信号，这就是"命令响应协议"。使用这种协议，即便在很短的时间、很小的空间，也可阅读多个标签，一次可以同时处理 200 个以上标签，也可以有效地防止"欺骗问题"的产生。

（3）编程器。只有可读可写标签系统才需要编程器，编程器是向标签写入数据

的装置。编程器写入数据一般来说是离线（Off-line）完成的，也就是预先在标签中写入数据，等到开始应用时直接把标签粘附在被标志项目上。也有一些 RFID 应用系统，写数据是在线（On-line）完成，尤其是在生产环境中作为交互式便携数据文件来处理时。

（4）天线。天线是标签与阅读器之间传输数据时的发射、接收装置。在实际应用中，除了系统功率，天线的形状和相对位置也会影响数据的发射和接收，需要专业人员对系统的天线进行设计、安装。

3. RFID系统的分类

根据射频系统完成功能的不同，可以粗略地把射频系统分成 4 种类型：EAS 系统、便携式数据采集系统、网络系统和定位系统。

（1）EAS 系统。EAS（Electronic Article Surveillance）技术是一种设置在需要控制物品出入的门口的 RFID 技术。这种技术的典型应用场合是商店、图书馆、数据中心等地方，当未被授权的人从这些地方非法取走物品时，EAS 系统会发出警告。在应用 EAS 系统时，首先在物品上粘贴 EAS 标签，当物品被正常购买或者合法移出时，在结算处通过特定的装置使 EAS 标签失活，物品就可以取走。物品经过装有 EAS 系统的门口时，EAS 装置能自动检测标签的活动性，发现活动性标签，EAS 系统会发出警告。EAS 技术的应用可以有效防止物品的被盗，不管是大件的商品，还是很小的物品。应用 EAS 技术，物品不用再锁在玻璃橱柜里，可以让顾客自由地观看、检查，这在自选商品普及的今天有着非常重要的现实意义。典型的 EAS 系统一般由 3 部分组成：附着在商品的电子标签、电子传感器；电子标签灭活装置，以便授权商品能正常出入；监视器，在出口造成一定区域的监视空间。

（2）便携式数据采集系统。便携式数据采集系统是使用带有 RFID 阅读器的手持式数据采集器采集 RFID 标签上的数据。这种系统具有比较大的灵活性，适用于不宜安装固定式 RFID 系统的应用环境。手持式阅读器（数据输入终端）可以在读取数据的同时，通过无线电波数据传输方式（RFDC）适时地向主计算机系统传输数据，也可以暂时将数据存储在阅读器中，再一批批地向主计算机系统传输数据。

（3）网络系统。在网络系统中，固定布置的 RFID 阅读器分散布置在给定的区域，并且阅读器直接与数据管理信息系统相连，信号发射机是移动的，一般安装在移动的物体、人上面。当物体、人经过阅读器，阅读器会自动扫描标签上的信息并把数据信息输入数据管理信息系统进行存储、分析、处理，达到控制物流的目的。

（4）定位系统。定位系统用于自动化加工系统中的定位及对车辆、轮船等进行运行定位支持。阅读器放置在移动的车辆、轮船上或者自动化流水线中移动的物料、半成品、成品上，信号发射机嵌入到操作环境的地表下面。信号发射机上存储有位置识别信息，阅读器一般通过无线的方式或者有线的方式连接到主信息管理系统。

4. RFID系统的工作原理

RFID 系统在实际应用中，电子标签附着在待识别物体的表面，电子标签保存有约定格式的电子数据。阅读器可无接触地读取并识别电子标签中所保存的电子数据，从而达到自动识别物体的目的。阅读器通过天线发出一定频率的射频信号，当标签进入磁场时产生感应电流从而获得能量，发送出自身编码等信息，被读取器读取并解码后送至电脑主机进行有关处理。RFID 系统一般工作原理如图 8-11 所示。

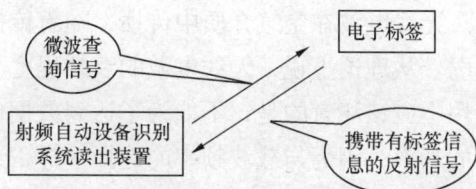

图 8-11　RFID 系统一般工作原理

RFID 系统工作过程中，主要是进行数据的通讯。有点像两部无线电台把频率调整到一致时来进行收发。标签与阅读器之间的数据传输是通过空气介质以无线电波的形式进行的。一般可以用两个参数来衡量数据在空气介质中传播的性能，即数据传输的速度和数据传输的距离。由于标签的体积、电能有限，从标签中发出的无线信号是非常弱的，信号传输的速度与传输的距离就很有限。为了实现数据高速、远距离地传输，必须把数据信号叠加在一个规则变化的、信号比较强的电波上，这个过程叫做调制，规则变化的电波叫做载波。

在 RFID 系统中，载波电波一般由阅读器或编程器发出。有多种方法可以实现数据在载波上的调制。如用数据信息改变载波的波幅叫做调幅；改变载波的频率叫做调频；改变载波的相位叫做调相等。一般来说，使用的载波频率越高，数据能够传输的速度越快。例如，2.4 GHz 频率的载波，可以实现 2 Mbit/s（相当于每秒可以传输 200 万个字符）。但是，不能无限地提高载波频率以提高信息传输速度，因为无线电波频率的选用是受政府管制的，各个国家一般都对不同频率的无线电波规定了不同的应用目的，RFID 技术无线电波的选择也必须遵守这种规定。目前，国内一般采用通信频率为 2.4 GHz 扩频技术进行通信。这是因为在我国 2.4 G～2.4 835 GHz 的频段是无需向国家无线电管理委员会申请使用许可证的公用频段。过去，商业的无线数据传输一般采用窄带传输，即使用比较单一的载波频率传输数据。现在，商业领域广泛使用扩频技术传输无线数据，即使用有一定范围的频率传输数据，这就有了宽带的概念，宽带就是通信中使用的最高的载波频率与最低的载波频率之差。使用宽带频率传输数据最明显的优势是数据传输的速度进一步加快，而且可靠性更高，因为当一个频率的载波线路繁忙或出现故障时，信息可以通过别的频率载波线路传输。实际商用宽带传输数据技术又可分为两种：即直接序列扩频技术（Direct Spread Spectrum，简称直频技术）和跳频技术（Frequency Hopping, FH）。

在 RFID 系统中，影响数据传输距离远近的首要因素是载波信号与标签中数据信号的强度。载波信号的强度受阅读器功率大小的控制，标签中数据信号的强度由标签自带电池功率（主动式标签）或标签可以产生的电能（被动式标签）大小决定。一般来说，阅读器和标签的功率越大，载波信号和数据信号越强，数据能够传输的距离越远。无线电波在空气介质中传播，随着传播的距离越来越远，信号的强度会越来越弱。从理论上说，无线电波的衰减程度与传输距离的平方成正比。在系统实际应用中应该注意的是，不能为了达到数据传输的距离而无限制地提高阅读器和标签的功率，因为与载波频率的选择一样，无线电波的功率是受到政府管制的。除了系统功率影响数据传输的距离外，空气介质的性质和数据传输路径也显著影响数据传输的距离。空气介质的性质包括空气的密度、湿度等性质。一般来说，采用的载波频率越高，空气性质不同对数据传输距离的影响越明显。空气的湿度越大或者空气的密度越高，介质对无线电波的吸收越严重，数据传输的距离就越短。

另外，如果数据传输路径中有许多障碍物，也会显著影响数据传输的距离，因为无线电波碰到障碍物时，物体一般都会对无线电波产生吸收和反射。考虑到空气的性质和数据传输中经过障碍物，无线电波衰减的程度有时可以达到与传输距离的四次方成正比。影响数据传输距离的因素还包括发射、接收天线的设计和布置，噪声干扰等。

8.2.2 射频识别技术的应用

RFID 无线射频识别技术，是非接触式自动识别技术的一种。与传统条形码依靠光电效应不同的是，RFID 标签无须人工操作，在阅读器的感应下可以自动向阅读器发送商品信息，从而实现商品信息处理的自动化。由于其技术有别于其他传统自动识别技术，在使用过程中逐渐显示其优越性。最近在西方主要发达国家的一些大公司如沃尔玛等已经开始进入实用阶段，可以预见在不久的将来，RFID 技术将改变我们的生产和生活。

【链接】 我国将采取四大措施推动物联网产业发展

为推进物联网产业发展，我国将采取四大措施支持电信运营企业开展物联网技术创新与应用。这些措施包括以下几方面。

一是突破物联网关键核心技术，实现科技创新。同时结合物联网特点，在突破关键共性技术时，研发和推广应用技术，加强行业和领域物联网技术解决方案的研发和公共服务平台建设，以应用技术为支撑突破应用创新。

二是制订我国物联网发展规划，全面布局。重点发展高端传感器、MEMS（微电子机械系统）、智能传感器和传感器网节点、传感器网关；超高频 RFID、有源 RFID 和 RFID 中间件产业等，重点发展物联网相关终端和设备以及软件和信息服务。

三是推动典型物联网应用示范，带动发展。通过应用引导和技术研发的互动式发展，带动物联网的产业发展。重点建设传感网在公众服务与重点行业的典型应用示范工程，确立以应用带动产业的发展模式，消除制约传感网规模发展的瓶颈。深度开发物联网采集来的信息资源，提升物联网的应用过程产业链的整体价值。

四是加强物联网国际国内标准，保障发展。作好顶层设计，满足产业需要，形成技术创新、标准和知识产权协调互动机制。面向重点业务应用，加强关键技术的研究，建设标准验证、测试和仿真等标准服务平台，加快关键标准的制定、实施和应用。积极参与国际标准制定，整合国内研究力量形成合力，推动国内自主创新研究成果推向国际。

——资料来源：http://tech.rfidworld.com.cn 2010-12-02

8.3　GPS

在物流成本管理中，物流运输成本占整个物流成本相当的比重，如何有效降低物流运输成本对物流管理具有十分重要的经济意义。随着 GPS 和 GIS（地球信息系统）技术的出现和发展，并逐步应用于物流运输业，明显地提高物流运输的效率和质量，降低运输成本，大大增强行业的竞争力，传统运输模式将被现代物流运输模式所取代。

8.3.1　GPS的概念

1. GPS含义

GPS（Global Positioning System，全球定位系统）是利用卫星星座（通信卫星）、地面控制部分和信号接收机对对象进行动态定位的系统。

GPS 系统的实时导航定位精度很高。最早是由美国国防部负责研制，用于地球表面及近地空间用户（载体）的精确定位、测速和作为一种公用的全天候星基无线导航系统。原英文名称为 Navigation Satellite and Ranging，简称为 NAVSTAR，它的含义是"利用导航卫星进行授时和测距"。目前，世界上有两个公开 GPS 系统可以利用。一个是由美国研制 GPS 系统（24 颗 GPS 卫星配置在 6 个轨道），归美国国防部管理和操作；另一个是前苏联研制的 GLONASS 系统，为俄罗斯联邦所拥有。由于美国的 GPS 无论在精度上还是在可靠

图 8-12　GPS 系统

性方面上均强于前苏联的 GLONASS，因此，人们通常首先利用美国的 GPS 系统，故通常将这一全球卫星定位导航系统简称为 GPS，如图 8-12 所示。

2. GPS的特征

GPS 的问世标志着电子导航技术发展到了一个更加辉煌的时代。GPS 系统与其他导航系统相比，主要特点有以下几方面。

（1）全球、全天候工作。由于 GPS 卫星数目较多且分布合理，所以在地球上任何地点均可连续同步地观测到至少 4 颗卫星，从而保障了全球、全天候连续实时导航与定位的需要。

（2）定位速度快，精度高。目前，GPS 接收机的一次定位和测速工作在一秒甚至更少的时间内便可完成，这对高动态用户来讲尤其重要。单机定位精度优于 10 m，采用差分定位，精度可达厘米级和毫米级。GPS 可为各类用户连续地提供高精度的三维位置、三维速度和时间信息。

（3）功能多、应用广。GPS 系统不仅能确定静态点的三维位置，而且能确定动态点的位置、方向和速度等，故 GPS 广泛应用于测量、导航、测速、测时等方面，并且在交通运输、公安等应用领域方面也硕果累累，如汽车自定位、跟踪调度、陆地救援、内河及远洋船对最佳航程和安全航线的实时调度等。

（4）抗干扰性能好、保密性强。由于 GPS 系统采用了伪码扩频技术，因而 GPS 卫星所发送的信号具有良好的抗干扰性和保密性。

8.3.2　GPS系统组成

GPS 系统利用无线电传输特性来定位。和过去地面无线导航系统所不同的是，它

212

由卫星来发射定时信号、卫星位置和健康状况信息，故具有发射信号能覆盖全球和定位精度高的优点。系统中所有卫星构成 GPS 系统的空间部分。卫星由地面站（地面监控部分）监测和控制，它监测卫星健康状况和空中定位精度，定时向卫星发送控制指令、轨道参数和时间改正数据。用户装有 GPS 接收机，用来接收卫星发来的信号。GPS 接收机中装有专用芯片，用来根据卫星信号计算出定位数据。用户并不需要给卫星发射任何信号，卫星也不必理会用户的存在，故系统中用户数量没有限制。具有 GPS 接收机的用户就构成系统的用户部分。GPS 由三大子系统构成：空间卫星系统、地面监控系统、用户接收系统。

1. 空间卫星系统

空间卫星系统由均匀分布在 6 个轨道平面上的 24 颗高轨道（距地面约 20 000 km）工作卫星构成，各轨道平面相对于赤道平面的倾角为 55°，各轨道平面交角为 60°。在每一轨道平面内，各卫星间距差 90°，任一轨道上的卫星比西侧相邻轨道上的卫星超前 30°。目前，空间卫星系统的卫星数量有 24 颗，其中三颗是用来及时更换老化或损坏的卫星，保障整个系统的正常工作。该卫星系统能够保证地球上任一地点 GPS 用户都能连续地观测到至少 4 颗卫星，从而提供全球范围从地面到 20 000 km 高空之间任一载体高精度的三维位置、三维速度和系统时间信息。

空间系统的每颗卫星每 12 小时（恒星时）沿近圆形轨道绕地球一周，由星载高精度原子钟（基频 $f = 10.23$ MHz）控制无线电发射机在"低噪声窗口"附近发射 L_1、L_2 两种载波，向全球的用户接收系统连续地播发 GPS 导航信号。GPS 工作卫星组网保障全球任一时刻、任一地点都可对 4 颗以上的卫星进行观测（最多可达 11 颗），实现连续、实时地导航和定位。

2. 地面监控系统

地面监控系统由均匀分布在美国本土和三大洋美军基地上的 5 个监测站、1 个主控站和 3 个注入站构成。该系统的功能是对空间卫星系统进行监测、控制，并向每颗卫星注入更新的导航电文。按其功能可将监控部分分为主控站、监测站和注入站三个部分。

（1）主控站。主控站位于美国科罗拉多的斯平士（Colorado Springs）的联合空间执行中心（CSOC）。主控站拥有大型电子计算机，接收各监测站的 GPS 卫星观测数据、卫星工作状态数据、各监测站和注入站自身的工作状态数据。根据上述各类数据，实现以下几项功能。

① 采集数据。主控站采集各个监测站所测得的伪距和距离差观测值、气象要素、卫星时钟和工作状态数据、监测站自身的状态数据，以及海军水面兵器中心发来的参考星历。

② 编辑导航电文。根据采集到的全部数据计算出每颗卫星的星历、时钟改正数、

状态数据以及大气改正数，并按一定格式编辑为导航电文，传送到注入站。

③ 诊断协调功能。控制和协调监测站间、注入站间的工作，检验注入卫星的导航电文是否正确，以及卫星是否将导航电文发给 GPS 用户。

④ 调整卫星功能。根据所测的卫星轨道参数，及时改变偏离轨道的卫星位置及姿态，将卫星调整到预定轨道，使其发挥正常作用。而且还可以进行卫星调度，用备份卫星取代失效的工作卫星。

（2）监测站。5 个监测站设在主控站和 3 个注入站以及夏威夷岛上，它的主要任务是对每颗卫星进行观测，精确测定卫星在空间的位置，定时向主控站提供观测数据。每个监测站还配有 GPS 接收机，对每颗卫星连续不断地进行观测，每 6 s 进行一次伪距和距离差观测，采集气象数据，并将观测数据传送给主控站。5 个监测站均为无人值守的数据采集中心。

（3）注入站。3 个注入站分别设在大西洋、印度洋和太平洋的 3 个美国军事基地上，即大西洋的阿松森（Ascension）岛、印度洋的迭哥伽西亚（Diego Garcia）和太平洋的卡瓦加兰（Kwajalein）。它的作用是接受主控站送达的改正后的卫星导航电文，并将电文注入飞越其上空的每颗卫星。

3. 用户接收系统

用户接收系统主要由以无线电传感和计算机技术支撑的 GPS 卫星接收机和 GPS 数据处理软件构成。

（1）GPS 接收机。GPS 卫星接收机的基本结构是由天线单元和接收单元两部分组成。天线单元的主要作用是：当 GPS 卫星从地平线上升起时，能捕获、跟踪卫星，接收放大 GPS 信号。接收单元的主要作用是：记录 GPS 信号并对信号进行解调和滤波处理，还原出 GPS 卫星发送的导航电文，解求信号在站星间的传播时间和载波相位差，实时地获得导航定位数据或采用测后处理的方式，获得定位、测速、定时等数据。

在 GPS 接收机中，微处理器是 GPS 接收机的核心，承担整个系统的管理、控制和实时数据处理。视屏监控器是接收机与操作者进行人机交流的部件。目前，国际上已推出了几十种测量用的 GPS 接收机，各厂商的产品朝着实用、轻便、易于操作、美观价廉的方向发展。

（2）GPS 数据处理软件。GPS 数据处理软件是 GPS 用户系统的重要部分，其主要功能是对 GPS 接收机获取的卫星测量记录数据进行"粗加工"、"预处理"，并对处理结果进行平差计算、坐标转换及分析综合处理。从而求得观测站的三维坐标，观测体的坐标、运动速度、方向及精确时刻。

GPS 所以能够定位导航，是因为每台 GPS 接收机无论在任何时刻、在地球上任何位置都可以同时接收到最少 4 颗 GPS 卫星发送的空间轨道信息。接收机通过对接收到的每颗卫星的定位信息的解算，便可确定该接收机的位置，从而提供高精度的三维（经度、纬度、高度）定位导航及授时系统。而且和以前各种定位系统不同的是，GPS 接收机简单，小型的只有香烟盒大小，重量约 500 g，价格仅几百美元。任何人拿着这种接收机，都可以准确地知道自己在地球上的哪一点。GPS 接收机是被动式全天候系统，只收不发信号，故不受卫星系统和地面控制系统的控制。用户数量也不受限制。

8.3.3　GPS的应用模式

随着 GPS 技术的进步和接收机的迅速发展，GPS 在测量定位领域已得到了较为广泛的应用。但是，针对不同的领域和用户的不同要求，需要采用的具体测量方法是不一样的，一般来说，GPS 测量模式可分为静态测量和动态测量两种模式，而静态测量模式又分为常规静态测量模式和快速测量模式，动态测量模式则分为准动态测量模式和实时动态测量模式，实时动态测量模式又分为 DGPS（实时差分测量）和 RTK（载波相位差分技术）方式。GPS 各种模式分别介绍如下。

1. 常规静态测量

这种模式采用两台（或两台以上）GPS 接收机，分别安置在一条或数条基线的两端，同步观测 4 颗以上卫星，每时段根据基线长度和测量等级观测 45 分钟以上的时间。这种模式一般可以达到 5 mm + 1 μm 的相对定位精度。常规静态测量常用于建立全球性或国家级大地控制网，建立地壳运动监测网，进行岛屿与大陆联测，建立钻井定位及精密工程控制网等。

2. 快速静态测量

这种模式是在一个已知测站上安置一台 GPS 接收机作为基准站，连续跟踪所有可见卫星。移动站接收机依次观测各待测测站，每个点上观测数分钟。这种模式常用于控制网的建立及其加密、工程测量等。需要注意的是，这种方法要求在观测时段内确保有 5 颗以上卫星可供观测，而且流动点与基准点相距应不超过 20 km。

3. 准动态测量

这种测量模式又称为走走停停测量，适用于精度要求较低的场合。该模式要求在一个已知测站（已知点）上安置一台 GPS 接收机作为基准站，连续跟踪所有可见卫星。移动站接收机在进行初始化后依次到各待测测站，每测站观测几个历元数据。这种方法不同于快速静态测试，除了观测时间长短不同之外，它还要求移动站在移动过程中不能关机。

4. 实时动态测量：DGPS和RTK

前面讲述的测量方法都是在采集完数据后用特定的后台处理软件进行处理，然后才能得到精度较高的测量结果。而实时动态测量则是实时得到高精度的测量结果。这种模式的具体方法是：在一个已知点上架设 GPS 基准站接收机和数据链，连续跟踪所有可见卫星，并通过数据链向移动站发送数据。移动站接收机通过移动站数据链接收基准站发射来的数据，并进行实时处理，从而得到移动站的即时高精度位置。

DGPS（实时差分测量）精度为亚米级到米级，这种方式是基准站将基准站上测量得到的数据通过数据链传输到移动站，移动站接收后，自动进行运算，得到经差分改正以后的坐标。

RTK（载波相位差分技术）则是以载波相位观测量为根据的实时差分 GPS 测量，它是 GPS 测量技术发展中的一个新突破。它的工作思路与 DGPS 相似，只不过是基准站将观测数据发送到移动站（而不是发射坐标数据），移动站接收机再采用更先进的实时处理方法处理，从而得到精度比 DGPS 高得多的实时测量结果。这种方法的精度一般为 2 cm 左右。

8.3.4　GPS在物流领域中的应用

随着我国物流业的发展壮大，货物的运输量日益增多，对车辆和货物的经营管理和合理调度就成为物流业货物运输管理系统中的一个重要问题。过去，用于交通管理系统的设备主要是无线电通信设备，由调度中心向车辆驾驶员发出调度命令，驾驶员只能根据自己的判断说出车辆所在的大概位置，而在生疏地带或在夜间则无法确认自己的方位时甚至会迷路。因此，从调度管理和安全管理方面，其应用受到限制。GPS 定位技术的出现给车辆、轮船等交通工具的导航定位提供了具体的、实时的定位能力。通过车载 GPS 接收机，驾驶员能够随时知道自己的具体位置。通过车载电台将 GPS 定位信息发送给调度指挥中心，调度指挥中心便可及时掌握各车辆的具体位置，并在大屏幕电子地图上显示出来。目前，GPS 在货物配送中主要发挥着如下的作用。

1. 导航功能

三维导航是 GPS 的首要功能，飞机、船舶、地面车辆以及步行者都可利用 GPS 导航接收器进行导航。汽车导航系统是在全球定位系统 GPS 基础上发展起来的一门新型技术。汽车导航系统由 GPS 导航、自律导航、微处理器、车速传感器、陀螺传感器、CD-ROM 驱动器、LCD 显示器组成。GPS 导航是由 GPS 接收机接收 GPS 卫星信号（3 颗以上），求出该点的经纬度坐标、速度、时间等信息。为提高汽车导航定位精度，通常采用差分 GPS 技术。当汽车行驶到地下隧道、高层楼群、高速公路等遮掩物而捕获不到 GPS 卫星信号时，系统可自动导入自律导航系统，此时，由车速传感器检测出汽车的行进速度，通过微处理单元的数据处理，从速度和时间中直接算出前进的距离，陀螺传感器直接检测出前进的方向。陀螺仪还能自动存储各种数据，即使在更换轮胎暂时停车时，系统也可以重新设定。

由 GPS 卫星导航和自律导航所测到的汽车位置坐标数据、前进的方向都与实际行驶的路线轨迹存在一定误差，为修正这两者的误差，与地图上的路线统一，需采用地图匹配技术，加一个地图匹配电路，对汽车行驶的路线与电子地图上道路误差进行实时相关匹配，并作自动修正，此时地图匹配电路是通过微处理单元的整理程序进行快速处理，得到汽车在电子地图上的正确位置，以指示出正确行驶路线。CD-ROM 用于存储道路数据等信息，LCD 显示器用于显示导航的相关信息。

2. 车辆跟踪功能

GPS 导航系统与电子地图、无线电通信网络及计算机车辆管理信息系统相结合，可以实现车辆跟踪功能。利用 GPS 和电子地图可以实时显示出车辆的实际位置，并任意放大、缩小、还原、换图；可以随目标移动，使目标始终保持在屏幕上；还可实现多窗口、多车辆、多屏幕同时跟踪。利用该功能可对重要车辆和货物进行跟踪运输。

3. 提供出行路线规划功能

提供出行路线规划是汽车导航系统的一项重要辅助功能，它包括自动线路规划和人工线路设计。自动线路规划是由驾驶者确定起点和目的地，由计算机软件按要求自动设计最佳行驶路线，包括最快的路线、最简单的路线、通过高速公路路段次数最少的路线等的计算。人工线路设计是由驾驶者根据自己的目的地设计起点、终点和途经点等，自动建立线路库。线路规划完毕后，显示器能够在电子地图上显示设计线路，并同时显示汽车运行路径和运行方法。

4. 信息查询功能

应用 GPS，可以为用户提供主要物标如旅游景点、宾馆、医院等数据库，用户能够在电子地图上根据需要进行查询。查询资料可以以文字、语言及图像的形式显示，并在电子地图上显示其位置。同时，监测中心可以利用监测控制台对区域内的任意目标所在位置进行查询，车辆信息将以数字形式在控制中心的电子地图上显示出来。

5. 话务指挥功能

GPS 指挥中心可以监测区域内车辆运行状况，对被监控车辆进行合理调度。指挥中心也可随时与被跟踪目标通话，实行管理。

6. 紧急援助功能

通过 GPS 定位和监控管理系统可以对遇有险情或发生事故的车辆进行紧急援助。监控台的电子地图显示求助信息和报警目标，规划最优援助方案，并以报警声光提醒值班人员进行应急处理。

GPS 技术在汽车导航和交通管理工程中的研究与应用目前在中国刚刚起步，

217

而国外在这方面的研究早已开始并已取得了一定的成果。加拿大卡尔加里大学设计了一种动态定位系统，该系统包括一台捷联式惯性系统，两台 GPS 接收机和一台微机，可测定已有道路的线形参数，为道路管理系统服务。美国研制了应用于城市的道路交通管理系统，该系统利用 GPS 和 GIS（地球信息系统）建立道路数据库，在数据库中包含有各种现时的数据资料，如道路的准确位置、路面状况、沿路设施等，该系统于 1995 年正式运行，为城市道路交通管理起到重要作用。近些年来国外研制了各种用于车辆诱导的系统，其中车辆位置的实时确定以往主要依据惯性测量系统以及车轮传感器，随着 GPS 的发展和所显示出的优越性，有取代前两种方法的趋势。用于城市车辆诱导的 GPS 定位一般是在城市中设立一个基准站，车载 GPS 实时接收基准站发射的信息，经过差分处理便可计算出实时位置，把目前所处位置与所要到达的目标在道路网中进行优化计算，便可在道路电子地图上显示出到达目标的最优化路线，为公安、消防、抢修、急救等车辆服务。

本章小结

条码技术是在计算机技术与信息技术基础上发展起来的一门集编码、印刷、识别、数据采集和处理于一身的新兴技术。条码技术的核心内容是利用光电扫描设备识读条码符号，从而实现机器的自动识别，并快速准确地将信息录入到计算机进行数据处理，以达到自动化管理的目的。条码是实现电子计算机数据自动输入的一种现代化手段，条码设备一般有条码印制设备和条码识读设备。

POS 系统称为销售时点信息系统，在超级市场中被广泛应用，它具有直接的实时处理能力，是一种全新的商业销售管理系统。POS 系统包含前台 POS 系统和后台 MIS 系统两大部分。在商品销售的任何过程中的任一时刻，商品经营者都可以通过 MIS 了解、掌握 POS 系统的经营情况，实现商场库存商品的动态管理，使商品的存储量保持在一个合理的水平上，减少了不必要的库存。

自动识别技术是一系列技术的总称。它包括条码技术、智能卡技术、语音识别技术、生物识别技术、射频识别技术（RFID）等。射频识别技术是利用无线电波对带有信息数据的媒体进行读写，并自动输入计算机的一种当今最先进的自动识别技术。射频识别系统在具体的应用过程中，根据不同的应用目的和应用环境，系统的组成会有所不同，但从射频识别系统的工作原理来看，系统一般都由信号发射机、信号接收机、发射接收天线几部分组成。

随着 GPS 和 CIS 技术的出现和发展，并逐步应用于物流运输业，明显地提高物流运输的效率和质量，降低运输成本，大大增强行业的竞争力，传统运输模式将被现代物流运输模式所取代。全球定位系统是利用卫星星座（通信卫星）、地面控制部分和信号接收机对对象进行动态定位的系统。GPS 由三大子系统构成：空间卫星系统、地面监控系统、用户接收系统。

本章练习题

一、名词解释

条码技术、POS 系统、RFID 技术、GPS

二、填空题

（1）条码是由一组粗细不同、相间排列的（　　）、（　　）及其（　　）组成的表示一定信息的符号。

（2）一个完整的条码的结构组成次序依次为：静空区（前）、起始符、（　　）、（　　）、（　　）、静空区（后）。

（3）根据国内外经验看，选用条码印制方式主要从 3 个方面考虑，即（　　）、（　　）和（　　）。

（4）POS 系统包含（　　）和（　　）两大部分。

（5）GPS 由三大子系统构成，即（　　）、（　　）和（　　）。

（6）根据射频系统完成功能的不同，可以粗略地把射频系统分成 4 种类型：（　　）、（　　）、（　　）和（　　）。

三、选择题（含单、多选）

（1）（　　）是在计算机技术与信息技术基础上发展起来的一门集编码、印刷、识别、数据采集和处理于一身的新兴技术。

    A. GPS 技术   B. 条码技术

    C. POS 技术   D. RFID 技术

（2）POS 系统硬件主要包括（　　）。

    A. 显示器   B. 打印机

    C. 定位系统   D. 收款机

（3）以下属于 GPS 静态测量模式的是（　　）。

    A. 快速测量模式   B. 常规静态测量模式

    C. DGPS 模式   D. RTK 模式

（4）由美国研制的 GPS 系统是由 24 颗 GPS 卫星配置在（　　）个轨道上运行。

    A. 24   B. 12

C. 6   D. 16

（5）从射频识别系统的工作原理来看，系统一般都由（   ）部分组成。

A. 信号发射机   B. 信号接收机

C. 发射接收天线   D. 通信卫星

四、简答题

（1）条码技术的主要结构有哪些？

（2）条码印制设备与条码识读设备的主要类型有哪些？

（3）POS 系统的硬件与软件构成分别是什么？

（4）试分析射频技术在我国物流领域的应用状况。

（5）网络 GPS 的工作流程包括什么？

[案例讨论与分析]

条码移动解决方案在华润万家的应用

条码移动信息管理系统的最大特点在于，以条码技术为核心，充分应用无线网络通讯技术和无线手持电脑终端，能快速方便地解决使用有线方式不易实现的网络联通问题，使网上的各种终端无需线缆介质，具有可移动性，实现了灵活可靠的自动化实时信息管理。

华润万家是中国最具规模的零售连锁企业之一，是香港规模最大、实力雄厚的国有控股企业集团——华润（集团）有限公司旗下的一级利润中心。作为零售行业的领先企业，华润万家深知信息化管理对于保持企业竞争优势的重要性，在业务运营中积极采用无线网络通信技术结合条码管理提高工作效率，实现业绩的迅速增长迫在眉睫。在华润万家的发展战略中，实现卖场和仓储管理模式的精确复制处于首要位置。而零售行业传统的管理模式依赖人工操作，难以适应日益增长的货物流转和库存控制需求。因此，应用先进的无线网络通信技术实现卖场和仓储管理的自动化，减少数据录入错误，提高仓库管理过程中的数据录入速度，提高库存管理水平已经成为一种必然。

一、项目实施的目标

在 2001 年，华润万家已经发展到了相当的规模，在库存控制和现场销售方面迫切要求实现自动化的实时管理，以缩短决策时间和运作时间。华润万家开始寻找能为其提供条码移动信息管理解决方案的承包商，其根本目标在于实现卖场和仓储管理的自动化，通过缩短数据录入时间和减少差错率来降低运营成本。

最终，经过对多家公司提供的条码系统的综合测试，北京爱创未来科技有限公司自主开发的条码移动信息管理系统成功中标。爱创作为国内供应链物流及执行系统的领军企业，长期从事以条码、RFID 技术为基础的供应链执行系统解决方案的推广和应用，业务主要覆盖软件开发服务、物流电子商务平台、供应链执行咨询、自动识别技术、行业解决方案应用等领域，拥有与诸多世界级企业合作的经验，其中包括 SAP、ORACLE、Microsoft、QAD、CISCO、Intermec、Datalogic 等。爱创公司 10 年的专业知识与经验的积累以及和华润万家建立的稳固的合作关系是其能够赢得这一项目的关键。

目前，通过在应用过程中的不断改进，爱创条码移动信息管理系统在华润万家的应用已逐渐由原来的单一盘点功能扩大到收货、货位管理、盘点、查询等多个业务环节，大大提高了华润万家的物流运作与管理水平。

二、条码移动信息管理解决方案

爱创为华润万家构建的条码移动信息管理系统，包括收货管理、货位管理、盘点管理、变价管理和价格检查管理等主要功能模块，基本覆盖了华润万家在其门店运营中所需的功能。爱创条码移动信息管理系统基于客户/服务器（C/S）结构，以集中服务为核心，针对仓储管理的需求，移动节点之间无需通信，在现场内部以无线 RF 网络拓扑结构为访问节点连接型。RF 移动终端在商店内部的任何地点，都能和服务器主机保持实时通讯。因此，在系统网络架构中，必须保证安装的 AP 点（Access Point，即无线访问接入点）能对整个商店进行无线信号的全覆盖。如果商店的面积较大，在进行无线网络设计时，可以充分利用无线 RF 技术的网络扩展能力和无缝漫游特性，对商店的无线信号进行多个 AP 点的组合，即通过设置多个 AP 节点，做到信号的全覆盖，而且相邻 AP 之间互为冗余，提高无线网络的可靠性。同时，考虑到大型仓储商店的办公区可能与卖场不在同一区域，而且不便使用有线网络连接，因此商店与办公区之间可以采用无线网桥连接，使之成为统一的网络体系，便于网络的扩展和拆除。

三、系统特点

1. 提高商品管理的准确性和工作效率

华润万家实施了条码移动信息管理系统后，以 RF 无线手持终端代替原来手工盘点，不仅减少了人力，使工作效率提高，数据的准确性有了保证，并且避免了原来盘点必须闭门停止营业的现象，直接减少了因为停业造成的损失。

2. 对业务流程进行优化

管理的信息化对于应用层的信息化提出了更高的要求。华润万家在建店之初就购买和实施了一套零售业管理系统（MIS 系统），之后发现这套系统对信息化基础要求较高，对商品条码标准化要求也较高：每个商品必须有条码、国标码或者店内码。所以必须全面推行条码化管理，使条码化管理和管理软件系统结合在一起，发挥出应有的效率，以实现现场对货物进行查询并决定是否需要进货、补货，并生成差异明细上报给 MIS 系统。

四、功能操作流程

1. 收货管理

收货管理要达到的目的是对到货商品与订单的商品名目及数量核对检查；并对商

221

品条形码有效性及其在后台应用系统中的合法性进行检验，保障商品顺利通过超市收款台；最后自动生成收货清单。主要流程如下。

供货厂商按照订单要求将货品送到华润万家的收货处，超市验收人员在收货区利用 RF 手持终端调用后台数据库中相对应的订单，与供货厂商送来的商品逐一检查对照，并进行确认。包括物品编码、物品数量、生产地、品种、规格、包装时间、保质时间、旧价格、新价格、变更时间、条形码标准等信息。验收人员使用手持设备对后台服务器收货信息实时更新，同时记录收货时间和收货人，并可以通过 RF 手持终端与网络打印机相连，实时打印收货清单。如果在查验过程中出现商品条码与后台系统不符或商品数量与订单上该商品数量不符等问题，可以拒收货物。

2. 货位管理

货位管理是为了记录货位空间使用情况，同时粗放管理卖场货位上不同商品的销售情况；并利用历史数据加以分析，更加有效地使用货位空间，使空间利用率、商品进货量、商品的摆放最大限度地适应销售的需要。

操作人员查询货架上物品在货区的具体位置及空间状况，如，X 商品在 A 货区 B 通道 C 货架 2 层，用叉车将物品送到位。当货位内的商品有大的移动时，负责商品上架的操作人员通过 RF 终端或 RF 车载大屏幕资料收集器实时将商品货位空间的变化情况记录到系统中。

通过每天的抽样盘点，工作人员查看快速销售的商品货位货量的存储情况、空间大小及物品的销售量，记录货仓的区域、容量、体积和装备限度。通过对历史记录的提取，并利用数学模型加以分析，给出优化的一次进货量、空间分配、商品摆放、快速销售各种情况相组合的目标方案。

3. 盘点管理

在零售业中，盘点有以下几种：定期盘点、小循环盘点、抽样盘点。定期盘点又叫大盘，流程如下：设置固定时间，如一个月或一个季度盘点一次，并将整个超市卖场划分为不同的盘点区域。将现场清点的商品数量输入到手持终端中并上传给后台数据库，后台数据库根据实时上传的资料与系统中资料进行比较，数量若有差异，系统实时通知手持终端的使用者重新盘点，系统同时自动生成盘点清单差异表提交上级处理。

小循环盘点又称小盘，流程为：按商品销售速度、销售量等因素分类，由系统软件设置出循环盘点周期表，根据循环盘点周期表、商品组织表和货物摆放区域表制订周期盘点计划表，并保证所有商品在大盘之前必须参加 4 次周期盘点。盘点操作过程中，手持终端显示商品最小库存量时，应及时下订单，做到及时补货。小盘做得好，大盘可以大大缩短时间。

每天抽样盘点的操作流程为：系统通过无线网络通知任意一台手持终端进行现场实时抽样盘点；系统可以迅速得到结果，也可以与手持终端进行反复对话，实现现场查询和检验。

4. 查询管理

自从华润万家条码移动信息管理系统上线后，工作人员可以随时随地通过手持终端进行商品信息、库存情况、变价核对、订单校验等方面的查询。并且使经理级管理人员的现场实时查询和店面的现场实时指挥工作变得非常方便、容易。

五、应用效果

华润万家采用了爱创条码移动信息管理解决方案后，通过在每个门店中有规则地分布多个 AP，构成无缝无线网络，覆盖整个超市，保证了工作人员使用无线手持终端在超市的各个区域都能进行数据的实时提取、上传以及查询，使信息神经末梢延伸到了门店每个角落。该系统帮助华润万家提升了物流效率，加快了货物销售速度，增加了仓库吞吐量，从而使得华润万家能够以较少的仓库面积支持更多的门店，加快了其扩张速度；在货品、货位、价格管理等各个环节实时的信息采集和传输，大大加强了销售计划的准确性和灵活性，并杜绝了前端的差错；由于采用自动化技术，也减轻了员工的劳动强度和复杂程度，提高了员工生产效率，还实现了无纸化运营。

成为零售业的旗舰企业是华润万家追求的目标，因此，华润万家始终积极采用不断进步的计算机网络技术。华润万家表示，今后将继续与爱创合作，借助其条码移动管理技术支持本身的业务发展，确保在零售行业中的领先地位。

——资料来源：中国物流与采购网 2010-09-01

223

【讨论与分析】

（1）你认为条码移动解决方案在华润万家的应用成功的因素有哪些？

（2）华润万家的条码移动解决方案操作流程包括哪些？

（3）华润万家的条码移动解决方案有哪些特点？

参 考 文 献

［1］周蕾. 物流技术与物流设备[M]. 北京：中国物资出版社，2009.

［2］蒋祖星. 物流设备与设施[M]. 北京：机械工业出版社，2008.

［3］孙红. 物流设备与技术[M]. 南京：东南大学出版社，2006.

［4］邓爱民. 物流设备与运用[M]. 北京：人民交通出版社，2009.

［5］吕广明. 物流设备与规划技术[M]. 北京：中国电力出版社，2009.

［6］张弦. 物流设施设备应用与管理[M]. 武汉：华中科学技术出版社，2009.

［7］王大平. 物流设备应用与管理[M]. 杭州：浙江大学出版社 2006.

［8］陈志群，王剑. 物流与配送[M]. 北京：高等教育出版社，2002.

［9］丁立言，等. 物流配送[M]. 北京：清华大学出版社，2003.

［10］刘昌祺. 物流配送中心管理技术[M]. 北京：机械工业出版社，2006.

［11］贾争现. 物流配送中心规划与设计[M]. 北京：机械工业出版社，2004.

［12］施建年. 物流配送[M]. 北京：人民交通出版社，2003.

［13］王斌义. 现代物流实务[M]. 北京：对外经济贸易大学出版社，2003.

［14］夏文汇. 现代物流运作管理[M]. 成都：西南财经大学出版社，2003.

［15］杨海荣. 现代物流系统与管理[M]. 北京：北京邮电大学出版社，2003.

［16］傅桂林. 物流成本管理[M]. 北京：中国物资出版社，2004.

［17］http://www.chinawuliu.com.cn

［18］http://www.china-logistics.net.com